『ヤマト』は渡来民勢力といかに対峙したのか

棄てられた歴史を発掘する

内舘 彬

MPミヤオビパブリッシング

まえがき

前巻の主張は、未だ誰も記載しなかった「縄文時代の歴史」なので、読者は、びっくりするとともに、にわかには信じられなかったことと思われる。このままでは、私論は「架空の歴史」として宙に浮いたまま、いずれ、風で何処かに消え去る運命であろう。私の主張は、当然、後代の弥生時代へ連なっていかねばならないのであり、宙に浮いた「糸のない凧」は繋ぎとめておかなければならないのである。そこで、第二巻で、歴史学分野では「捨て去られた歴史」を新たに発掘・解明して、その存在の正当性を主張し、前巻に糸を繋いで、青空に凧を泳がして楽しんでほしいのである。

前巻の東日本の「縄文時代勢力の西進」の主張によって、何が発生したのか考察してみることとする。この主張が、いくつかの問題を解決しないと後代の歴史にそのままでは継続していかないからである。その主な課題は、「原ヤマト」成立以後にある、現在の歴史学における「欠史八代」の存否の問題、「渡来民の状況」および「倭国大乱」の詳細な解明であり、これらを解明しなければ、縄文時代晩期から弥生時代への歴史がすんなりと接続しないと考えるからである。

「原ヤマト建国時代」から、「欠史八代時代」、「渡来民時代」を経て、「倭国大乱の時代」へと列島の歴史は、大陸の動静と深い関係を有しながら脈動しているのであり、最終的には、白村江で敗戦して列島が外交的に孤立するまで、大陸・半島との関連で時代は進行していると考えている。

「欠史八代」の時代は、基本的に大陸・半島から多量の渡来民（Y染色体遺伝子分析によるO２a系〈呉越人〉およびO２b系〈半島人〉の人集団）の渡来時期であり、原ヤマトの統治の混乱の中で進行し、その結果として、原ヤマトなどの列島内の先住民の国内勢力との抗争である「倭国大乱」が発生し、時代が進展すると位置づけるべきであると考えられる。

後の戦国時代を見るまでもなく、強力な統一政権の誕生は、列島の地勢では難しいのであるが、この時代にも列島各地で様々なクニグニが形成されていて、当初のヤマトは、九州～東国の間の淡い共立関係を形成して成立していたと推定されるものの、強力な中央支配が局地的地方のクニグニへ必ずしも及んでいたわけではないと考えるのである。したがって、個別の国々の動きと、ヤマトの動きがミスマッチを多々生じていたこともあると推察される。

この時代の問題を解決すべき歴史上の根拠は、過少な歴史的なデータと膨大な考古学的データは存在するがすべては一致せず、解明が不可能な問題が残存しているとされている。また、歴史時代（弥生）の区分の変更でも述べるように、考古学分野が先行して、歴史分野への提案を行っているが、基本的には、歴史は考古学ではなく、「人」の歴史なので、数少ない古史・古伝のデータの中から、あるいは、在野の研究資料の中から、その問題解決の糸口を探していかなければならないのである。

幸い前巻で、東日本勢力（ニギハヤヒ・ニニギ族主体）の西進時の、各部族の動きが徐々に判明してきたので、それらを主軸として、各地に点在する枝葉の事実を積み重ねて補強していかなければならない。優秀な方々の研究が数多く発表されているので、その中に宝物を探しにいくことにしよう。それらのデータを主筋との関連を求めながら解明し、本論を進行させていく必要があるのである。

この巻を出す前に、弥生時代の指標を「土器区分」から「水田稲作の存在」に変更し、弥生時代は年代を遡り、紀元前十世紀後半（二九五〇年前）に開始されることとなると、学会の新しい状況を伝えていることに接した。私論にとっては、時代の遡りは当然の話で、区分の時期についての問題はないが、時代の命名が考古学名のままでは納得できないのである。時代はすでに東日本勢力の西進の時代を経て、「原ヤマトの形成」に向けて動き出しているのであり、そろそろ考古学名を脱して、列島に共通性のある「歴史時代名」を命名すべき時期だと推察されるのである。

ここで言う、前巻とは、『「ヤマト」は、縄文時代勢力が造った』である。連続しているので、参照して考察していただければ幸いである。

目次

序章

弥生時代は「渡来民時代」

歴史学では、弥生時代をどのように理解しているのだろうか。確認してみよう。
「弥生時代」の始まりは、当初、「水田耕作の始まり」とされていたが、縄文時代から水田耕作が存在していたことが判明するに及び、学会は「弥生時代」の始まりをその時点まで遡らせてしまった。中期は、金属器の出土に注目して、その出土や区分に必死となった。後期は、中国の文献に振り回され、「邪馬台国」探しに躍起となっている。

これが、部外者が見る「弥生時代」の実情である。まったくもって考古学に振り回され、一貫性のなさにあきれるばかりである。最近の研究では、弥生文化は局地的文化で、他の三文化（東日本の縄文文化、北海道の続縄文文化、沖縄の貝塚文化）と共存していたと主張されている。

弥生時代は、「水田稲作の開始」「金属器の使用」「弥生土器の使用（甕・壺・高杯・甑）」などの生活要素に由来する指標をその時代の特徴としてきたので、名のある弥生時代人はほとんど登場しない。しかし、その他の特徴である「武器（弓矢・槍）」「住居（環濠・高地性集落）」「墓制（甕棺・支石墓）」に注視する時、渡来民の存在が顕在化し、渡来民や在地民の活躍が明確となるのである。

縄文時代中期に東日本に集中した縄文時代人が、後期・晩期に西日本に移動してクニグニを造るが、その直後に大陸や半島から到来した「渡来民の時代」となり、列島が沸き立ったのが「弥生時代」と位置づけるべきではなかろうか

『図解・日本の人類遺跡』（日本第四紀学会　東京大学出版会）は、二四〇〇年前～一七〇〇年前までの弥生時代の遺跡や出土物を網羅的に良くまとめている。この中では、稲作、遠賀川式土器、鉄製武器などの道具については、すべて西日本から東日本への拡大が示されていて、総体として西から東への動きがとらえられている（図序-1参照）。その流れは、九州、西日本、東日本の地域区分の中で、前期、中期、後期の時代

区分の中で、その差異を抽出して、全体の流れを把握しているため、渡来民の存在を想定した視点から、詳細で地域的な動きは把握されていないので、考古学的には、誰が、何時の時代にそれらを持ち込んだかは解明できていないのであり、その結果、上記の相対的な流れの把握にとどまっているのである。

先住していた縄文時代人は何処かへ消え去り、渡来人が縦横無尽に列島で活動したと推定されている。渡来民の詳細が不明だからと、こちらも勝手がまかり通っている。もちろん、これらは、正すべき最優先の課題である。

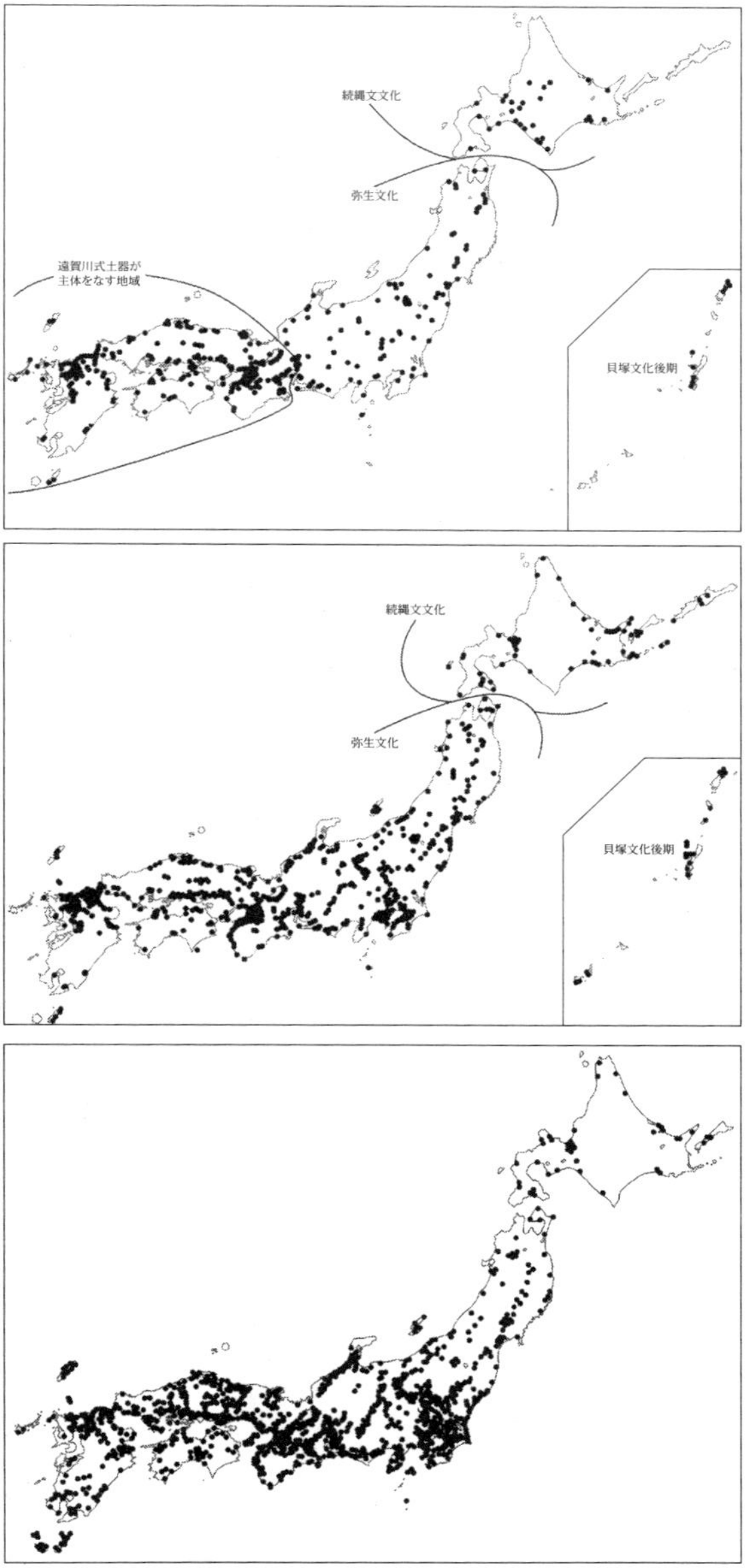

図序–1 弥生文化の東進
（出典：第四紀学会編『図解・日本の人類遺跡』東京大学出版会）

したがって、弥生時代の渡来民の流れの解明が必須であり、その詳細は、大陸・半島の古伝や、各地方の地名、古神社資料、後代にまとめられた渡来民に関する国内資料などの解析から、浮かび上がらせざるをえないのである。

また、弥生時代の歴史は、その文化などの流れを、西から東へと一元的に捉えているので、誤りが発生している可能性が高い。たとえば、金属器の流れは、北九州から東へとされているが、青銅器時代をもたらした「殷」時代の東夷の流れを汲む「呉系集団」は、二四七三年前以降、大山付近、長崎・熊本付近、鹿児島湾付近に大挙して到来しており、その人集団の流れは完全に無視されている。まず、渡来民の流れを把握して、青銅器の分布などを見直す必要があるのではなかろうか。

「呉系集団」はすでに、鉄器と稲作を帯同して到来しており、邪馬台国時代は、鉄器時代の真っただ中で、時代がずっと進行しているのである。

本書では、前巻に引続き、イワレヒコの即位（二五〇〇年前）～倭国大乱（ＡＤ一八〇～一九〇年）の約七〇〇年間を主として対象としている。この時代の終わりは、「記紀」の年代によれば、「神功皇后」の時代なのであり、邪馬台国時代の直前に相当している。

一、弥生時代は「渡来民時代」

本編は、前巻に引き続き、イワレヒコ即位の二五〇〇年前頃から、倭国大乱の一八〇〇年前頃までの期間を対象としている。この時代は、旧時代区分では、縄文時代晩期から弥生時代後期前半、新時代区分では、弥生時代後半期（Ⅱ期〜Ⅴ期頃）に相当している（図序-2参照）。本編では、この時代を「渡来民時代」と仮称する。

本編の「渡来民時代」は、前半期の「欠史八代時代」（二二〇〇年前頃まで）と後半期の佳境の「渡来民時代」（二二〇〇年前以降）に区分できる。「欠史八代」は、学会から「棄てられた歴史」であり、佳境の「渡来民時代」は、学会ではあまり取り上げられていない「重要課題」である。以下、その解明に挑戦する。しかし、前半は、実在を主張する研究者も多いので、簡略に課題の解明結果を記載することに止める。

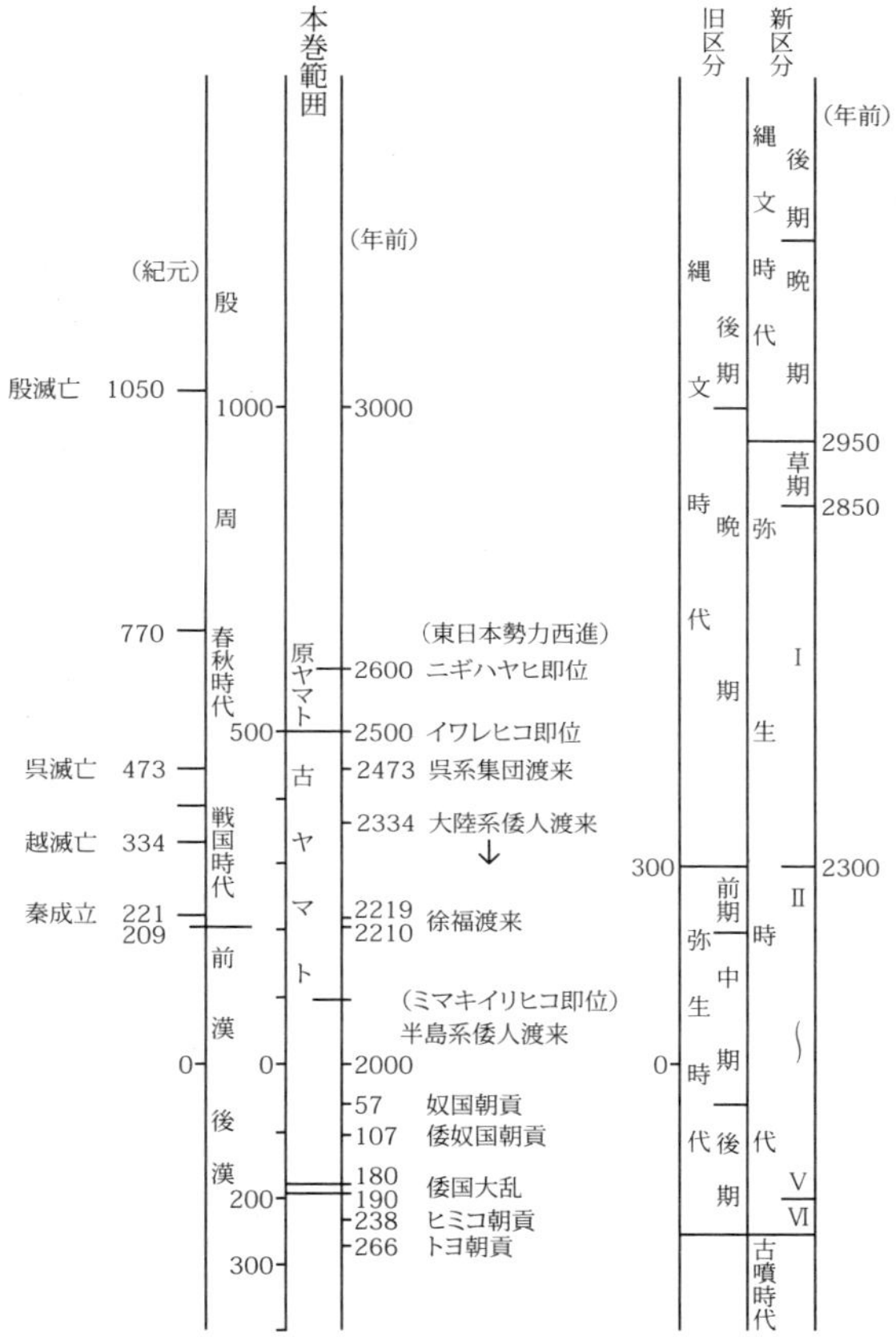

図序−2　弥生時代の年表と「渡来民時代」

二、弥生時代の考古学的資料の概要

これまで判明している弥生時代の考古学的資料の概要を以下に示しておく。なお、出土の時代は、新年代に修正される以前の年代（二三〇〇年前～一七〇〇年前）で、三期に区分している記載が多い。

〔金属器の出現〕（図序－3（1）（2）参照）

①　剣　　石器時代と金属器時代の境界は二三〇〇年前頃とされている

	（『図解・日本の人類遺跡』）	（伊都国歴史博物館資料）
石剣	二三〇〇年前まで	二二〇〇年前まで
青銅器	二三〇〇年前まで	二一〇〇年前まで
鉄器	二一〇〇年前から	二一〇〇年前から

②　鏡

	（『図解・日本の人類遺跡』）		（伊都国歴史博物館資料）
多鈕細文鏡	二三〇〇年前まで		二三〇〇～二〇五〇年前
内行花文鏡	二一〇〇年前	前漢鏡	二〇五〇年前以降
方格規矩鏡	二一〇〇年前以降		

③　貨幣

明刀銭	二三〇〇年前まで	（燕）
半両銭	二三〇〇年前	（前漢）
五銖銭	二一〇〇年前	（新）

貨泉　一九〇〇年前　（後漢）

④金属製品　鉄器や鉄片が前期から出土しているが、携行品とされている

「鉄斧」　二四〇〇～二三〇〇年前　熊本・斉藤山遺跡　携行品

山口・山ノ神遺跡　〃

「鉄製品」　前期　鳥取・青木遺跡（鉄器）

前期　鹿児島・南さつま市・高橋貝塚（鉄片）

「銅鏃」、「銅ノミ」　二四〇〇～二三〇〇年前

「銅鈴」　二三〇〇年前

「鉄製品」　二三〇〇～二一〇〇年前（中期）　阿蘇谷・下柳原遺跡より多量出土

⑤銅鐸（出雲）前期から分布している

「Ⅰ・Ⅱ型」　二四〇〇～二三〇〇年前（前期～中期初）

「Ⅲ・Ⅴ型」　二一〇〇～二〇〇〇年前（中期中～中期末）

「Ⅳ　3～5式」　二〇〇〇年前～（後期～）

⑥金属器鋳型

・初期鋳型は、有明海沿岸の佐賀平野、熊本平野から出土している

・最盛期鋳型は、北九州の春日市周辺（奴国地域）に移動している

金属製品の出土は古く、縄文時代後期～晩期に山形から殷代の「青銅刀」が、沖縄などから「燕」の貨幣「明刀銭」が出土している。携行品や交易品とされている。

金属製品は、弥生時代前期から出土しているが、武器としての青銅器の生産は、やや後代になっている。

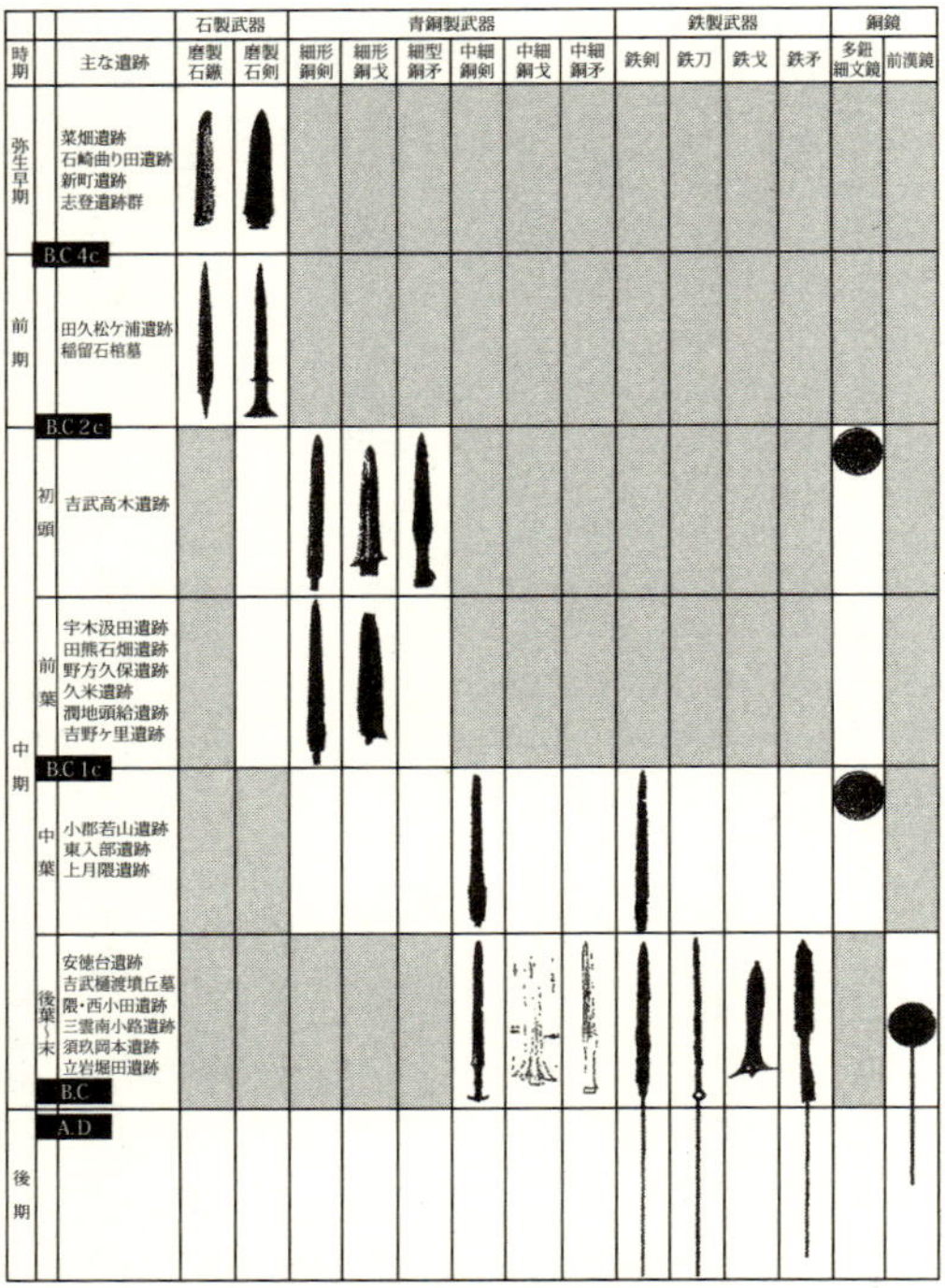

図序−3−2　青銅器の変遷

（出典：「倭国創生」伊都国歴史博物館編）

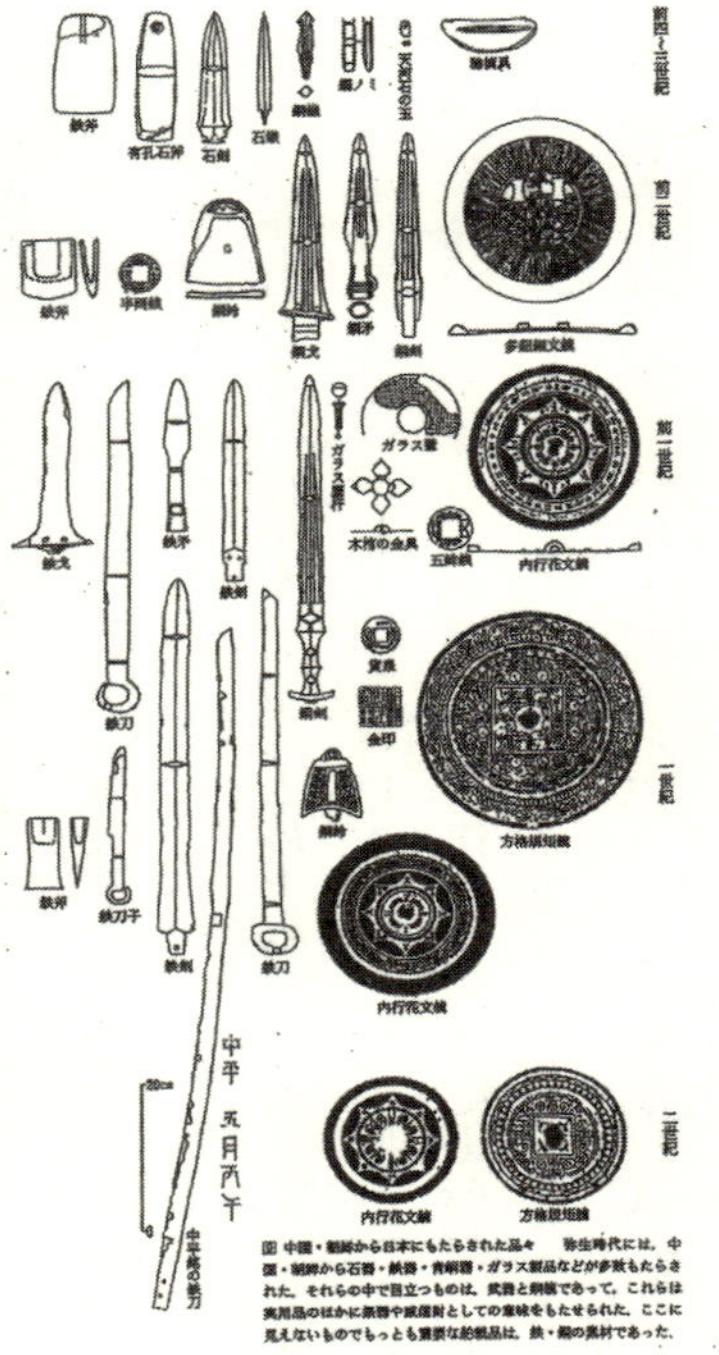

図序−3−1　金属器の時代

（出典：第四紀学会編『図解・日本の人類遺跡』東京大学出版会）

前期は九州、出雲、近畿とも「石剣」が主に出土している。

青銅器のうち、銅剣の使用は、わずか二二〇〇〜二一〇〇年前（中期）の百年間で、以前（前期）は石剣、以後（後期）は鉄剣となっている。中期中葉以降、青銅器は武器ではなく、祭祀用具となっている。

金属器の前期出土は、携行品とされているが、冶金技術者を帯同した可能性が高い集団は、呉系集団（呉の冶金技術は有名とか）と徐福集団（秦はすでに鉄器を伴っていた）が挙げられる。しかし、列島では鉄原料は、採掘されていないので、探査や採鉱が必要であり、当初は、その技術はそのまま宙に浮いた可能性がある。

使用鉄器は、まず武器ではなく、

農工具や大工道具を作成していたのではあるまいか。なぜなら、跳び道具の弓矢が存在しているので、接近戦に使用する刀剣類は、槍や矛で対抗可能なため、後手に廻った可能性がある。

青銅器が鉄器に先行分布しているが、銅に混合する「鉛」は、華北の鉛（殷系）から江南の鉛に変化しているとされている。しかし、その分布の詳細は不明で、渡来民が帯同したものか、誰が持参したのか、解明されている資料は見かけない。

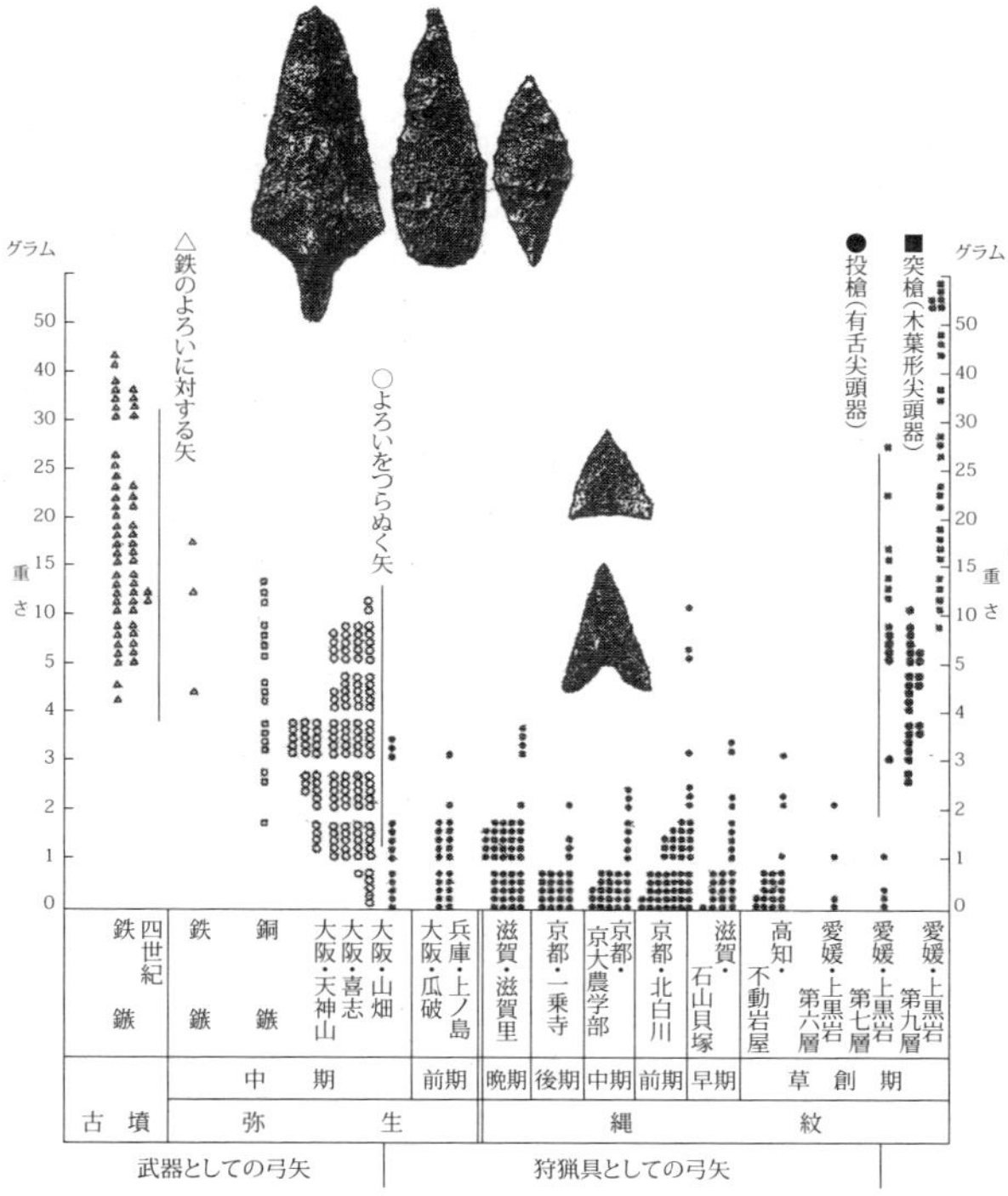

図序–4　狩りの矢から人を殺す矢へ
（出典：フォーラム資料「邪馬台国時代の東日本」歴史民族博物館）

〔**武器（弓矢・槍）**〕

歴博フォーラム「邪馬台国時代の東日本」（歴史民俗博物館編一九九一）によれば、「弓矢の歴史」を示しており、弓矢は縄文時代草創期から出現しており、当初は「狩猟用具」として発達したが、弥生時代の中期前葉からよろいを貫く「戦闘用具」となり、鏃も大型化し重くなったと報告されている（図序－4参照）。また、「鏃」は、縄文時代は、「石鏃」であったが、弥生時代に武器に変化し、より強力な「銅鏃」、

「鉄鏃」などの金属器に変化したとしている。また、堅硬な石のない南西諸島では、盛んに「貝製の鏃」が製作されている。

弓矢は、刀剣に勝る飛び道具であり、列島では主力の武器であったと推定される。戦国時代に「鉄砲」が現われるまで、主力武器であったと思われる。金属器が祭祀用具として盛んに使用されるのに比較すると、銅剣や鉄剣の使用が遅れるのも弓矢が強力な武器であったからであろう。

よろいを貫く鏃が大阪の遺跡で大量に出土していることは東上する渡来民勢力に対抗したことを示しており、高地性集落の存在ともよく対応していると推定される。

一方、弓矢に先立ち採用された突槍や投げ槍は、一時衰えたが、戦闘用に長柄の槍として復活した可能性がある。

〔弥生土器〕

弥生時代の土器区分を図序-5（1）（2）に示す。〔（1）は、寺沢薫氏作成に、山本廣一氏が加筆した旧区分、（2）は藤尾慎一郎氏の作成による新区分を示す〕

近畿と北九州の土器を比較し、その画期は北九州が先行し近畿に変化が及んだと山本氏は主張している。

弥生時代の開始を告げる「遠賀川式土器」は、北九州では、「板付式土器」が相当しており、壺、甕、鉢、高杯の組み合わせとされている。前期段階ですでに東北にもその分布が確認されており、「水田稲作」も、青森・砂沢遺跡で出土している。

これらの「土器区分」は、詳細を理解する場合は使用されるが、時代を大きく把握する場合は、学会の弥生時代の指標が「水田稲作」へ変更されたので、「土器区分」は、使用されないことがある。弥生時代の年

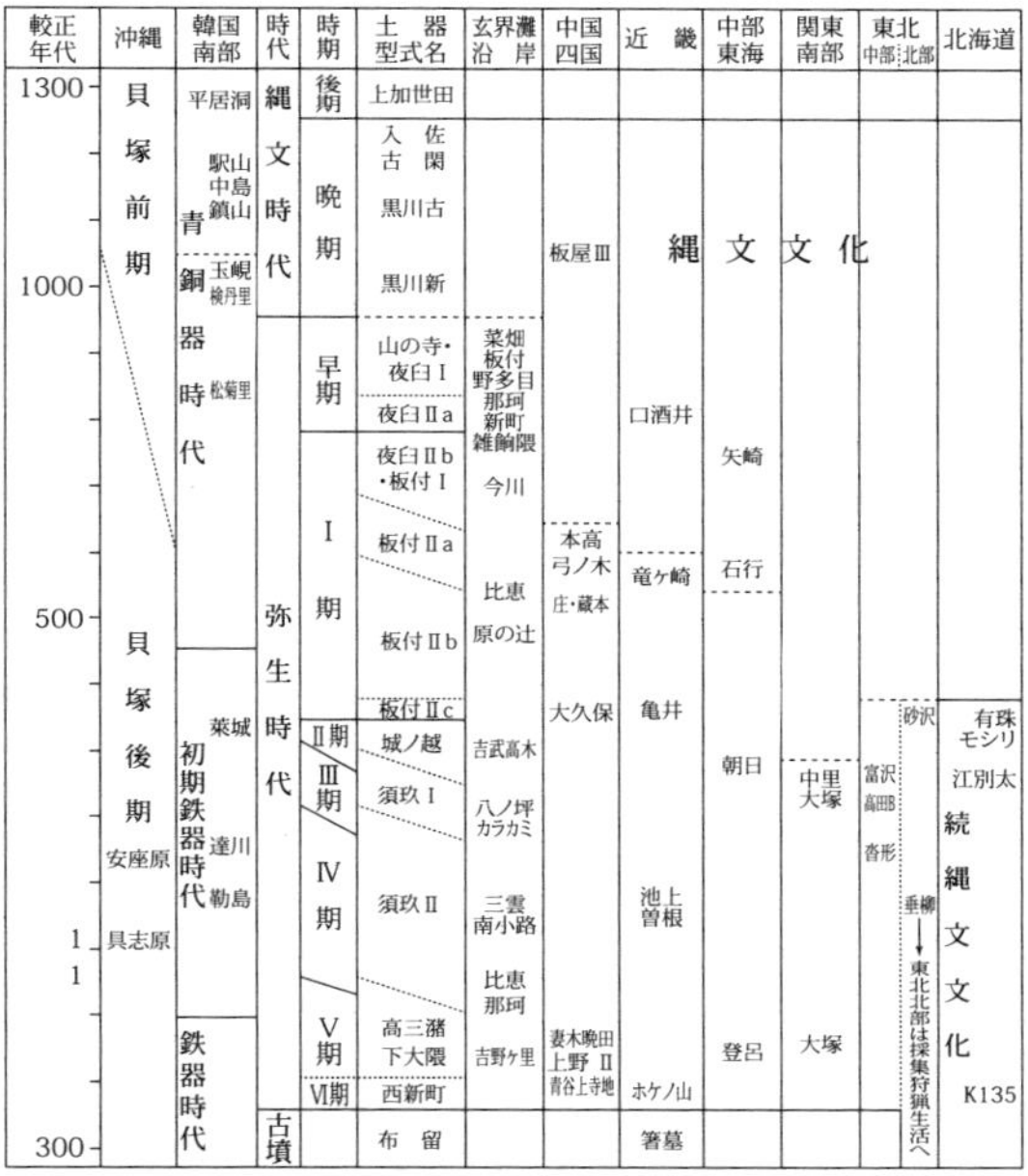

図序－5－2　新区分による土器区分
（出典：藤尾慎一郎『弥生時代の歴史』講談社）

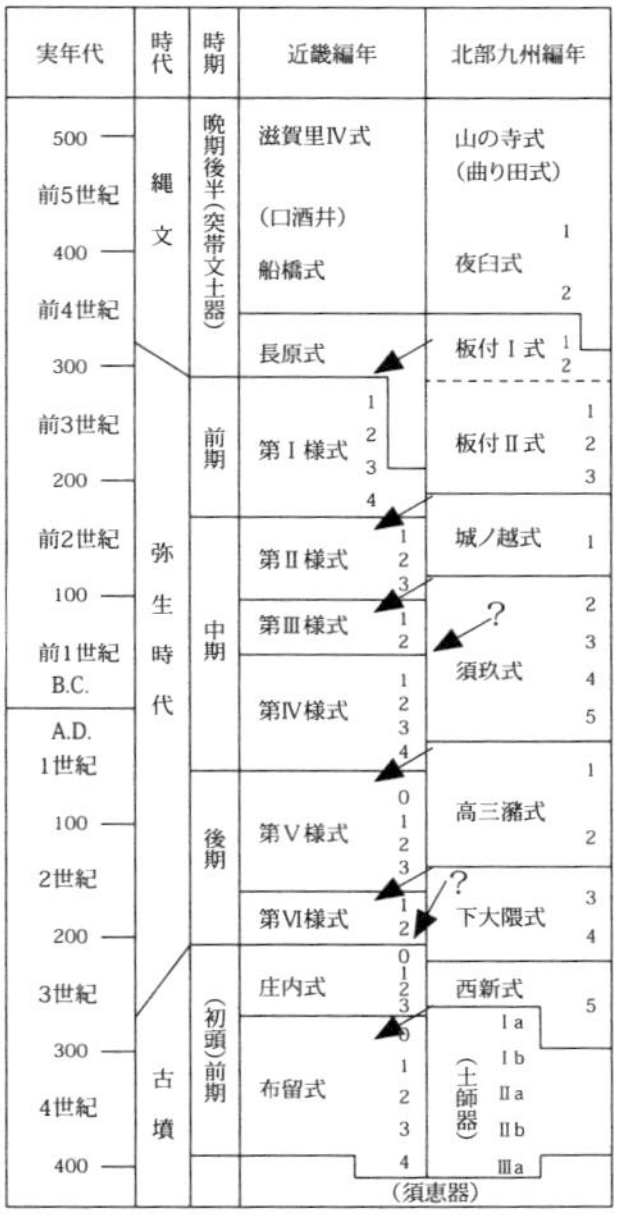

図序－5－1　寺沢薫氏の旧区分編年表（出典：山本廣一『新説 倭国史』ブイツーソリューション）

代の評価は、土器表面のススを使用しているので、新区分では土器の使用期間が長大となったり、短くなったりしているので注意が必要である。過渡期なので理解しにくくなっている。

〔墓制について〕

図序－6は、『図解・日本の人類遺跡』（前出）によれば、列島の弥生時代（中期二二〇〇～一九〇〇年前）の「墓制」があり、南西諸島から北海道まで七つの「墓制」が示されていて、弥生時代の各地方独自の生活習慣が存在していたことを示している。この中で、北九州に局部的に存在している「甕棺墓」（成人用）は、新しく形成された墓制で、渡来民によるものであろうと推定されている。また、この図にはないが、「支石墓制」がより以前に西部九州から筑後に分布していたとされている。朝鮮半島で分布の多い墓制

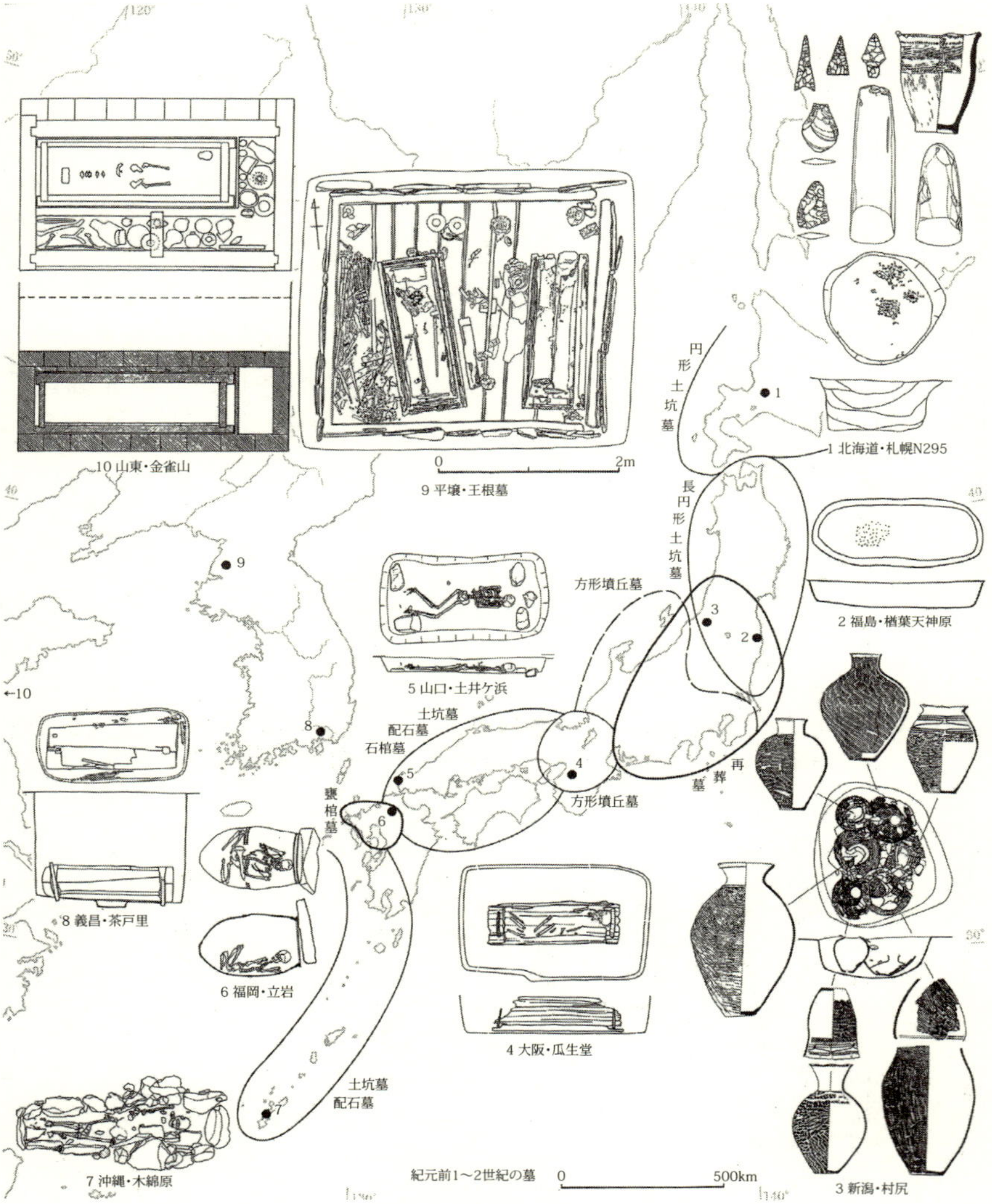

図序−6　紀元前1～2世紀の墓

（出典：第四紀学会編『図解・日本の人類遺跡』東京大学出版会）

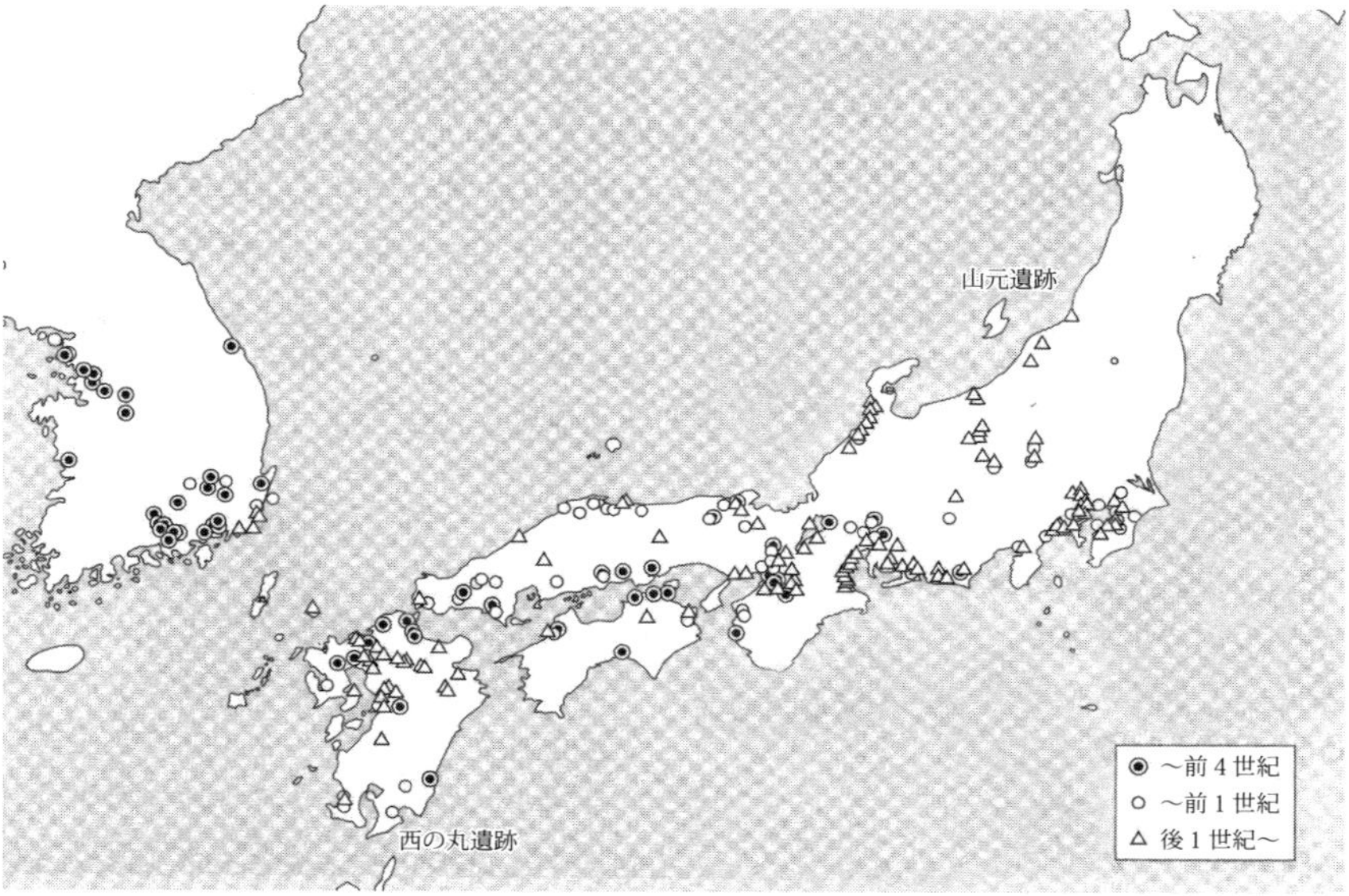

図序−7　環濠集落分布（出典：藤尾慎一郎『弥生時代の歴史』講談社）

であるが、海峡の対馬や壱岐に存在しないことから、江南から伝播したものと推定されている。支石墓については、場所により、蓋などとなる扁平な石が存在しないこともあるので、支石墓の分布を論じる場合考慮すべきものと判断される。

これらの縄文時代にはなかった新しい弥生時代の墓制は、あまり注目されないが、渡来民によりもたらされた部分を含んでいる可能性が高いと推察される。ここにも渡来民との関連を考察する余地が残っているのである。

〔住居（環濠集落・高地性集落）〕

弥生時代の特徴を示すものに、「環濠集落」（図序−7参照）や「高地性集落」がある。これは、明らかに侵入者に対する、先住民の防御的あるいは攻撃的集落であり、侵入者（渡来民）の存在なしには建設されない施設である。前期には瀬戸内海付近に、中期には東海まで拡大、さらに後期には北陸、東日本に移動している。なのに、渡来民の存在を明確に示した研究資料はない。防御性の強い環濠集落は、後代では、渡来民が新地域に進入した後で築造していることも多く、渡来民のものが混在してくる。本巻では渡来民との関連の詳細は、後の文中で触れることとなる。

第一章　原ヤマト時代の解明

「渡来民時代」は、ニギハヤヒが「原ヤマト」を建国し、イワレヒコが二五〇〇年前頃に即位してから始まり、以後渡来が顕著となる。まず最初に、二四七三年前に、中国の古伝に明記されている「呉系集団」が大陸で戦闘に破れ、武器を保持したまま大集団で到来している。

前述したように、この時代は、前半の「欠史八代時代」と、その対応に苦戦した後半の「渡来民時代」に区分される。

一章では、学会で否定されている「欠史八代時代」の実在の証明と渡来民を迎えた「原ヤマト」の状況を記載することとする。

一、欠史八代時代の実在の証明

(1) 欠史八代時代の実在の証明

「欠史八代時代」の実在については、以下の根拠を提示でき、実在を証明する。

① 『新撰姓氏録』には、この時代の大王の子孫数（三・五・七・八・九代）や氏族（六・七・八代）が記載され、実在しているとされている。

② 『先代旧事記』（「国造本紀」）には、この時代の大王の後裔が国造（五・九代）に任命されており、その実在が証明されている。

③ 「物部系譜」「海部系譜」には、四・五・八・九代に大臣・王妃の排出が記載されている。

④ 古伝・伝承（二・五・七・九代）、「吉備氏の誕生」（七代）、古神社史（初代）なども実在を記している（以上、表1－1参照）。

（2）長寿・長在位問題の解決

その存在を否定された原因となる大王の「長寿・長在位」問題は、以下の理由で解決できる。

①「記紀」の各天皇の没年を比較すると、十八代以後の天皇は両書でほぼ一致しているが、それ以前の天皇は、両書で八十年以上の差があり、ほとんど一致していない。長寿・長在位の存在は、十八代以前である（表1－3参照）。

②「記紀」の大王の長寿・長在位を比較すると、初代、五〜十三代、十六代の一部のみが長寿・長在位となっていて、問題は特定期間にのみ存在している。

この結果から、長寿・長在位となったのは、記載が乏しかったことや、「記紀」編者の意図的作為と推察できる（表1－4参照）。

③「記紀」編者の作為は、「記紀」作成を指示した天武天皇の意向（壬申の乱を支援した「秦族（徐福族）」の渡来を七代フトニ代の二二〇〇年前頃と明記すること）と編集責任者の中臣氏の意向（出自を六代大王の後裔としていること）に対応したもので、この時期まで、他の大王の在位を、空位年数を無視して、還暦年数を念頭に拡大したため、長寿・長在位となったことが判明している。

④大王の長寿・長在位の原因としては、「皇位継承時の争乱」「執政の存在」「女王・王妃継承の削除」「同系の皇位継承」などがあり、「空位」が発生していると推定できる（表1－2参照）。

	「記紀」記載 古伝	新撰姓氏録		『先代旧事本紀』 「国造本紀」	物部系譜 海部系譜	伝　承 古神社史
		子孫数	氏族名			
初代イワレヒコ (神武)	神武東遷	21		神八井耳８世 伊都許利命 下総・印旗	ウマシマチ	香取神宮創始(神武18)
２代ヌナカワミミ (綏靖)	タギシミミ 執政	0				アラハバキ族 継承介入
３代タマテミ (安寧)		0				
４代スキトモ (懿徳)		44			出雲醜大臣命	
５代カエシネ (孝昭)		0		韓背足尼命 (阿波那賀) オオタムヤワケ(近江)	ヨソタラシヒメ	アラハバキ・オワリ 継承介入
６代オシヒト (孝安)		8	猪甘首 中臣			
７代フトニ (孝霊)	徐福到来 (宮下文書) (但馬故事紀)	108	古氏			日野川鬼退治 吉備氏誕生 富士山噴火
８代クニクル (孝元)	ハニヤスの乱 大彦遠征	22	葛野臣		ウツシコオ大臣 ウツシコメ	比古布都押之信命(武内宿祢)
９代オオヒヒ (開化)	玖珂耳の東進	33		彦座王子孫 船穂足尼命 (但馬)	伊香色雄命大臣 イカガシコメ	アラハバキ・オワリ 継承介入
10代イニエ (崇神)	崇神東遷		鴨部 壬生部 伊気		伊香色雄命大臣 大海媛	
11代イサチ (垂仁)					物部十市根	富士浅間本宮移動(垂仁3)

表1－1　欠史八代の実在の根拠

代	名前	年代	在位	空位	実在位	空位の原因
５代	カエシネ	325 ～ 303	83	60	23	皇位継承争い　尾張族・アラハバキ族介入　ミ族の帰還　サカ族帯同渡来
６代	オシヒト	303 ～ 261	102	60	42	
７代	フトニ	261 ～ 215	76	30	46	大山の「キ」族、吉備に南下　フトニ出陣　徐福族九州に渡来(219)
８代	クニクル	214 ～ 158	57	30	27	皇継争い？　尾張･武内宿祢介入　ハニヤスの乱(継承時争乱？)　大彦北陸遠征
９代	オオヒヒ	158 ～ 98	60	30	30	早良(平群)族渡来(100)　彦坐王出陣　クガミミの東進
10代	イリヒコイニエ	97 ～ 30	68	30	38	皇祖神を宮外へ　四将軍派遣(丹波･北陸･東海･北陸)
11代	イサチ(垂仁)	前29 ～後 70	99	60	39	多羅族渡来(00)　奴国朝貢(57)　ウガヤ連合成立
12代	オシロワケ(景行) ※イリ系からタラシ系へ	71 ～ 130	60	30	30	九州遠征征討･一時空位あり？　ヤマトタケル遠征
13代	ワカタラシヒコ(成務)	131 ～ 190	60	30	30	タケル弟の即位「ウガヤ連合」を国造で分断　倭国大乱(180 ～ 190)
14代	タラシナカツヒコ (仲哀・神功)	192 ～ 200	9			九州遠征崩御　尾張族介入　邪馬台国・狗奴国成立　カゴサカ王と抗争

表1−2　7代以降の空白部の解明

（3）原ヤマト時代の年表

以上の諸点を勘案して、『書紀』の年代を基に、原ヤマト時代の年表を作成すると、表1-5のとおりである。その考慮点を挙げると、

① 七代フトニ代は、『書紀』の年代では、徐福（秦族）の渡来を考慮した二二六一～二二一五年前に相当していて、妥当な年代であり、これを採用する。

② 七代以前は、「記紀」の即位・没年記載が長大化されているので、還暦年数で減じ、また、二代の継承の諸事情（タギシミミの執政年数など）を考慮して縮小し、イワレヒコの即位年代は二四八一年前

代	天皇名	『古事記』による没年月日 年	月	日	『日本書紀』による没年月日 年	月	日	くいちがい
1	神武				BC585	3	11	
2	綏靖				BC549	5	10	
3	安寧				BC511	12	6	
4	懿徳				BC477	9	8	
5	孝昭				BC393	8	5	
6	孝安				BC291	1	9	
7	孝霊				BC215	2	8	
8	孝元				BC158	9	2	
9	開化				BC98	4	9	
10	崇神	318年 または12月 258年			BC30	12	5	347年 または 287年
11	垂仁				70	7	14	
12	景行				130	11	7	
		年	月	日	190	6	11	
13	成務	355	3	15	200	2	6	164年9ヶ月
14	仲哀	362	6	11	310	2	15	162年4ヶ月
15	応神	394	9	9	399	1	16	84年7ヶ月
16	仁徳	427	8	15	405	3	15	26年10ヶ月
17	履中	432	1	3	410	1	23	27年6ヶ月
18	反正	437	7		453	1	14	1年
19	允恭	454	1	15	456	8	9	
20	安康				479	8	7	
21	雄略	489	8	9	484	1	16	10年
22	清寧				487	4	25	
23	顕宗				498	8	8	
24	仁賢				506	12	8	
25	武烈				531	2	7	3年10ヶ月
26	継体	527	4	9	535	12	17	9ヶ月
27	安閑	535	3	13	539	2	10	
28	宣化				571	4	15	
29	欽明				585	8	15	
30	敏達	584	4	6	587	4	9	1年4ヶ月
31	用明	587	4	15	592	11	3	6日
32	崇峻	592	11	13	628	3	7	10日
33	推古	628	3	15				8日

代	天皇名	践祚（註） 年	月	日	註		即位 年	月	日	退位 年	月	日	在位年数 年	
1	神武					（年代を推定すべき時代）	BC660	1	1	BC585	3	11	76	長寿長在位
2	綏靖						BC581	1	8	BC549	5	10	33	
3	安寧						BC549	7	3	BC511	12	6	38	
4	懿徳						BC510	2	4	BC477	9	8	34	
5	孝昭						BC475	1	9	BC393	8	5	83	
6	孝安						BC392	1	7	BC291	1	9	102	
7	孝霊						BC290	1	12	BC215	2	8	76	
8	孝元						BC214	1	14	BC158	9	2	57	
9	開化						BC158	11	12	BC 98	4	9	60	
10	崇神						BC97	1	13	BC30	12	5	68	
11	垂仁						BC29	1	2	70	7	14	99	
12	景行						71	7	11	130	11	7	60	
13	成務						131	1	5	190	6	11	60	大乱
14	仲哀						192	1	11	200	2	6	9	邪馬台国（神功）
15	応神						270	1	1	310	2	15	41	
16	仁徳						313	1	3	399	1	16	87	
17	履中						400	2	1	405	3	15	6	
18	反正						406	1	2	410	1	23	5	413
19	允恭						412	12		453	1	14	42	
20	安康						453	12	14	456	8	9	3	
21	雄略	（『日本書紀』記載の年代が、大略妥当とみられる時代）					456	11	13	479	8	7	23	倭の五王遣使
22	清寧						480	1	15	484	1	16	5	
23	顕宗						485	1	1	487	4	25	3	
24	仁賢						488	1	5	498	8	8	11	
25	武烈						498	12		506	12	8	8	502
26	継体						507	2	4	531	2	7	25	522 善化
27	安閑						531	2	7	535	12	17	4	九州年号
28	宣化						535	12		539	2	10	4	
29	欽明						539	12	5	571	4	15	32	
30	敏達						572	4	3	585	8	15	14	
31	用明	（以下、年代の確実な時代）					585	9	5	587	4	9	2	
32	崇峻						587	8	2	592	11	3	5	
33	○推古						592	12	8	628	3	7	36	
34	舒明						629	1	4	641	10	9	13	
35	○皇極						642	1	15	645	6	14	3	
36	孝徳						645	6	14	654	10	10	10	
37	○斉明	年	月	日			655	1	3	661	7	24	7	
38	天智	661	7	24	臨朝称制		668	1	3	671	12	3	10	
39	弘文	671	12	5	臨朝		671	12	5	672	7	23	8か月	
40	天武						673	2	27	686	9	9	15	
41	○持統	686	9	9	称制		690	1	1	697	8	1	7(11)	
42	文武						697	8	1	707	16	15	10	698 大長
43	○元明	707	6	24			707	7	17	715	9	2	8	

（上）表1–3　『古事記』と『日本書紀』との没年月日
（下）表1–4　天皇の即位・退位

代	名　前	『書紀』年代	退位年	在位年	事件簿と年代	渡来民など
初代	イワレヒコ	481	455	26	呉系(キ鏃)集団、大山・長崎・鹿児島に渡来(473)	松野連(夫差)
		(空位26年)			タギシミミ執政(即位?)	
2代	ヌナカワミミ	429	396	33	ミマナ族移動(400)	「ツ」「タラシ」族、東九州へ
3代	タマテミ	396	360	36		
4代	スキトモ	360	325	34	越滅亡(334)	越系倭人・北陸渡来
5代	カエシネ	325	303	23(83)	皇位継承争い 尾張族・アラハバキ族介入	ミ族の帰還(314)
6代	オシヒト	303	261	42(102)	(空位60年含む)	
7代	フトニ	261	215	46(76)	フトニ大山へ出陣 徐福族九州に渡来(219)	大山の「キ」族、吉備に南下
8代	クニクル	214	158	57	皇継　尾張・武内宿祢介入	秦・孝武王渡来(太秦公宿祢)
9代	オオヒヒ	158	98	60	彦坐王出陣　クガミミの東進	漢・男斉王肥渡来(椿前村主)
10代	イリヒコイニエ	97	30	68	イリヒコイニエ東遷即位　皇祖神を宮外へ　四将軍派遣(丹波・北陸・東海・北陸)	早良族渡来
11代	イサチ(垂仁)	29後	70	99	「ウガヤ連合」成立	多羅族渡来(00)　奴国朝貢(57)
12代	オシロワケ(景行)	71	130	60	ヤマトタケル遠征	倭奴国朝貢(107)
13代	ワカタラシヒコ(成務)	131	190	60	国造任命多し 「ウガヤ連合」を国造で分断 倭国大乱(180〜190)	光武帝孫・慎近王(下村主)来 霊帝・男延王(坂上宿祢)渡来 ウガヤ分裂・奴国滅亡・移動
14代	ナカツタラシヒコ(仲哀・神功)タラシヒメ	192	200	9	九州遠征崩御　尾張族介入 「邪馬台国」成立	狗奴(クナ)国成立

表1−5　各代の実年代と状況

となった（図1－1参照）。

③　年表には、これらの年表に対応させて、空位原因を入れて、各イベントを記載した。不明な歴史が諸資料の裏付けを獲得して鮮明になってくる。

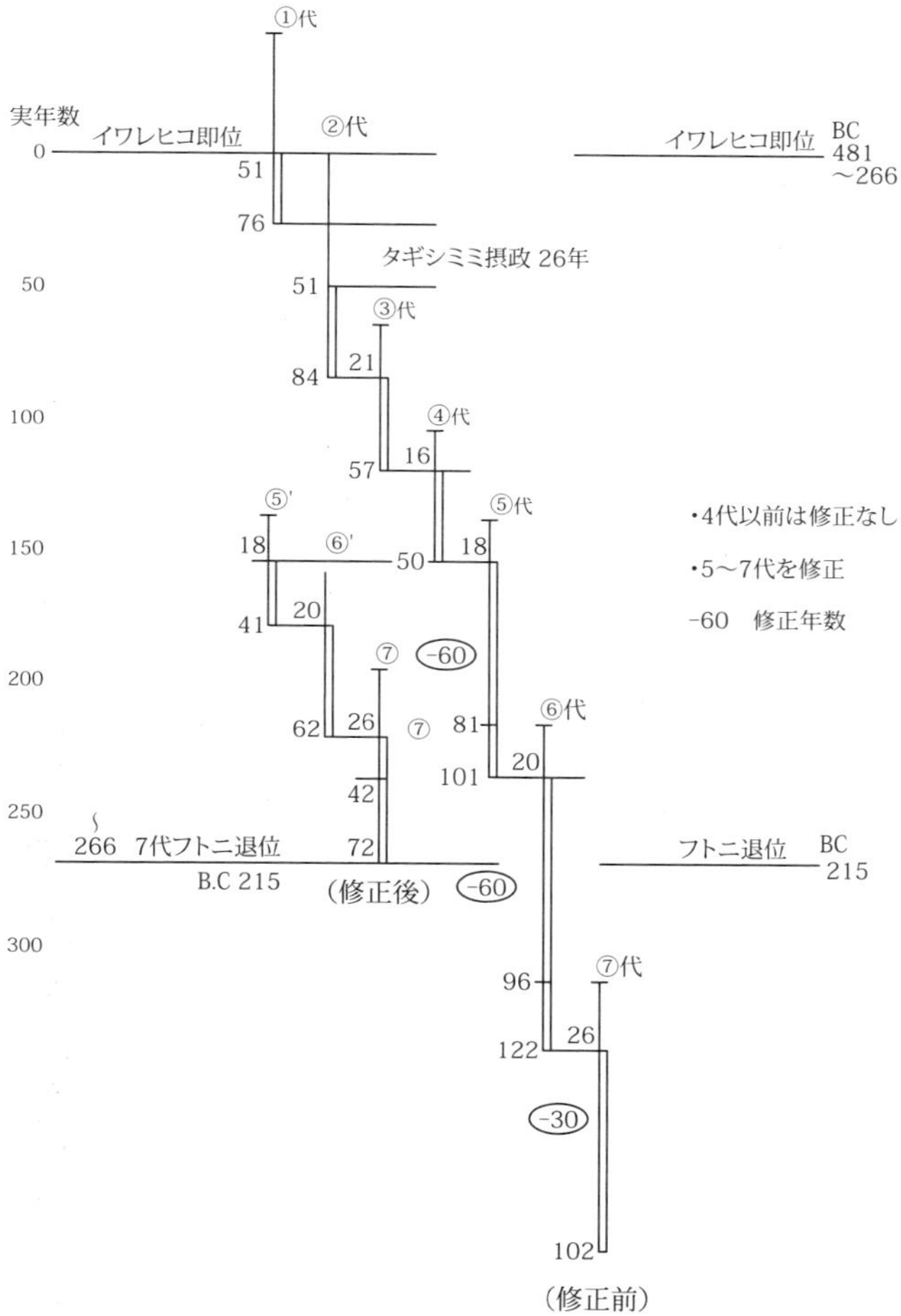

図1－1　各代の在位算定

「記紀」と没年、即位年齢をそのまま連続すると右列となるが、空位年数を減じると（－60など）、左列となり、7代退位までが266年となる。フトニ退位年（BC215）に加算すると、初代の即位年が481年と判明する。

コラム1

【検証1】『日本書紀』の記載による検証

ここで、実際に『日本書紀』の記述を見てみよう。面白い事実が抽出できるのである。各代の記述のない「空白の年」を抽出すると、表1-6の通りである。

これでわかるように、各代には、記述のない空白な年がかなりの年数存在するのである。すなわち、空白部が目立つので、立太子の記事を入れているのである。このため、皇太子の誕生、立太子年齢、立太子の年が合わない代が発生しているのである。

これらのことから、やはり『書紀』の編者は、意識的に年齢を延ばすことに苦心し、長すぎる年齢には、中間に立太子の記載を入れて、空白部が目立たないようにしているのである。表中の前述した「空位」の年数と「空白部」の年数を比較すると、ほぼ相当すると判断してもよいのではないだろうか。『書紀』の編集者も年代を延ばすことで困惑しているのである。古資料に記載されている事実が少なく、完全ではなかったのである。しかし、「空白部」に何が起こっていようとも、徐福族（秦族）渡来の年代までは、繰り上げて絶対的に合わせる必要があったのである。

代	前述の調整年数	『書紀』記載の空白部	総年数	空白部前後の記述	空白の原因
2代	0	5～24年	20年	25年に立太子	呉系集団への対応
3代	0	12～37年	25年	11年に立太子	
4代	0	3～21年(20年) 23～33年(10年)	30年	22年に立太子	大陸系越系の対応 皇統争による空位
5代	−30	30～67年(37年) 69～82年(13年)	50年	68年に立太子	
6代	−60	27～37年(10年) 77～101年(26年)	36年	38年に立太子	
7代	−30	3～35年(32年) 37～56年(38年)	70年	36年に立太子	呉系集団の南下 徐福族への対応 皇統争いの空位
8代	−30	8～21年(14年) 23～56年(33年)	47年	22年に立太子	ハニヤスの乱
9代	−30	7～27年(20年) 29～59年(30年)	50年	28年に立太子	彦坐王との戦闘 皇統争による空位
10代	−30	18～47年(30年) 49～59年(10年)	40年	48年に立太子	
11代	−60	40～86年(46年) 91～98年(8年)	54年	神宝の大連管理	サホヒコ乱の空白
12代	−30	29～39年(10年)	20年		タケル遠征の空白
13代	−30	6～47年(42年) 40～50年(10年)	52年	25年に立太子	九州遠征の皇位空白

表1–6　各代の『書紀』記載の空白部と調整年数

二、原ヤマト時代の状況

渡来民が到来する「原ヤマト時代」の各所の状況を示す資料を収集した。

（1）奈良盆地の状況

〔地勢的状況〕

当時の奈良盆地の地勢的状況は、その地質的解釈や地形的状況から、図1－2、のように解釈されている。

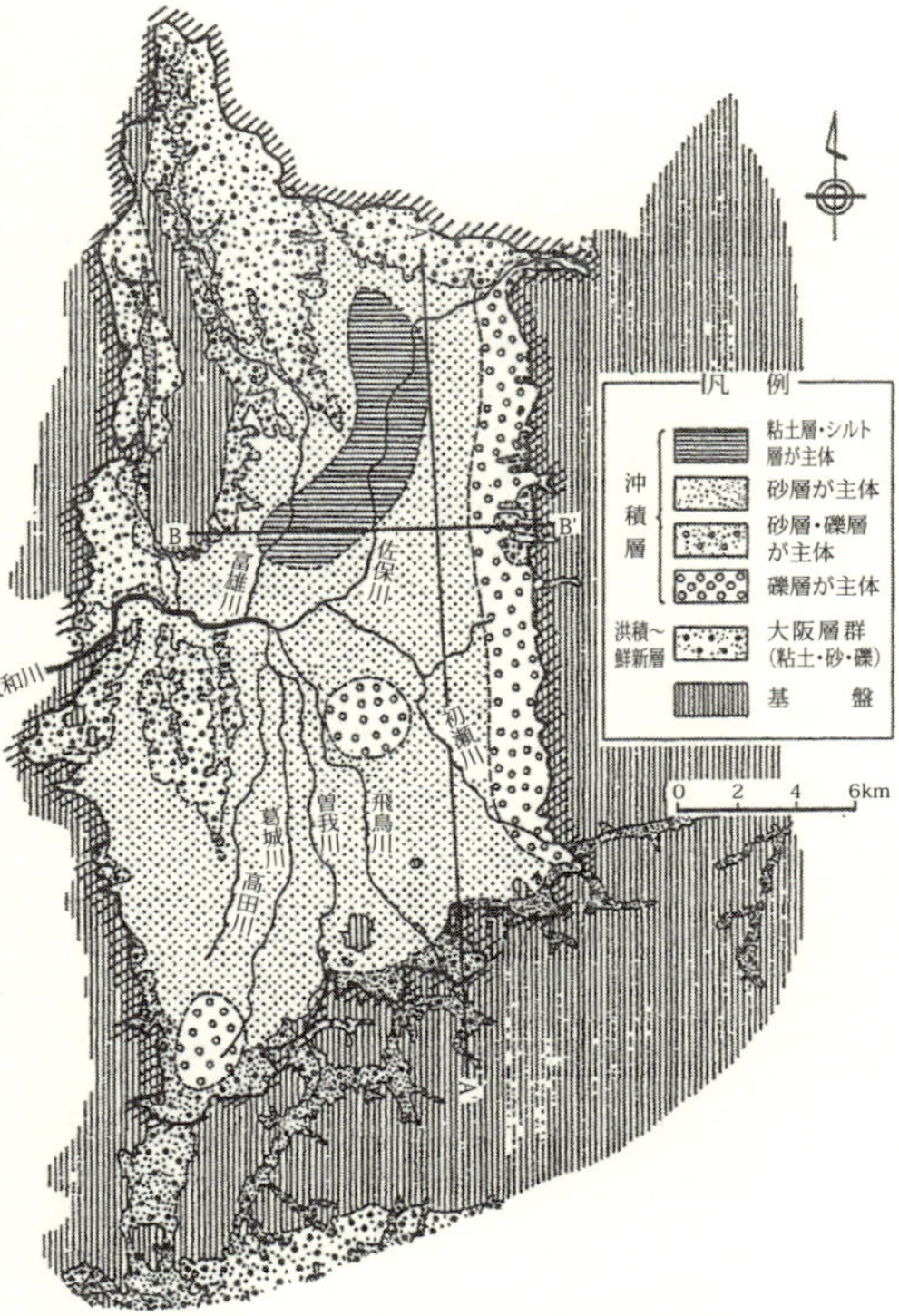

図1－2　奈良盆地の地質概要

（出典：「日本の地下水」奈良盆地〈農政局〉）

① 奈良盆地は、南の和泉山地、西の葛城山地、東の笠置山地などの高山に囲まれ、盆地内の河川は、盆地中央で合流したあと、西に流れ、葛城山地を貫流して大阪湾に流下しているが、周辺山地の山裾部には、礫質な層が堆積して扇状地を作り、中央には砂質や泥質の表層堆積物が堆積して、時代の進行と共に徐々に盆地が埋積されていることがわ

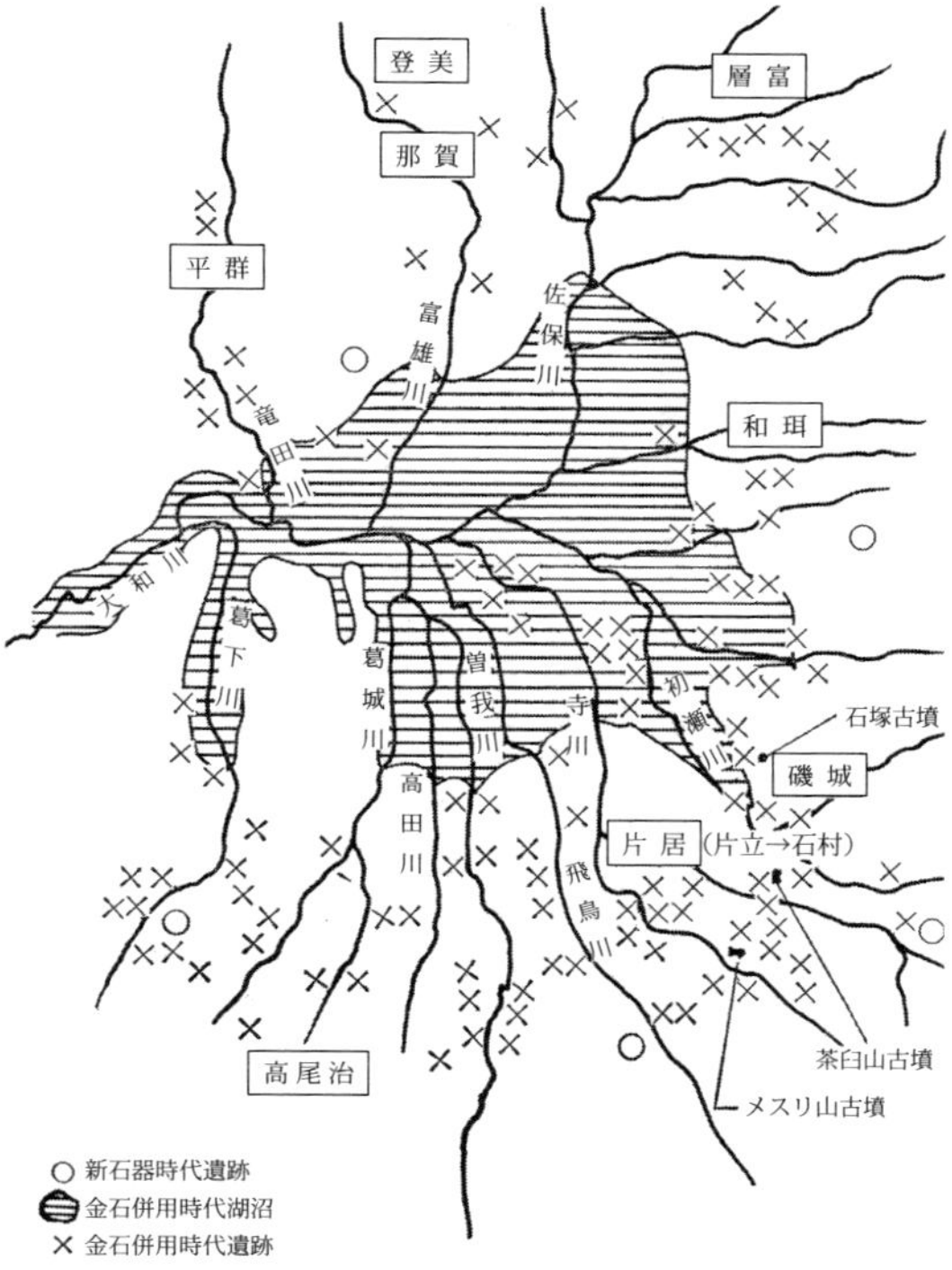

図1–3　古代の奈良盆地

（出典：鈴木武樹『消された「帰化人」たち』講談社）

かっている。

② 表層堆積物の分布をみると、北側から流入している佐保川や富雄川の下流に泥質な堆積物があり、この周辺が最後まで湖沼を形成していたことがわかる。

③ 盆地内では、礫質や砂質な部分は小さな河川堤防の丘をつくり、その上に遺跡も多く分布している。

④ 図1‒3は、ある等高線に沿って湖沼を描いており、このような時代も存在したとも推定されるが、遺跡が湖沼内に分布しており、「金石併用時代」にはもう少し湖沼の水位は低下していたと推察される。

⑤ 盆地南には、「畝傍山」「天香具山」「耳成山」など、基盤岩盤が顔を出している。これらの状況をみると、奈良盆地では、初期の段階では、周辺の山地の山裾部や南部の砂礫質で水吐けの良い丘陵地域に居住し、徐々に盆地中央に移動したことが地勢的理由から判明する。

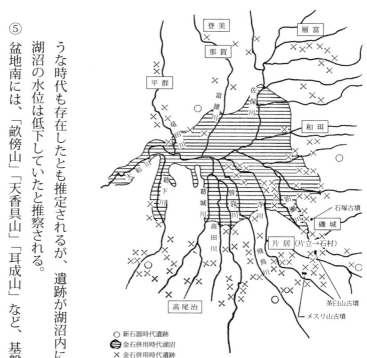

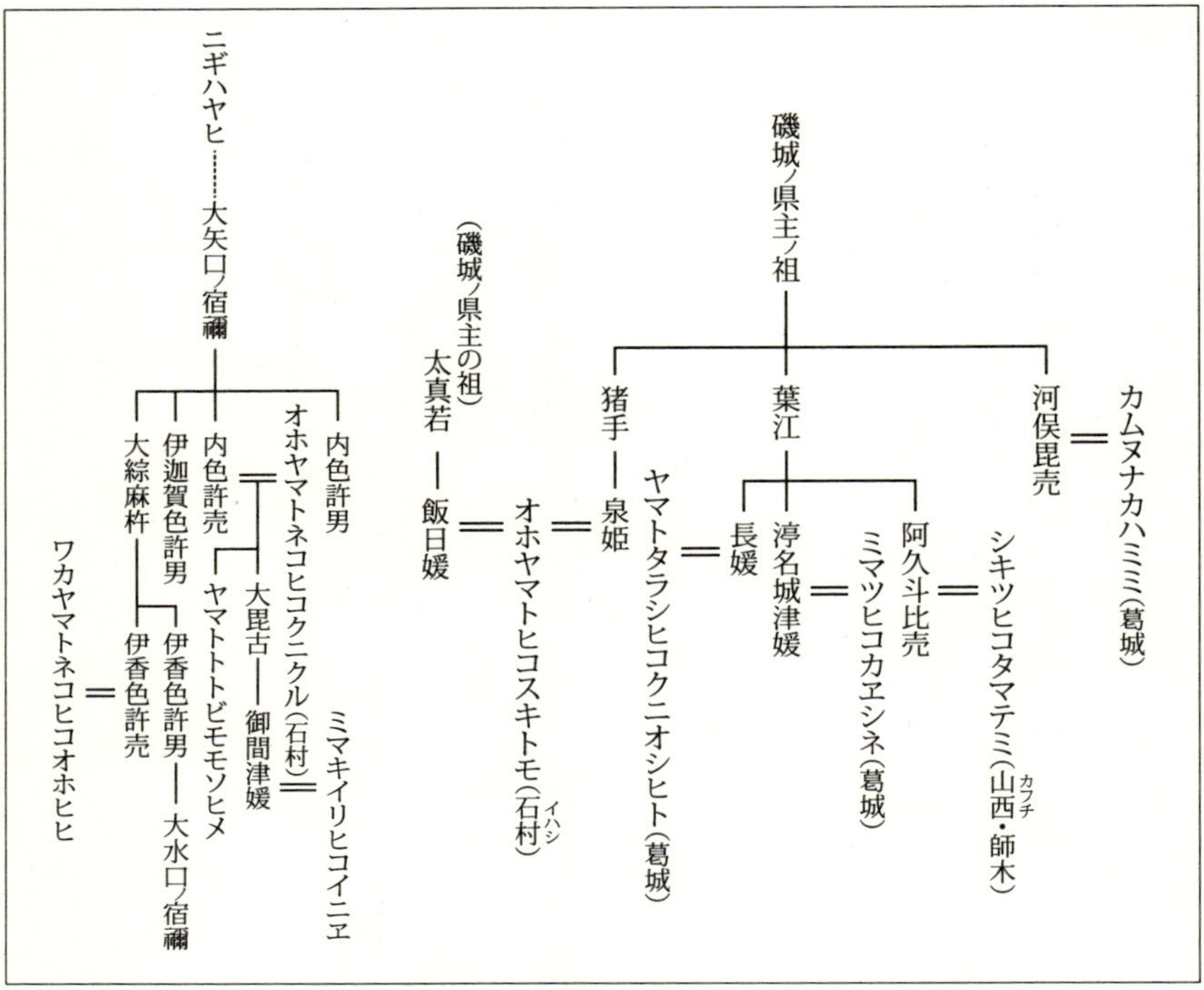

系図1–1　初期ヤマト王統の系譜

〔**奈良盆地の部族配置**〕

奈良盆地では、この時代はどのような状況にあったのだろうか。イワレヒコの東遷の状況は、「記紀」に詳しいが、その後の状況は、把握できるのであろうか。

鈴木武樹氏は、二〜九代までの王統を担った人々の系譜を抽出して示している（系図1–1）。これによると、以下のような状況が類推できるという。

① 奈良盆地は、王統の出自の系譜から、盆地の東に「イワレ」（磯城）、西に「葛城」、北東に「加須賀」、北西に「鳥見」があり、二〜六代の王統は「イワレ」（磯城）に、八〜十代の王統は「鳥見」にそれぞれ出自を有しているとされている。

② イワレ（磯城）族は、『新撰姓氏

録』に「志貴の連は、ニギハヤヒの孫の日子湯支の後裔」とされており、ニギハヤヒ族であること、「鳥見」は、ニギハヤヒ族の本拠地であることから、初期王統は、正妃を盆地周辺のニギハヤヒ族から迎えていたことがわかる。

③さらに、王統の出自から、王統は、同族の「イワレ」から主筋の「鳥見」に移動しているとされている。この間、七代フトニだけは、十市の県主の娘（同ニギハヤヒ系）を迎えている。

④これらの状況から考えると、湖水の残る奈良盆地の周辺に、各部族が分布し、その中で「ニギハヤヒ族と同系の氏族」が正妃輩出の氏族として、主として王統を支えていたということができる。

⑤しかし、この系譜（系図1-1）では、三～六代の正妃の出自が同世代となっており、この系譜には、修正や省略が存在している。これらの中に長寿・長在位の代も存在しているからであり、矛盾した記載を行っている。

（2）大阪湾周辺の状況

〔地勢的状況〕

大阪湾周辺の地勢的状況は、図1-4、1-5に示すように、三千～二千年前頃には、大阪湾の奥に「古河内湖」が存在していたことが、地形・地質的に確認されている。

①大阪湾には、南から北に流れる「沿岸流」が岸に沿って存在し、古河内湖から流出する土砂は、北に流れ、長い砂丘と砂嘴（台地）を形成している。

②古河内湖には、奈良から流れる出る河川と京都から流入する河川が合流し、大きな湖を造っていたとされている。これらの河川は、上記の海流で河口を閉塞され、近代までこの周辺は、湖沼や湿地帯を

形成している。

③　両河川はそれぞれ山裾部に、扇状地や自然堤防をつくり、下流には三角州や干潟が形成されている。遺跡は、地下水位の低い前者の地域が多いが、二七〇〇～二四〇〇年前頃には湿地帯である後者の地域にも遺跡が進出している。

④　古地理図を見ると、遺跡は三〇六〇年前からみられ、古河内湖周辺に位置しているが、遺跡分布図によると、二七〇〇～二四〇〇年代には自然堤防上から、三角州へ進出していることがわかる。この時代は、ニギハヤヒ～イワレヒコの時代であり、「欠史八代」時代の初頭に相当している。そこには、「水田稲作」がかなり進行していたのであろうか。

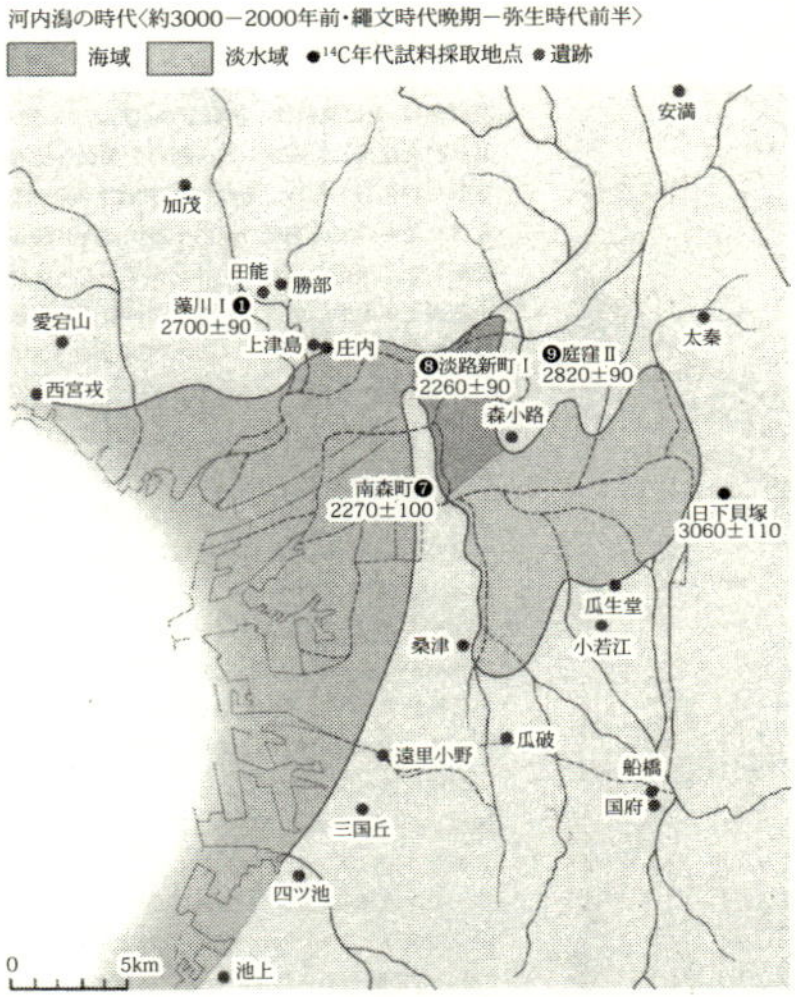

図1–4　大阪平野の古地理図

（出典：アーバンクボタNo.16）

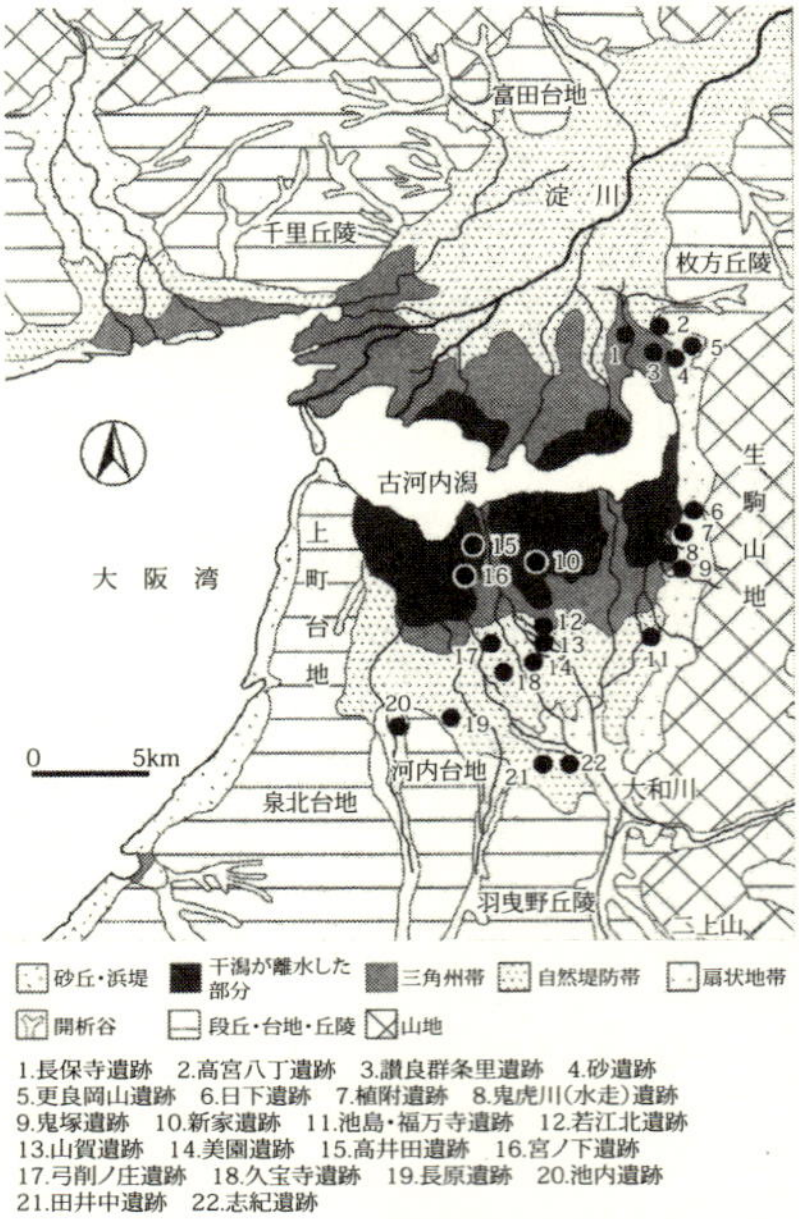

図1–5　大阪平野の遺跡分布

（出典：藤尾慎一郎『弥生時代の歴史』講談社）

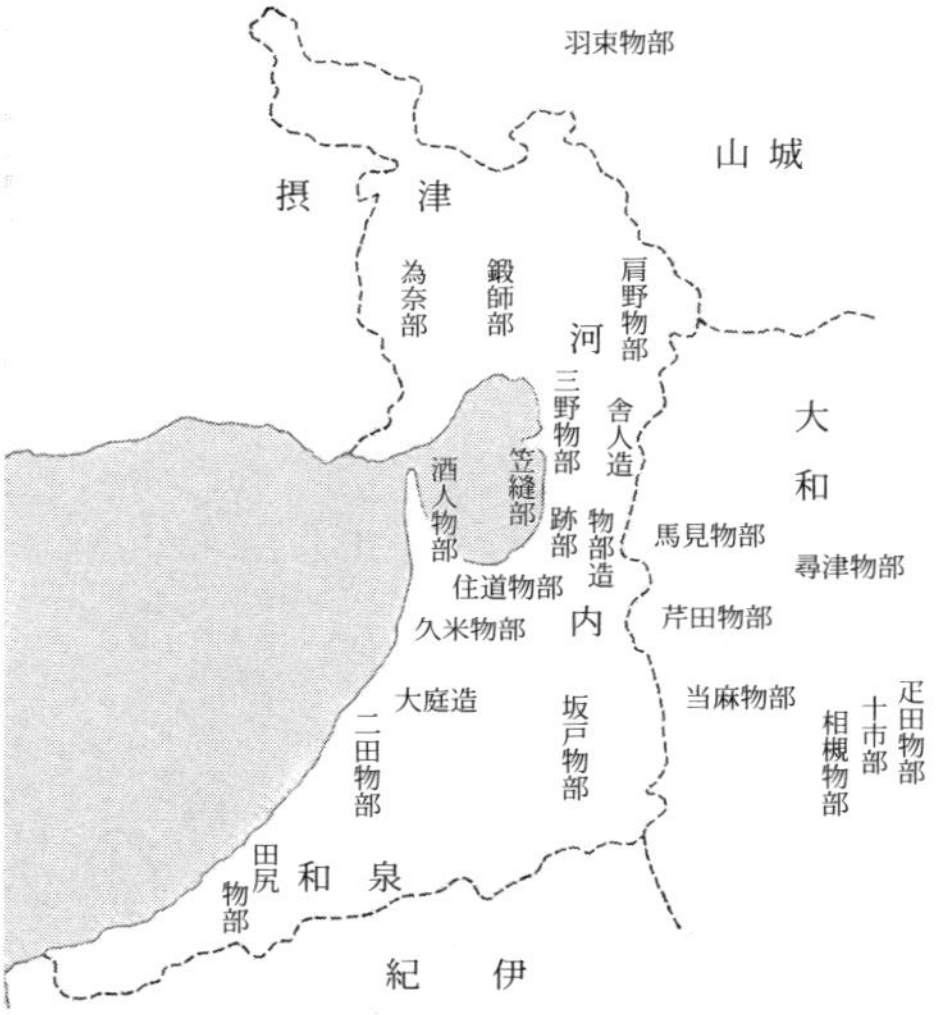

図1–6　河内・大和の物部一族
（出典：鳥越憲一郎『弥生の王国』中央公論社）

〔**大阪湾周辺の部族配置**〕

この大阪湾沿岸や「古河内湖」周辺には、多くの遺跡が確認されているが、ここには、ニギハヤヒの東遷に伴う、ニギハヤヒ一族が居住していたことが判明している（池上遺跡には、二田物部一族が居住していた。池上と神戸の博物館には、大阪式銅戈と石剣が誇らしげに展示されていた）。

図1–6は、遠賀川流域から移動した、その「物部一族」の、近畿における居住地を示している。部族は、奈良盆地を守るように、大阪湾、河内湖、摂津、和泉方面まで広く展開、配置されている。

これらの存在は、既述の奈良盆地の状況と整合的である。

(3) 北九州の状況

① 北九州のクニグニの誕生

寺沢薫氏（『日本の歴史02　王権誕生』講談社）によれば、北九州のクニグニの誕生は、部族単位～同族血縁単位～共同体単位～クニ単位を経て、国が形成されたと主張されている（図1–7、1–8参照）。しかし、この過程は正しいと判断されるが、その形成時代を弥生時代とし、北九州のクニの形成を同時代として当てはめていることにはやや間違いが含有している。クニグニの形成時期は、ばらばらなのである。

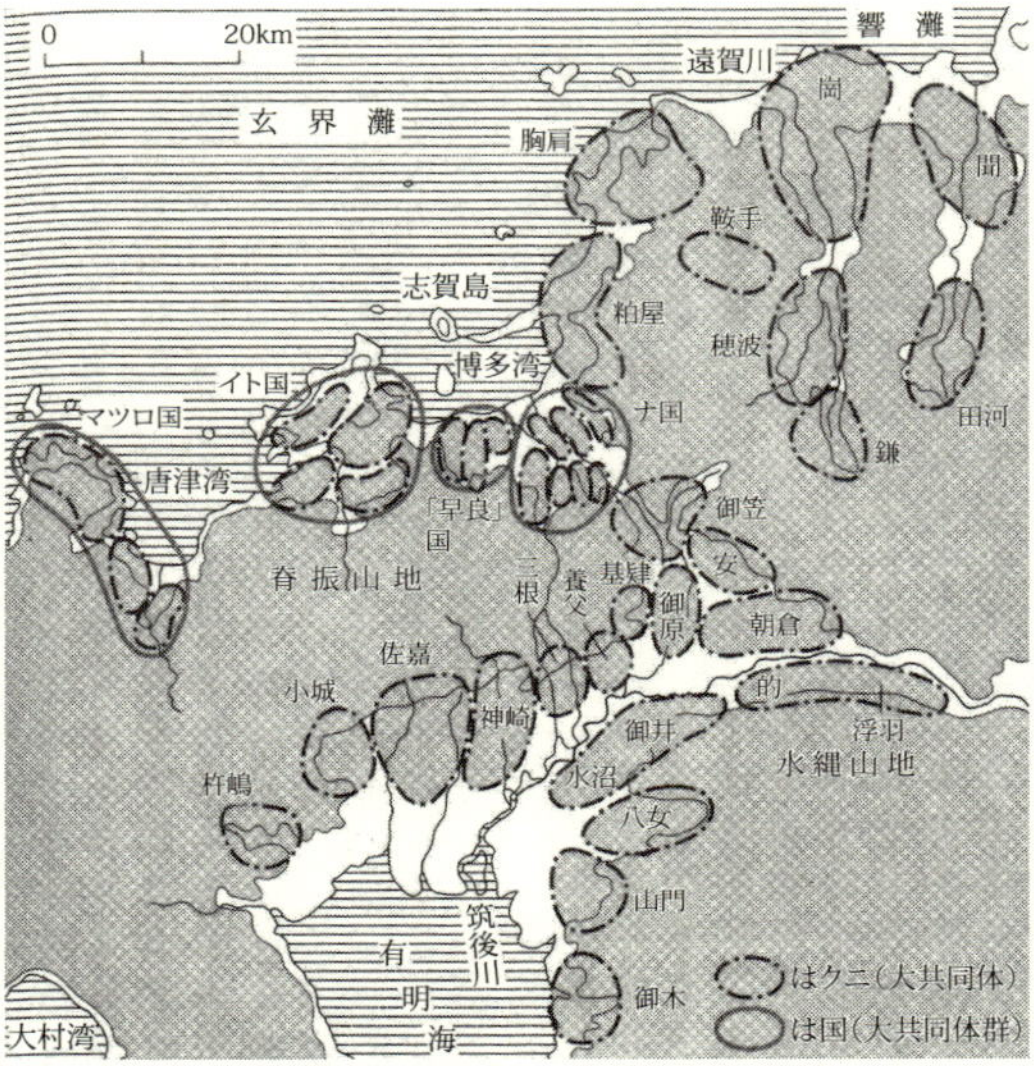

図1–7　紀元前後の北九州のクニグニ
（出典：寺沢薫『日本の歴史02「王権の誕生」』講談社）

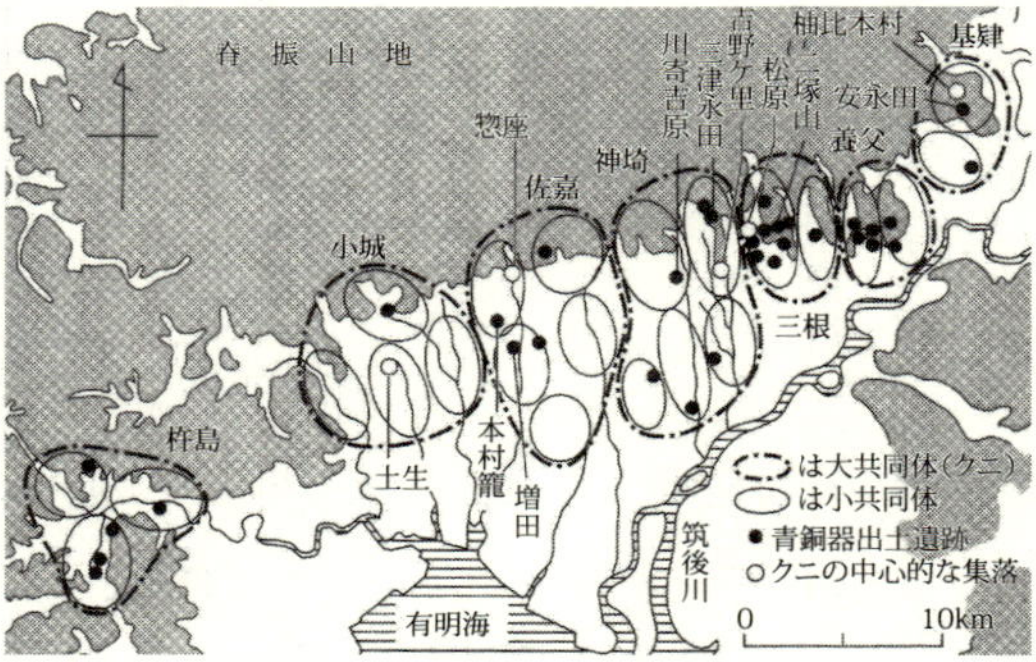

図1–8　佐賀平野のクニグニ
（出典：寺沢薫『日本の歴史02「王権の誕生」』講談社）

クニグニの形成は、前巻で指摘したように、時代を縄文時代後期に遡らせる必要があるのである。北九州にはニギハヤヒ時代（二六〇〇年前）にすでに国があるのであり、北九州に新たに国を造ったのは、半島などから到来した渡来民であるからである。

この図には、その両者が混在しているのである。それぞれの地域でやや時代差が存在しているのである。この事情を考慮すれば、これらのクニグニの分布は、考古学的に共通性を有する「クニ」として、良好なデータを提供している。クニの中に含まれる遺跡の時代が異なることを考慮して使用可能である。

北九州はすでに弥生時代前期には、寺沢氏にいう「イト国」と「穂波（不弥）国」を中心に、クニグニが展開しているのであり、筑後・佐賀平野地域のクニグニ（ヤマタアイ国と推定）を含めて、共同体意識は醸成されていたのである。後代は、もう少し統合化が進行していた可能性があるのである。

これらの状況の中に、渡来民が到来することになるのである。したがって、これらの集団の存在を念頭に、渡来民の来襲を検討する必要があるのであり、空白の大地に渡来民が到来し、縦横無尽に活動したのではないことを認識すべきである。

② 北九州の弥生時代前期の考古学的状況

北九州の状況を明らかにする、適切な資料を得ていないが、後述する状況のほかに、考古学的データとして、「石斧」と「石包丁」の出土図（図1－9参照）を示す。

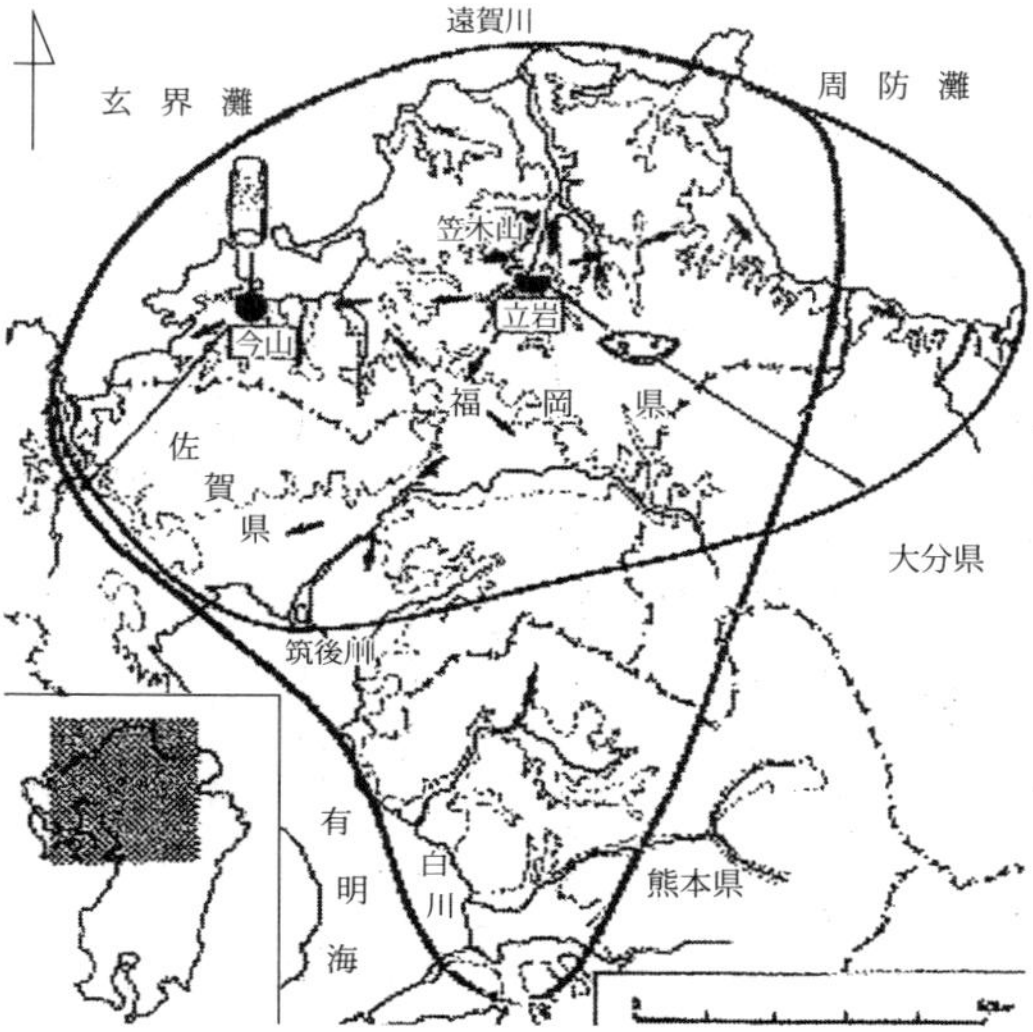

図1–9　石斧と石包丁の分布
（出典：長崎県教育委員会『発掘「倭人伝」』六一書房）

糸島半島の今山産の「石斧」は、北九州から熊本平野までの分布を示し、立岩遺跡に近い笠置山産の「石包丁」は、北九州全域に広がっている。

前者は、弥生時代前期から拡大し、伊都国の産物として流通したようであり、後者は、弥生時代前期末～後期初頭の三〇〇年間にわたって使用されたとされている。

この地域は、ニギハヤヒ族の西進後の支配地域とよく対応している。すなわち、立岩遺跡のある遠賀川流域は、ニギハヤヒ族（物部族）の本拠地であったし、糸島半島は、西進部族である「イ族」を主体とする重要な管理地域だったのであり、弥生時代に入っても、これらの地域の支配は継続していたものと推定されるからである。

これらは、金属器時代を本格的に迎える前の状況であり、欠史八代時代後半の状況であると解される。渡来民が殺到する以前の状況ではなかろうか。

一方、山本廣一氏は、笠置山産の「石包丁」は、刃のない状態で、各地で出土しており、交易品ではなく「武器」であるとして、周辺地域との抗争を考慮している。もっともな意見である。しかし、既に金属器時代に突入しているので、武器として使用されたのは三百年間のうち、初期の一時期のことと推測される。

かくして、九州に進出した東日本勢力は、弓矢と石器を使用して、金属器で武装する渡来民と対決することとなったと推定されるが、すぐその技術を取得し、原料の金属の産地の争奪戦（後述の半島南部への進出など）を展開したものと推定する。

北九州に設置した伊都国は、後代の大王の九州征討時には、遠賀川にいる崗県主とともに迎えに参陣しており、長らく北九州の一角を保持していたものと推察する。

九州のすべてが渡来民により支配されたと考える研究者もいるが、「ウガヤ朝」の存在とともに、在地勢力も明確に存在していたことを認知しておくべきである。さらに、後述する、ニニギ系の「ミ」族が南西諸島から帰還して、筑後が強化されることとなるのである。その帰還が、渡来民増加に伴う「原ヤマト」の危機意識により、呼び返された可能性も存在するのではなかろうか。

（4）中九州の状況

①「ウツシ国」の解明

中九州には、縄文時代晩期に「ウ」国が存在し、オオクニヌシの時代に「ウツシ国」に発展したことが判明している。しかし、ニギハヤヒ族の西進時の「国譲り」で、出雲をニギハヤヒ（「天穂日命」を入れる）に、九州をニニギに委譲したことが「ウガヤ王統譜」に記載されている。「ウツシ国」は、その後、宇土半島周辺に限定されて、ニニギの後裔が継承したと推定している。

大国主命（ウツシ国玉命）は、九州の「王」的存在であったことから、「ウ」族の関連地名は、熊本には宇土・宇城・宇木・ウエキ、日南ではウツミ・ウサミ、大分では宇佐・宇目・宇土崎、鹿児島には宇宿、山口には宇部、愛媛には宇和・宇和島・ウチコなどがある。また、「ツ」地名は、熊本に津奈木があるほか、日南には都濃（都濃神社は大己貴命を祭る）・津久見があり、「ウ族」および「ツ族」の勢力分布地として、これらの地域は、「ウツシ国」の古い支配範囲と推定される。また、「スクナヒコ」の国は、志賀島を含む「シ国」の存在がその可能性を有していると推定する。

「ウツシ国」は、西日本の雄として、東勢力に対抗できる勢力を有していたと考えられる。後代、「ウガヤ連合」や「狗奴国」と称される以前の話である。

大国主命は、西日本に存在したこの「ウツシ国」の大王であり、スサノオの娘を娶って出雲に進出し、中国地方や日本海側に勢力を伸ばした大国を造ったのではなかろうか。その後、一時「ニギハヤヒ」の西進を許したものの、名から推定すると復活して、後代には、「ウガヤ朝」となり、海峡を挟む「ウ族」と「カヤ族」の連合国を形成したと推定する。両国とも大陸との交易を目的とする交易国家であるからである。

鈴木武樹氏は、「記紀」の示す八代クニクルの孫に相当している「武内宿祢」の系譜を解析し、武内宿祢の母方は「紀（木）」に出自し、その系譜の中の「菟道彦」や「宇豆比古」の名称の存在から、「ウヂ族あるいはウツ族」の存在を指摘している。さらに、和歌山市東部が古代では「宇治」と称されていたことをその根拠としている。

この宇治（有智・内）の地名を西にたどると、薩摩に（宇治島・宇治瀬・内山田）、大隅に（内山田）、肥後に（宇治・内川・内田）、豊後に（珍ノ宮・内山）、筑前に（内野・有智山・内浦）と九州全域に広がっており、さらに、出雲・因幡に（宇治）、安芸に（内郡・内部）、吉備に（宇治・内）、摂津に（宇治）、山背に（宇治）、大和に（宇治）、伊勢（宇治）などに拡がっていると指摘している。これは、「ウヂ族あるいはウツ族」が存在して拡大し、五世紀初頭には、木ノ国のウヂ族、大和のウヂ族、山背のウヂ族は無視しえない勢力をもっていたとしている。

いずれにしろ、「ウツシ国」は、ニギハヤヒ西進時に中九州に存在していた勢力であり、時代の経過とともに拡大し、後に東に移動したものと推定される。「ウツ国」は、こちらからも、その存在が浮かび上がってくるのである。

② 考古学的データによる検証

『狗奴国浪漫』（伊都国歴史博物館編 二〇一四）に記載された、熊本県を中心とする、考古学的データを基に、「ウツシ国」や「ウガヤ朝」ついての前述の解明事項を検証する（図1－10～12参照）。

〔**弥生時代のデータ**〕

早期（二五〇〇～二四〇〇年前）「江津湖遺跡」集団墓地があり、稲作開始も示す。

土坑墓、甕棺墓百基以上（土器、石器、装身具、赤色顔料を伴う）

徐福到来以前に甕棺出土

有明海沿岸部の初期墓と類似し、土器も縄文土器の色合いが強い。

玄界灘沿岸部の曲り田遺跡の土器とは異なり、稲作開始当初の段階で、

前期末（二二〇〇年前頃）

すでに二地域で特色の違いが発生している。（渡来民の影響か？）
「今山産石斧」（糸島半島東部）が出土
北九州～宇土半島まで分布。
伊都国の主要交易品（前期～中期）「武器」との説あり

前期末～中期初（二二〇〇～二一五〇年前頃）

熊本・「八ノ坪遺跡」で「朝鮮系無文土器」「今山産石斧」出土。
「朝鮮系無文土器」は、弥生土器の影響があり、渡来の工人ではなく、
在地人の製作とされている。（甕、壷、高杯、鉢などあり）
佐賀平野・小城市「土生遺跡」と類似し、有明海沿岸との関連強し。

前期末～中期前半（二二〇〇～二一〇〇年前）　初期の青銅器ヤリガンナ出土

「葉山遺跡（熊本）、用七遺跡（八代）、土生遺跡（小城）」出土
初期の鋳型　舌付き小銅鐸　「上日置女夫木遺跡」出土
有明海沿岸に初期鋳型の生産・交易圏（佐賀平野～八代平野）

中期前半（二一〇〇年前頃）

青銅器鋳型の出土
「白藤遺跡群」　武器形青銅器の鋳型片
「八ノ坪遺跡群」　工房跡とみられる掘立柱建物（土坑に鋳型、銅滓、小
銅片、送風管、銅滓の付着した土器など）
武器形青銅器鋳型（四点）、銅矛、銅戈
初期の小銅鐸鋳型（二点）朝鮮式の影響あり

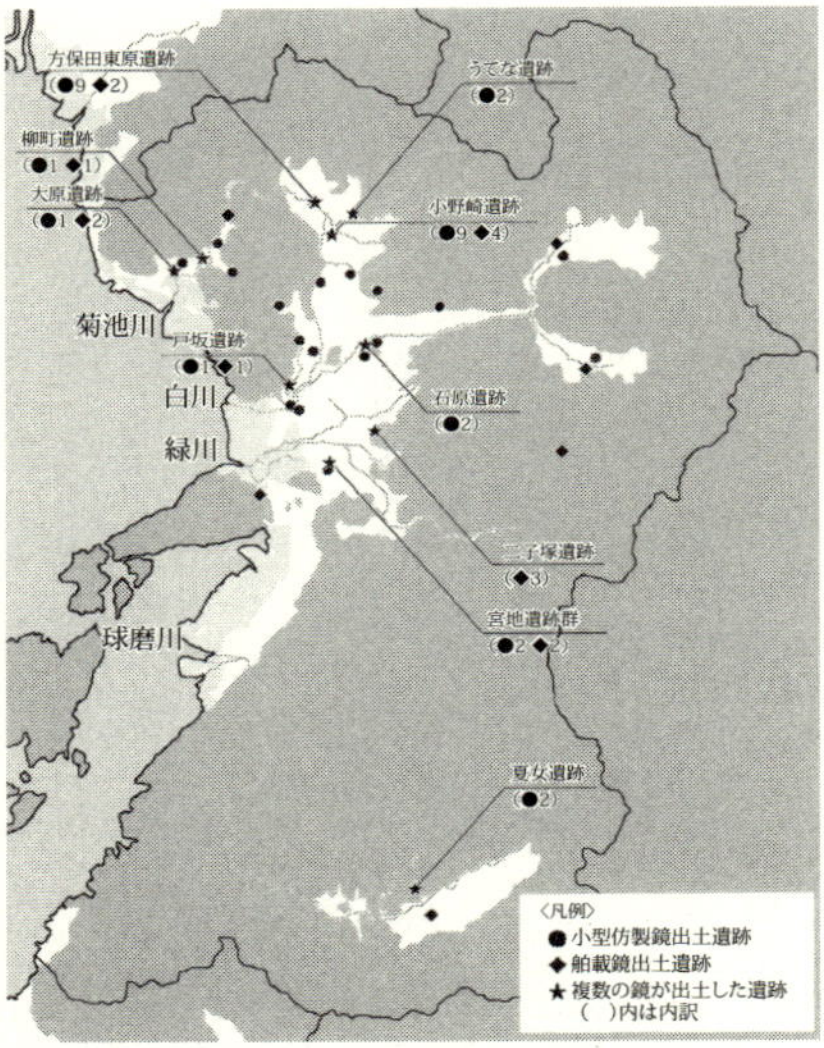

図1–11　銅鏡出土地点
(出典:糸島市立伊都国歴史博物館『狗奴国浪漫』)

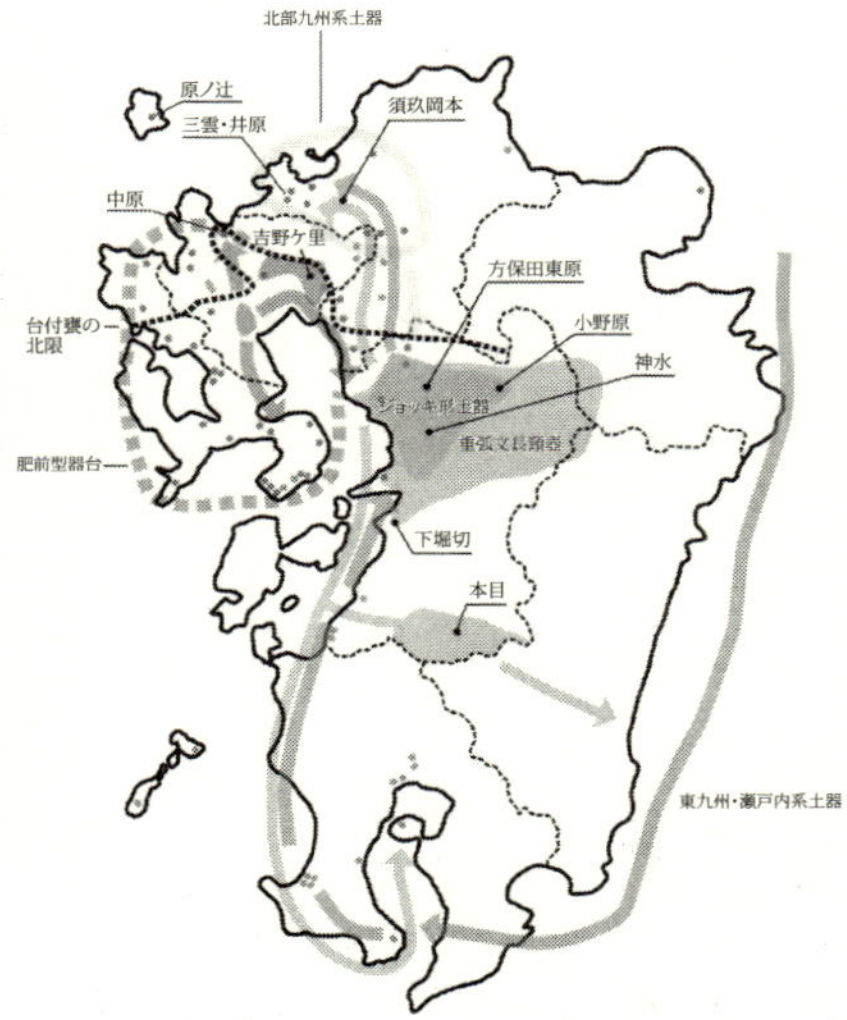

図1–10　土器の移動
(出典:糸島市立伊都国歴史博物館『狗奴国浪漫』)

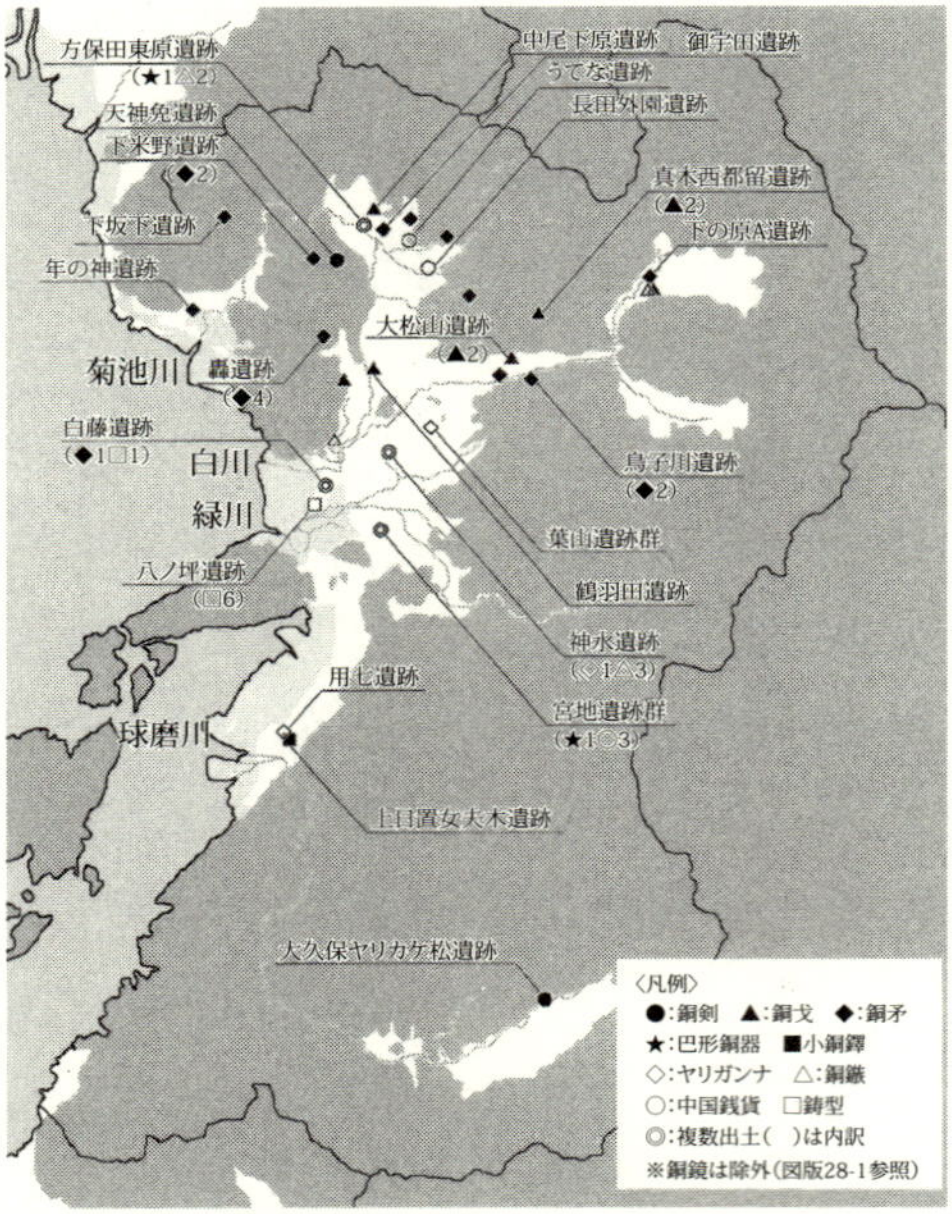

図1–12　青銅器出土遺跡(出典:糸島市立伊都国歴史博物館『狗奴国浪漫』)

中期前半（二二〇〇年前頃）

初期鋳型は　八ノ坪遺跡、土生遺跡（佐賀）　有明海沿岸で多く出土

中期後半には　須玖遺跡（春日市）奴国領域で七〇％出土

戦闘の始まり

「八ノ坪遺跡」の土坑墓（石剣、石鏃を受けた人骨）

「大久保、ヤリカケ遺跡」（熊本・多良木町）　細形銅剣出土（研ぎ跡）

中期後半（二〇〇〇年前頃）

北九州に「丹塗磨研土器」（祭祀用）出現

糸島型祭祀土器　西北九州～壱岐・対馬～半島南部に広がり

三雲・井原遺跡など王墓が築かれる時期と対応

伊都国・奴国を中心とした北部九州の政治圏の設立に関連か

熊本・方保田東原遺跡（山鹿市）では、類似とオリジナル混在

後期（二〇〇〇～一九〇〇年前頃）

「免田式土器」（長頸壷）の出現　熊本・阿蘇地域

宮地遺跡群出土の後期前葉の複口縁壷（長頸壷）に古段階要素（北部九州で盛行した丹塗磨研の援用）あり。

九州島の広範囲で出土するだけでなく、北は壱岐、南は沖縄まで及ぶ

糸島型祭祀土器の袋状口縁壷に対抗するように、突然出現する。中国の青銅器（銅鍑）から生まれた可能性あり。中・南九州の政治的要素を多分に含んでいる。

コラム2

「大国主命」の解明

「ウガヤ朝」は、古伝に多く登場し、皇統にもイワレヒコの父として「フキアエズ」が挿入されている古く長い王朝とされている。王統が五十二代（『富士宮下文書』）とも七十一代（『上書』）ともいわれているので、当初は国内出自ではなく、渡来民から継承されたものとして出自を求めたが、渡来民にはまったくその痕跡を見出せなかった。国内でその出自を探ると、歴史時代に現れている痕跡は乏しいので、長期王朝を有していた可能性のある部族は、西日本で絶大な存在性を示す「オオクニヌシ」に関連するものではないかとの視点を獲得し、以下、解明を試みた。

多くの名称を持ち、出自の不明な「大国主命」は、スサノオから出雲国を継承し、西日本の神社で多く祭られている。その名称の中で唯一「ウツシ国玉」が出自を示していそうなので、これから解明する。

大国主命の名称の「ウツシ」から地名の「ウツチ（宇土）」を連想し、その出自は、熊本市南部の宇土市付近が候補地の一つと推定される。熊本市周辺は、縄文時代前期の「曽畑土器」の発祥の地で、縄文時代中期以降、遺跡の多い地域であり、また、スサノオの時代以前からの古い歴史を有する地域であり、「クマソ」の祖先の地である。

大国主命は、古くは「ウ」族と称した「ウツシ」国を開き、スサノオと並び、西日本での列島の主（ヌシ）的存在ではなかったろうか。この部族は、古伝にいう「ウガヤ朝」（五十二代とも七十一代ともいわれる長期王朝）に連なるのである。オオクニヌシは、その王統譜の二十代に登場する。

「ウガヤ朝」が国内出自とすると、火山被害にも耐え、湧水の豊富なこの地以外はありえないのではなかろうか。古伝では、スサノオ朝とイワレヒコ朝の間にある、違和感のある長大な王朝で、そのまま連結されている。「記紀」の皇統の系図には、「フキアエズ」一代のみ挿入されている。『宮下文書』によれば、ウガヤフキアエズの幼名は、「アソオ命（阿祖男命）」また、「ヤキツミコ命（家基都玉命）」であり、諱名は「日子ナギサ武言合命」とされている。

これらの名称は、既述の皇統の三系統とは無縁の名称である。そんな中で、「アソ」の名称が注目されるが、九州の阿蘇周辺の出自の可能性が明瞭となるからである。

皇統の「ウガヤフキアエズ」は、皇統の系図への明らかな挿入であり、西日本に長らく存在した「ウガヤ朝」の系譜を一代入れて、皇統と「ウツシ」との関係を示している。ニニギ系の皇后の「玉依比女命」は、豊玉男の子「海津古玉彦」の娘とされており、（豊や海）の系統で九州出自と判断されるのである。

大国主命は、『新撰姓氏録』では、縄文時代の古くから存在していた「地神」と位置づけられていて、「天神」にも入っていない完全に別系統の部族なのである。

また、北九州には、大国主命と協働したとされる「スクナヒコ」がいなければならないこととなるが、所在が不明である。地名から「須玖」「奴」ヒコとは、解されないだろうか。そう後述する「奴国」の存在である。半島との入り口に陣取り、半島との連絡、交易などを取り仕切ったのではなかろうか。「板付遺跡」は弥生時代前期末、「須玖岡本遺跡」は、同中期後半に位置づけられているが、「オオクニヌシ」との出会いは、時代的にはさらに以前のことではなかろうか。「奴国」は、「スクナヒコ」の後裔国ではなかろうか。

三、原ヤマトは、中国名「東鯷国」

前巻では、東鯷人について、南西諸島に存在した可能性を指摘していたが、福永晋三氏の指摘（「東西五月行（統一倭国）の成立」『越境としての古代（3）』）（越境の会編　二〇〇五）により、知識不足を認識し、解釈を変更したい。

氏によれば、「鯷」の字について、貴重な見解を示している。

①「鯷」の字は、『史記』の成立後から、『漢書』の成立の頃に出現した「字」であるという。「東鯷人」は、『史記』（二〇九七年前）には現れていないが、『漢書』（AD一〇〇年頃成立）には、

呉地「会稽海外、東鯷人あり。分かれて二十余国を為す……」

燕地「楽浪海中、倭人あり。分かれて百余国を為す……」とある。

②倭国（倭人）の出現（二〇一四年前倭奴国の成立）と「東鯷国」（東鯷人）の出現は、ほぼ同時期である。

③「東鯷国」は、丹波を中心とする「銅鐸国」であり、「銅矛国」の倭国とともに、漢王朝に献見していた。その証拠は、「漢式鏡」の出土である。

④「鯷」は、現代の辞典では、「なまづ」（大漢和辞典）と「ひしこ」（漢語大辞典）とされているが、古代であること、中国とは魚名に差があることから、これらの魚とはなじまない（図1－13参照）。

⑤「鯷海」の語があり、「鯷人が住む海外の国」とされていること、「鯷冠秫縫」（女工の拙いものの意）の語もあり、「鯷」は、「鮭」であると推定される。鮭の皮で作った靴もあり、アイヌ語で「チェプ（鮭）ケン（履物）」ということから、「鯷」の音は、「テイ」ではなく、「シ・ジ」である。「鯷魚」は

シコ（雑魚はザコ）と発音されていた可能性が高い。アイヌ語で「チェプ（鮭）」とも似ている。
⑥したがって、漢字「鯷」の和訓とされる（しこ）は、はるか昔には、日中双方において、「サケ」を指していたと考えられる。
としている。

現代から考えると、鮭は北方系の魚であり、その分布から丹波に「東鯷国」を留めるのは、やや窮屈で、東日本全体の国々（二十余国）とした方が、妥当なのではあるまいか。すなわち、漢代には、列島の東日本の国は、産物により「東鯷国」と中国では呼称されていたとすべきである。

「東鯷国」は、南西諸島にあったのではなく、日向国との関連も薄かったのである。

その後（四世紀後半）、「東鯷国」が倭国を併合したとしている。

『漢書』」（王莽伝）には、次の記事がある。

元始五年（AD五年）「東夷の王、

【鯷】46290

㊀テイ《ダイ》　〔集韻〕田黎切　齊
㊁シ《ジ》　〔集韻〕是義切　寘
㊂テイ《ダイ》　〔集韻〕大計切　霽
㊃シ《ジ》　〔集韻〕上紙切　紙

㊀㊁㊂㊃なまづ。おほなまづ。鮧（12－46122）・鮷（12－46152）に同じ。〔廣雅、釋魚〕鯷、鮎也。〔集韻〕鮷、魚名、説文、大鮎也、或作レ鯷。〔正字通〕鮧鯷並同。〔戰國、趙策〕鯷冠秫縫。〔注〕鯷、大鮎、以二其皮一爲レ冠。国 ひしこ。鰯に似て小さい魚。

【鯷海】テイカイ　鯷人の住む海外の國。〔謝朓、永明樂〕化洽鯷海君、恩變龍庭長。〔沈約、從軍行〕浮二天出鯷海一、束二馬渡交河一。

【鯷魚】テイギョ　魚の名。大なまづ。〔本草、鮧魚〕釋名、鯷魚、集解、弘景曰、鯷卽鮎也。〔搜神記〕子路引レ之、沒二手仆於地一、乃是大鯷魚也、長九尺餘。

【鯷鮈】テイコウ　魚の名。〔集韻〕鮈、魚名。

【鯷冠秫縫】テイクワンジュツホウ　女工の拙いものをいふ。〔戰國、趙策〕黑齒雕題、鯷冠秫縫、大吳之國也。

『大漢和辞典』
鯷　なまづ。おほなまづ。鮧・鮷に同じ。鯷、鮎也。
国 ひしこ。

『漢語大詞典』
鯷　①大鮎。②魚綱鯷科。③我国古代東方海中種族名。

日中の代表的な辞典から抄出した。漢語大詞典は簡体字で書かれた中国の辞典であるが、日本の大漢和辞典が語彙の一部にしか取り上げていない東鯷人のことをしっかり記述してあることが注目に値する。大漢和は東鯷人を積極的に認めないのである。

一方、漢語大詞典の②は、明らかに倭名類聚抄以来のわが国の解釈を取り入れたものである。したがって、中国には、本来①と③の理解しかなかったことが知られる。

では、東鯷人は「なまづ」の人なのであろうか。これもどうやら当たらない。なぜなら、鯷を大鮎とするのは、明の李時珍の『本草綱目』で確定した理解のようだからだ。かなり後代の理解なのである。問題は、漢代の鯷が果たして鮎と同じであったかどうかにかかる。「鯷」字の出現を

図1−13　辞典の記載

（出典:越境の会『越境としての古代 2』同時代社）

大海を渡り、国珍を奉ず」と、また、

『後漢書』（AD四四〇年頃成立）には、倭伝に「東鯷国」の記事がある。

「分かれて二十余国を為す。夷（イ）州および澶州（丹波？）あり」と。

続いて、徐福の渡海も記す。

「遂にこの州に止まる」、「人民（徐福の子孫）、時に会稽に至りて市す」

「会稽の東治の呉人、海に入りて行き、風に遇いて流移し、澶州に至る者あり」と。

ここでは、東日本に存在した「イ」国も現れ、また、「徐福伝説」もしっかりと、中国の古史に登場しているのである。


『梁書』では、二三〇年の「呉」の将軍衛温、諸葛直の「東鯷国」の夷州と澶州への派遣を記し、また、二四〇年「東倭」の朝貢を伝えている。

福永氏は、また、「呉への渡航」の国内伝承として、次の伝承も挙げている。
・「浦嶋子伝承」（『丹波風土記』、『雄略記』、『万葉集』などに登場）
日下部首の祖　浦島太郎　竜宮城に行く
・「田道間守伝承」（「記紀」）
天日槍の祖　田道間守　垂仁天皇の命で、常世の国（南方）に派遣される
また、「澶州」は丹波であるとして、「丹波・伊勢遺跡」を挙げている
「伊勢遺跡」　神殿二十三棟、大岩山から銅鐸二十四個出土。（二十余国に対応？）

「東鯷国」が、倭国以前の「原ヤマト」の中国名とすると、夷州、澶州などの領国名が記されている。また、領国を「州」とすると、国内には様々な州が存在していることに気付かされる。すなわち、「ス・ズ」音では、野洲、珠洲、大洲があり、「シュウ」音では、甲州、信州、紀州、羽州、奥州、武州、播州など、読み方に差があり、前者の発生が古く、ともに領国の存在を示している。九州に存在していないことも、興味深い。

これらのことから、「東鯷国」の世界は、中国の「漢」代であり、二二一〇年前頃の「秦」の徐福も渡来し、「原ヤマト国」は、中国では「東鯷国」と称されていた。二十余国は、「イ」国（夷州）、丹波国（澶州）のほか、阿基国、日高見国、出雲国、尾張国（？）などが成立していたのであろうか。また、北九州には、「倭国」に属する、奴国、倭奴国、伊都国、末蘆国などが並立していたとされている。

注目されるのは、「東鯷国」には二四七三年前滅亡の「呉」（姫氏）の一族をすでに含んでおり、二三〇年には「後呉」（孫氏）の将軍が「東鯷国」を訪れたという記載が、また、二四〇年には「東倭が朝貢してきた」との記載が、『梁書』に存在していることである。北九州の諸国が「漢」と通商する中、江南の「呉」との繋がりが存在していたのである。

「東鯷人」の歴史は、福永氏のいう『史記』の時代を大きく遡り、二二一〇年前の「秦」の時代、さらに古い二四七三年前滅亡の「呉」と連なり、長い歴史的存在であったのである。それは、すなわち言うに及ばず、「原ヤマト国」（和国）なのである。

「呉」系とすると、対馬海流により大山付近に到来していることから、原ヤマトへの道程は、丹波～若狭湾への到来が極めて自然である。史書に「澶州」がまず記載されるのも近江路が古代ヤマトへの交易路であり、その道筋に王統に近い国造も任命されていることからも、大陸からの原ヤマトへの玄関口であったと推定する。

『新撰姓氏録』には、茨田勝（呉国王孫皓之の後）など、呉系の住民も記載され、浦島太郎の伝説を待つまでもなく、大陸の江南の呉との往来は、かなり頻繁であった可能性が高いのである。

また、ニギハヤヒの六世孫の建田背命は、神服の連、海部直、丹波国造、但馬国造の祖とされており、ニギハヤヒの降臨地の「宮津」近傍のこれらの地域は、ニギハヤヒの子孫が配置されており、丹波が古代の港となっていた可能性が高まるものと推察する。

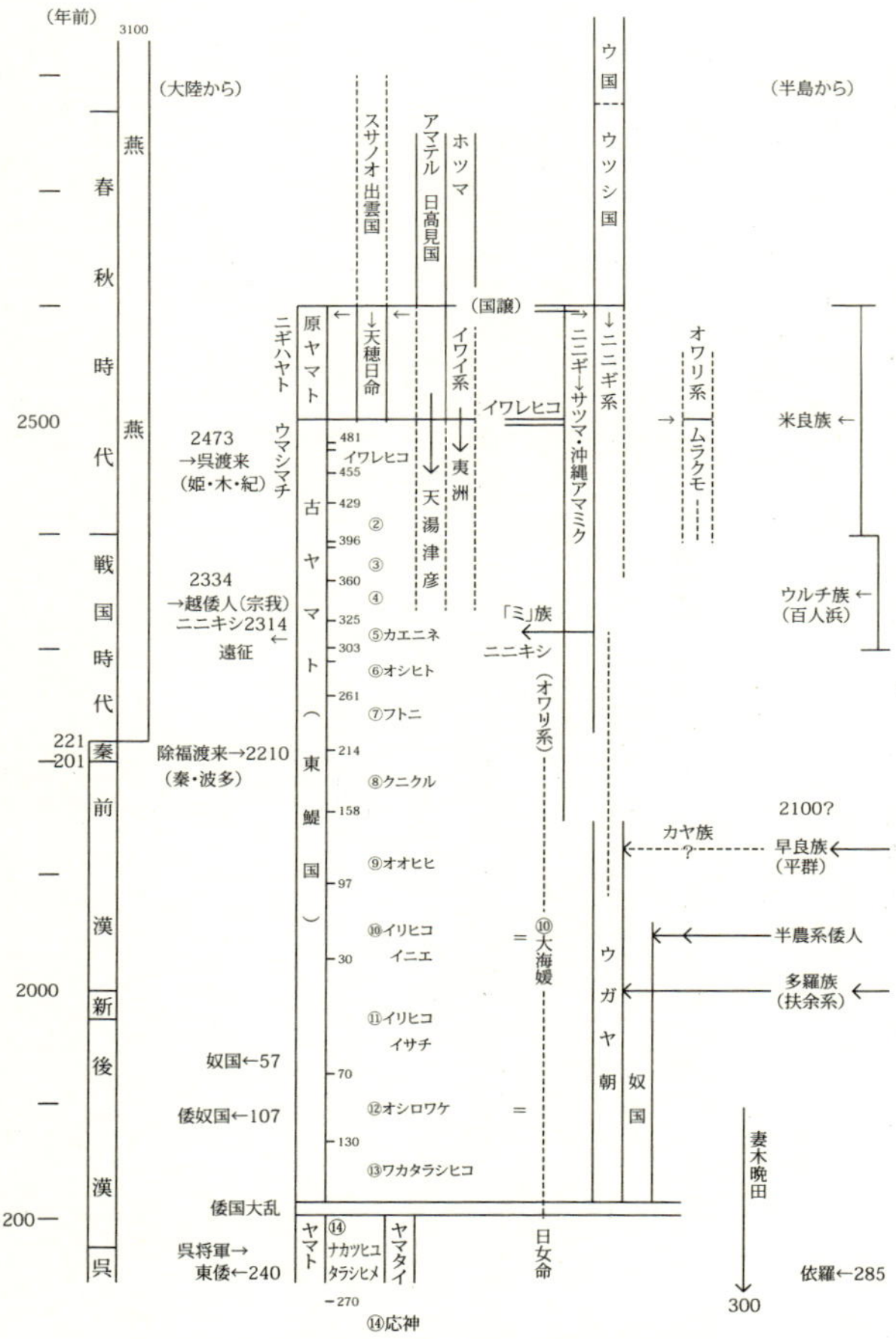

図1–14　東鯷国の時代と列島への渡来

（ヤマト（東鯷国）は中国の戦国時代に塑ぼる）

第二章　渡来民の時代が始まった

列島への「渡来民」は、基本的には「縄文海進」により列島が孤島化した後に、列島に海を渡って到来した人々と解することができる。とすると、その開始は、縄文時代前期後半（六千年前）であり、以来、幾多の渡来民が到来してくることになる。

先住していた列島人は、Y染色体遺伝子ではC３系、D２系の人集団を主とし、南ではC１系の人集団が、北ではQ系の人集団が加わって混在し、「列島人（縄文時代人）」を形成していたものと解明されている。

その後渡来してきた人々は、大陸からO３系の人集団（東夷族）が到来し、さらに大陸・江南からO２a系の人集団（呉越族）が、半島からO２b系の人集団（加羅・倭人族）が加わって、「和人」（列島人）となり、後代に「日本民族」を形成したと考えられている。

前巻では、縄文時代人と合体したO３系の人集団が、東北から関東に南下し、関東に集積してN系の人集団が発生した後、関東から西進して二六〇〇年前に「原ヤマト」を形成したと記述している。

本編では、引き続き「渡来が本格化する時代」を記述し、大陸からの渡来集団（O３系、O２a系の人集団）および半島からの渡来集団（O２b系の人集団）から、解明することとする。その前に、渡来が本格化する時代に先立った、イワレヒコ即位（二五〇〇年前頃）までに、西日本に渡来していた諸族についての解明から、解析を始めようと思う。

イワレヒコの即位前までに渡来してきた部族とその渡来時期は、

（東日本）①阿基族

②ワ族　　　　いずれも「東夷族」（前巻に記載）

（西日本）　①サルタ族　渡来時期不明、縄文系？（以下、本編に記載）
②和邇（ワニ）族　三〇五〇年前以降（「殷」滅亡後）
③サカ族　三〇五〇年前以降（「徐荷殷」滅亡後）
④日向族　二八〇〇～二六〇〇年前（コメを含む雑穀畑作耕作民）
⑤米良族　二六〇〇～二四〇〇年前（水稲耕作民）（任那より移動）

即位以後に渡来してきた部族とその渡来時期を推定すると、以下のとおりである。

①呉系集団　二四七三年前頃（呉滅亡による移動）
②越族集団　二三三四年前以降（越滅亡による移動）（大陸系倭人）
③ニニギ後裔集団　二三一四年以降（南西諸島より帰還）（「ミ」族と命名）
④徐福族　二二一九、二二一〇年頃（秦より列島渡来）（後のハタ族）
⑤早良族　二一〇〇年前（吉武高木遺跡より推定）
伽耶族・倭人　二一〇〇年前以降（半島南部より倭人の本格的渡来）
⑥ウルチ族　二〇〇〇年前頃（土井ヶ浜遺跡より推定）

次頁の図は寺沢薫氏の水田耕作と畑作農耕の伝播ルート図である。このうち、水田耕作の伝播ルートとして、Ⅱ、Ⅱb、Ⅱc、Ⅲ、Ⅳルートが想定されているが、呉越族は、Ⅲルート、越や倭人の渡来としては、大陸や半島からのⅡ、Ⅱb、Ⅱcルートであろうと推定される。これらに先んじた東夷（阿基族、ワ族など）は、私論で日本海ルートを想定している。ニニギ勢力の帰還は、南西諸島からのⅣコースとなる。

渡来民の増加などの結果、ニギハヤヒ・ニニギ族の西進（前巻記載）とその後の「原ヤマト」への渡来部族の東進移動が始まる。

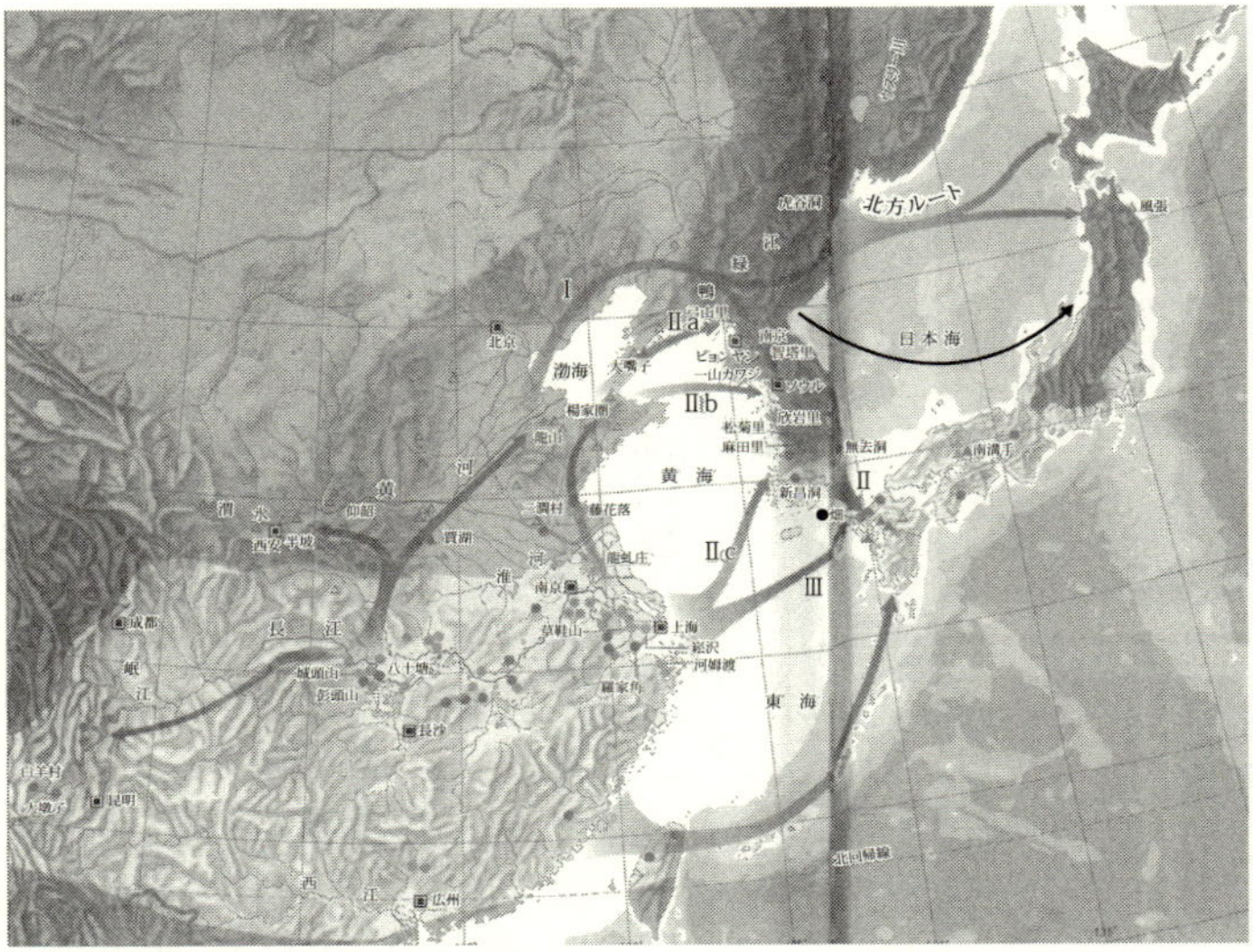

図2–1　農耕の伝播ルート図（出典:寺沢薫『日本の歴史02「王権の誕生」講談社）

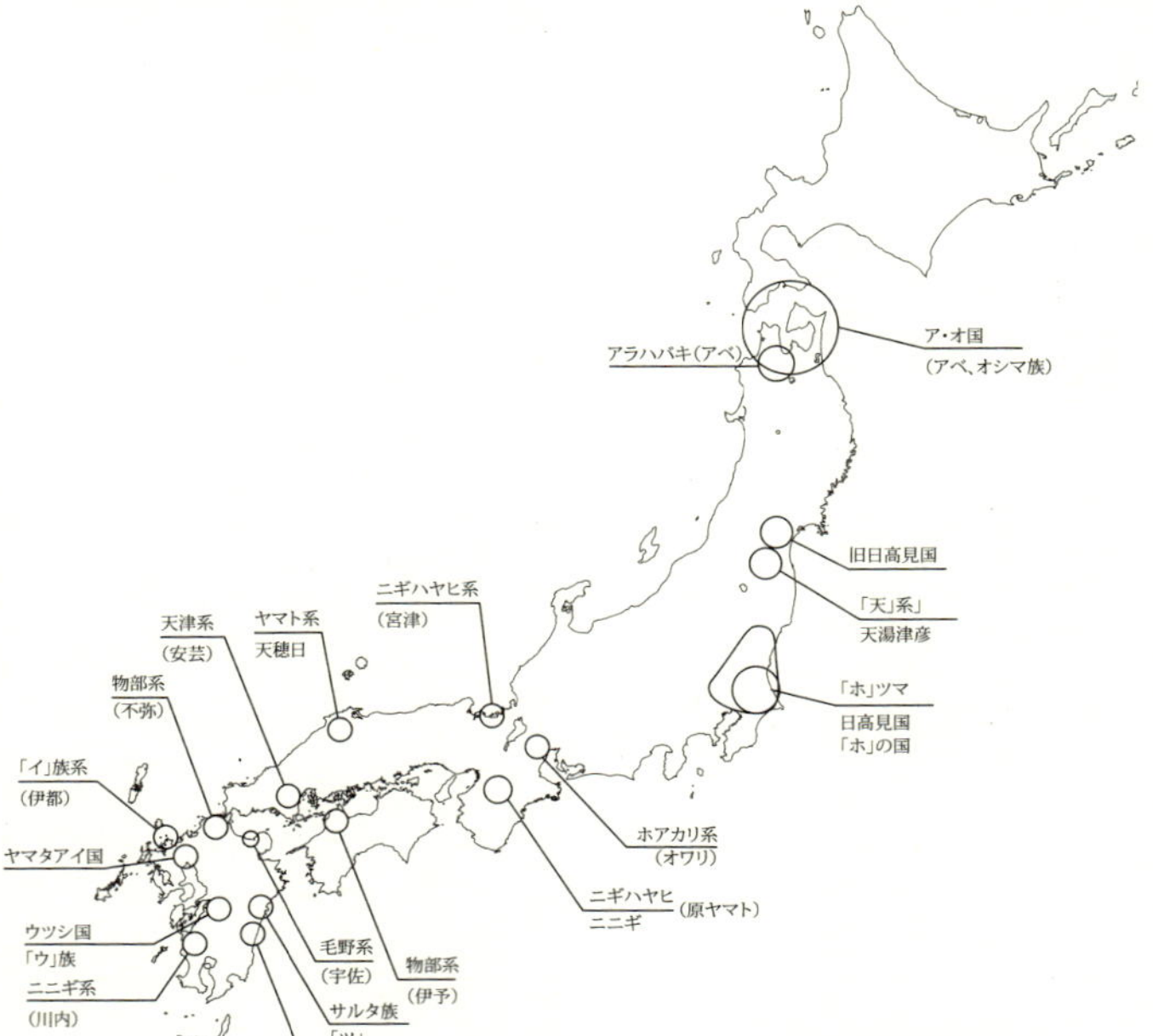

図2–2　イワレヒコ即位頃の国々
（2500年頃前）

既存の歴史資料の渡来状況によると、Ⅰ期段階として弥生時代の前後（前一世紀前半）に渡来民が増加したと簡略に指摘されているのみである。これは、前漢時代で、朝鮮に四郡が設置（ＢＣ一〇八）されてから、二二〇年の後漢滅亡の時期に相当している。

「記紀」には、後代の吉備津彦が主宰する「百済復興会議」のメンバーが記載されているが、当時すでに半島から渡来していた部族がわかる。「百済」のほか、「安羅」「加羅」「卒麻」「多羅」「斯二岐」「子他」「久嗟」「散半奚」が参加している。これらの国名のすべては、国名や部族名が変更されていることもあるので、列島ではなかなか追跡できないようだ。

また、『新撰姓氏録』では、近畿在住の各氏族の出自が記載されているが、その「諸蕃」編の中に、「帰化氏族」が記されていて、渡来してきた種々の氏族の出自が明記されている。大陸からの渡来民は、周、燕、秦、漢、呉、魏などの時代の各国からの、古くからの「帰化氏族」が多く記されているが、半島からの帰化人は、任那、百済、新羅、高麗など後代の帰化人が多くなっていて差がある。それは、半島からの古い渡来民は、西日本の各地域に分散し、「地名」を残して点在しているが、近畿周辺には少ないためかとも推定される。また、大陸からのさらに古い「東夷」系や「殷」系は、渡来時代以前のことなのか、それらの記載はない。

「諸蕃」編で明確に判明している各氏族の渡来時期は、次のとおりである。

(氏名)	(王名・氏名など)	(渡来時期)
太秦公宿祢	秦・始皇帝三世孫	仲哀八年来朝
	孝武王	応神十四年　二十七県百姓帰化
秦（忌寸）	始皇帝の後なり	〃　来朝一二七県伯姓を率いて帰化
大崗忌寸	魏・文帝の後なり	雄略御世　四部衆を率いて帰化
	安貴公	

和薬使主　呉・国主照淵孫　欽明御世　大伴佐弖比古に随伴来朝
調（連）　百済国・努理使主の後　応神御世　帰化
長背（連）　高麗国王　鄒牟　欽明御世　衆を率いて投化
多々良公　御間名国主　欽明御世　投化
　　　　　尓利久牟王
茨田勝　呉・国王孫晧之の後なり　仁徳御世　居地　茨田賜わる
　　　　　意富加牟枳君
三間名公　弥麻奈国主　崇神御世　ツヌガアラヒト　越国
　　　　　牟留知王の後なり　笥飯浦渡来
（出典）

（渡来地　九州の状況）

甲元眞之氏の「日本の古代文化と朝鮮半島」（埴原和郎『日本人の起源』小学館　第四編）により、渡来地となる九州の状況の概要を記述すると、以下のとおりである。

（九州の状況）

① 鬼界カルデラ火山噴火　六五〇〇～六〇〇〇年前
　縄文時代　前期　西北九州の内陸と離島を除く　全域の住民は死滅または逃亡

② 西九州に　轟式土器と曽畑式土器の隆盛　六〇〇〇～五五〇〇年前
西九州～熊本～南西諸島に移動している

（空　白　期）

③池田湖（鹿児島）火山噴火　五六〇〇、四三〇〇年前　（加筆）

　東九州、南九州に影響

（空　白　期）

④半島から西北九州に　古族移動　四〇〇〇～三〇〇〇年前　（和邇族？）

東方から大分を通り、九州進入　二九〇〇年前頃

⑤東から「ニギハヤヒ・ニニギ」族の西進　二八〇〇～二六〇〇年前　（加筆）

コメを含む雑穀畑作民　日向進入　二八〇〇～二六〇〇年前　（寺沢説）（東日本勢か）

⑥イワレヒコ東遷　二五〇〇年前頃　（加筆）

渡来本格化「呉系集団」到来　二四七三年前以降

⑦「米良族」（水田稲作）日向進出　二六〇〇～二四〇〇年前　（加筆・寺沢説）

「第三波」（水田稲作）北九州進出　二四〇〇～二三〇〇年前

大陸系倭人の直接渡来　北陸にも到達　（加筆）

⑧対馬よりミマナ勢力東九州に移動　二四〇〇年前　（加筆）

⑨大陸より「徐福族」の佐賀到来　二三一九、二三一〇年前

⑩半島より倭人渡来　二一〇〇年前以降　（加筆）

一、イワレヒコ即位以前の渡来部族の解明

二五〇〇年前以前までに、西日本に渡来してきたと推定される部族を調べてみると、以下のとおりである。

①「サルタ族」とその移動

「サルタ族」は、「記紀」では、「天孫族の降臨を先導した国津神」とされている。また、『東日流外三郡誌』によれば、「ヒムカ族」とともに、九州から東侵した部族とされている。しかし、『新撰姓氏録』や「国造本紀」にはその名は現われていない。

「サルタ大神」の本宮は、現在、三重県鈴鹿市にあり、九州はじめ、伊予、出雲など、西日本を中心に、「都波岐神社」や「椿神社」の祭神として祭られている。東日本では定かではないが、常陸国の住人の猿田氏は「神祖」とされ、宮司も「神孫」とされているという。部族として、九州→四国→鈴鹿（伊勢）→常陸の移動が想定される。

「サルタ族」は、古伝に登場しているかなり古い部族であるが、詳細は不明な「謎の部族」とされている。縄文時代中期に火山の噴火で九州を逃れ、鈴鹿山脈に至った部族ではないかと推定する。その後、一部はさらに東進して、関東平野に到達したのではなかろうか。西日本勢力の東進の根拠は、縄文時代中期の白川式土器の移動や鬼界火山・池田湖火山による移動が推定できるので、点在している地名、古神社、伝承などで痕跡をたどる必要がある。

私論の東日本勢力の西進時には、西日本への入り口の鈴鹿に居住しており、その経歴により西日本の事情

に詳しく、西日本の故地への帰還を果たすべく、「ワ」族のニギハヤヒ・ニニギ勢力の西進の「先導役」を努め、九州まで同行したものと推定している。

列島到来の当初は、『三郡誌』によれば、九州を二分していた部族であるが、天変地異や後続の渡来族に押し出される形で、ちりぢりに東進せざるをえなかったのではあるまいか。後代に九州に西進・帰還すると、ヒムカ族とともに、東日本勢力と協同し、九州制圧を可能にしたとも推定される。出雲では、神宝が類似していることから、「佐多大神」は、「サルタ大神」ともされ、伊予では、「椿神社」の主として、東西飛翔の神として「天狗」と称されたのではなかろうか。

さらに、イワレヒコの東遷時に同行して東に移動し、伊勢神宮創始以前に、「猿田彦神社」がニニギの命で、猿女君によって祭られたとされる。また、「記紀」では伊勢神宮に仕える「ウジノハジキミ（宇治土公）」の祖とされている。

さらに後の、アマテラス大神の伊勢遷宮時には、土地を提供するなど遷宮に協力したともいわれている。

渡来地は九州と推定されるが、未だ、進入地は特定できない。サガミ（サ頭）、サガエ（サガ閉）などが関連あるかなと、語呂合わせしたり、殷系の「サカ族」は関連していないだろうかなどと思案するが、結論は出ず、今後の解明を要する。

解決の糸はやや解けた。「サルタ族」を「都波岐神社」の主（ヌシ）と考えると、種々の疑問が解消する。すなわち、

「都（ツ）族」は、日向付近の「ウツシ国」の古族で（東九州の古族で）

「波（ワ）族」は、東日本系（西進族の一派）の流れを先導し

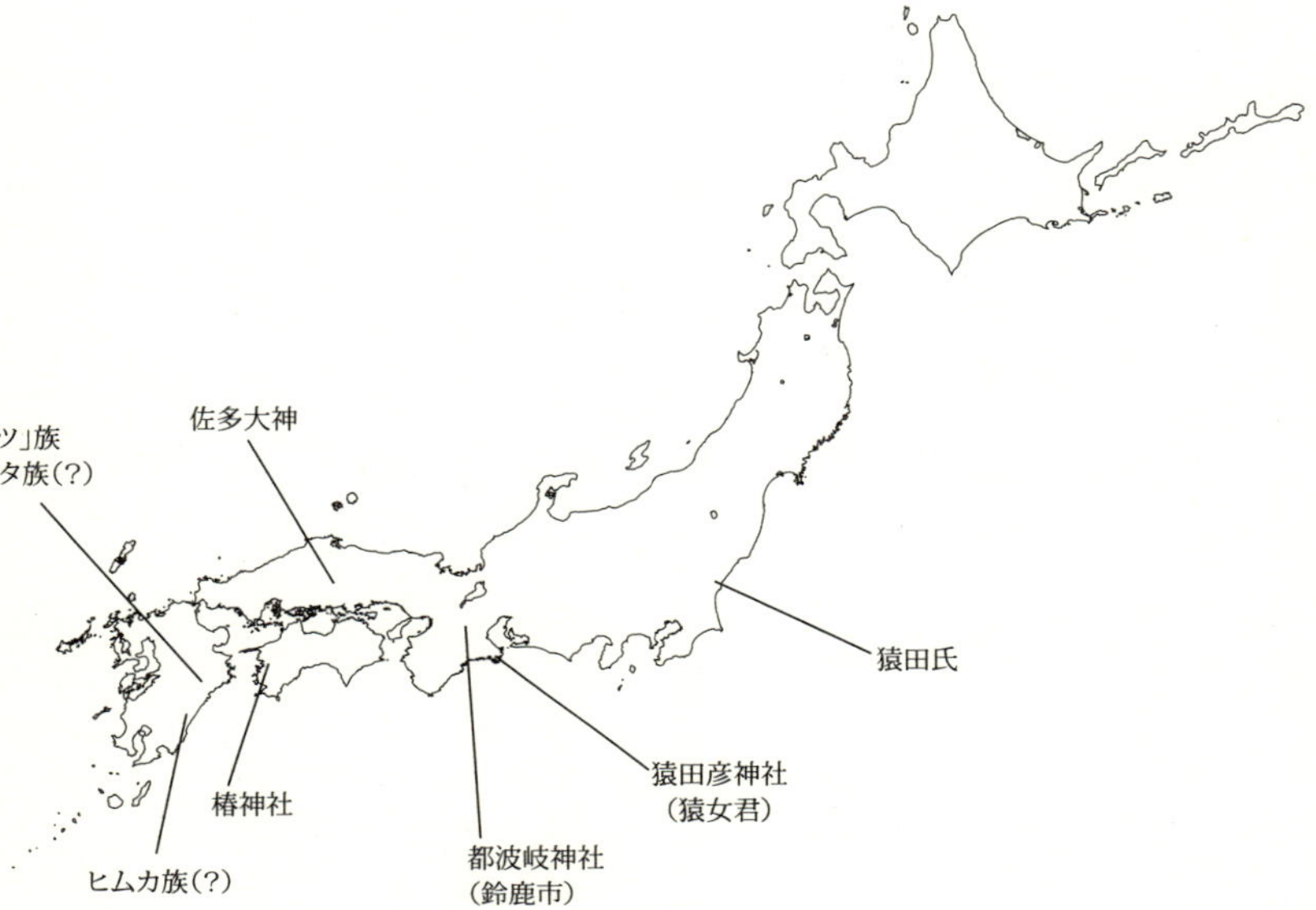

図2–3　サルタ族の分布

「岐(キ)族」は、もちろん「キ(姫)族」の一派である
と位置づけられる。

とすると、サルタ族は、九州で生まれた、縄文系の在地族で、上記の古族との混血または、連合の結果、形成された部族ではなかろうか。

サルタ族は、渡来部族ではなく、宮崎平野北部に在住の縄文時代勢力であり、西四国にも拡大していて、オオクニヌシの時代に、「ウ」族と連合して、「ウツシ国」を作り、ニギハヤヒの西進時に先導役を務めて、「伊都国」造りに参加し、一部はイワレヒコと帯同して東進して鈴鹿や伊勢に至り、一部は「キ」族の到来後は連合して、度重なる東進族と共に東へ移動したのではなかろうか。

活動姓に富んだ部族とは、面白い位置づけではないか。西四国にもおり、鈴鹿にもおり、伊勢にもいて、分派しているので、大族となれずに出自を明示できず、何処にでもいて、常陸まで出かけた理由も、出自を求めて「ワ」の根源地・故郷まで移動して「猿田氏」となったと考えることもできるのではなかろうか。

南部には「日向族」がいるので、同族なのであろうか、別族なのであろうか。九州を二分していたのではなく、宮崎平野を二分していたこととなる。「サルタ族」は、各地に遠征したようだ。

邪馬台国時代には、「都支（ツキ）国」が存在している。「サルタ族」の国だろうか。豊前にも「筑城」なる地名があるが、宮崎平野から移動か。それらの根拠は地名以外にない。

② 和邇族（ワニ族）

和邇族は、中国の東夷の一族で、「殷」の構成部族であるが、殷滅亡後に渡来したとすると、三〇五〇年前以降である。

「ワ族」は東北に渡来したが、ワニ族は、地名の分布から中九州に上陸し、瀬戸内海を移動したと推定される（図2－4参照）。前巻に示した海洋民のいる東北日本の「ワニ」地名の地域とは同音だが意味が異なると推察される。

ワニ族は、欠史八代時代の（八代）に皇妃を嫁しており、古い部族であることがわかる。すでに、皇統に近接して活躍していることから、阿基族、ワ族との東夷で同祖の故か。「サカ族」と比較すると、すんなり皇統近傍にいる。原ヤマト形成時（二六〇〇年頃）に九州より帰還したニギハヤヒ族に同行して「ヤマト入り」したものと推察すると、渡来は二八〇〇～二七〇〇年前頃と推察できる。

後代であるが、和邇族は、奈良盆地の北方山稜に居住し（図2－5参照）、また、継体期には、「大宝継嗣令」により、息長氏とともに、「皇親氏族」とされ、以後、皇后・妃を嫁する役割を担い、雄略代から敏達代に頻出させている（系図2－1参照）。

❶青森県東津軽郡外ヶ浜町蟹田鰐ヶ淵
❷青森県南津軽郡大鰐町大鰐
❸岩手県宮古市田代/大鰐谷森
❹宮城県栗原氏瀬峰大鰐谷
❺宮城県登米市南方町内鰐丸
❻宮城県東松島市宮戸北鰐渕
❼石巻市/鰐山
❽宮城県角田市笠島鰐口
❾新潟県長岡市寺泊鰐口
❿石川県珠洲市/鰐崎
⓫石川県輪島市／鰐ヶ淵
⓬茨城県久慈郡大子町袋田/鰐ヶ淵
⓭茨城県鹿嶋市鰐川
⓮茨城県神栖市鰐川
⓯山梨県韮崎市/鰐塚の桜
⓰愛知県豊田市乙ケ林町鰐作
⓱島根県出雲市/鰐淵
⓲島根県浜田市治和町/鰐石遺跡
⓳山口県山口市／鰐鳴八幡
⓴山口県山口市鰐石町
㉑香川県木田郡三木町/鰐河神社
㉒大分県速見郡日出町藤原鰐沢
㉓大分県日田市/鰐淵橋
㉔福岡県八女市黒木町/鰐八地区
㉕長崎県対馬市上対馬町鰐浦
㉖長崎県五島市/鰐川
㉗長崎県西海市西彼町喰場郷鰐淵
㉘熊本県熊本市河内町河内/鰐洞
㉙熊本県熊本市城南町鰐瀬
㉚宮崎県宮崎市～日南市/鰐塚山・鰐塚

図2–4 「ワニ」地名の分布（出典:内舘彬『「ヤマト」は縄文時代勢力が造った』ミヤオビパブリッシング）

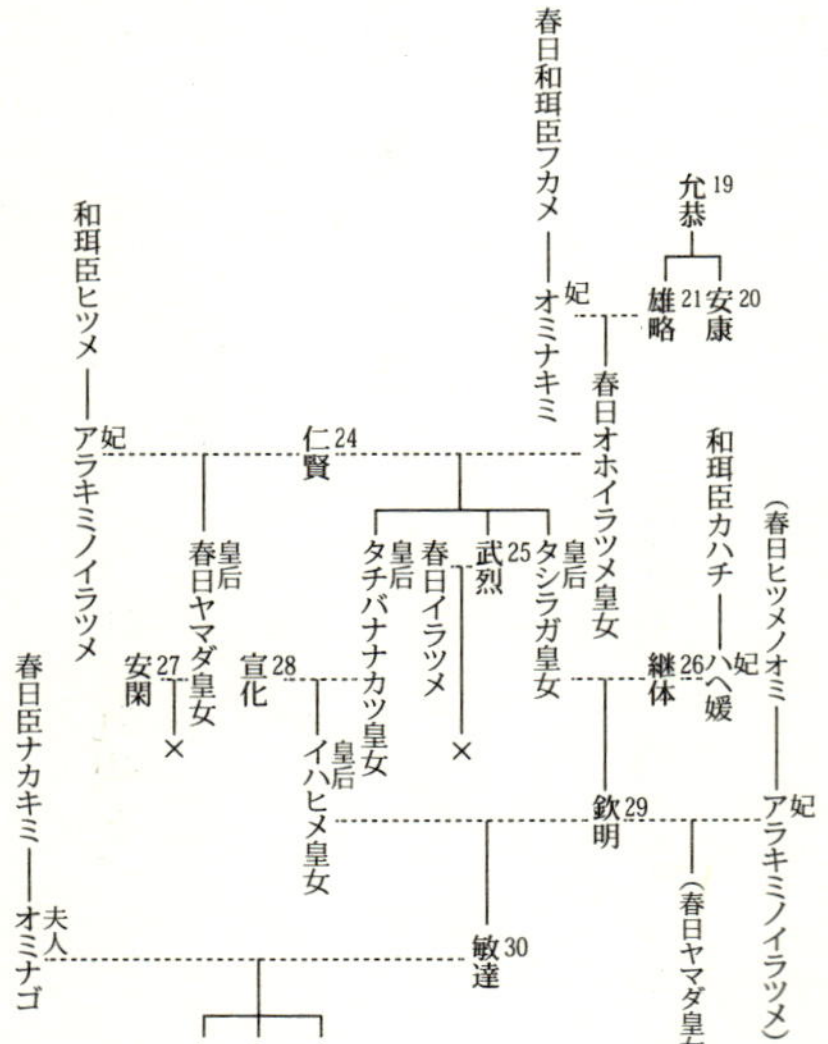

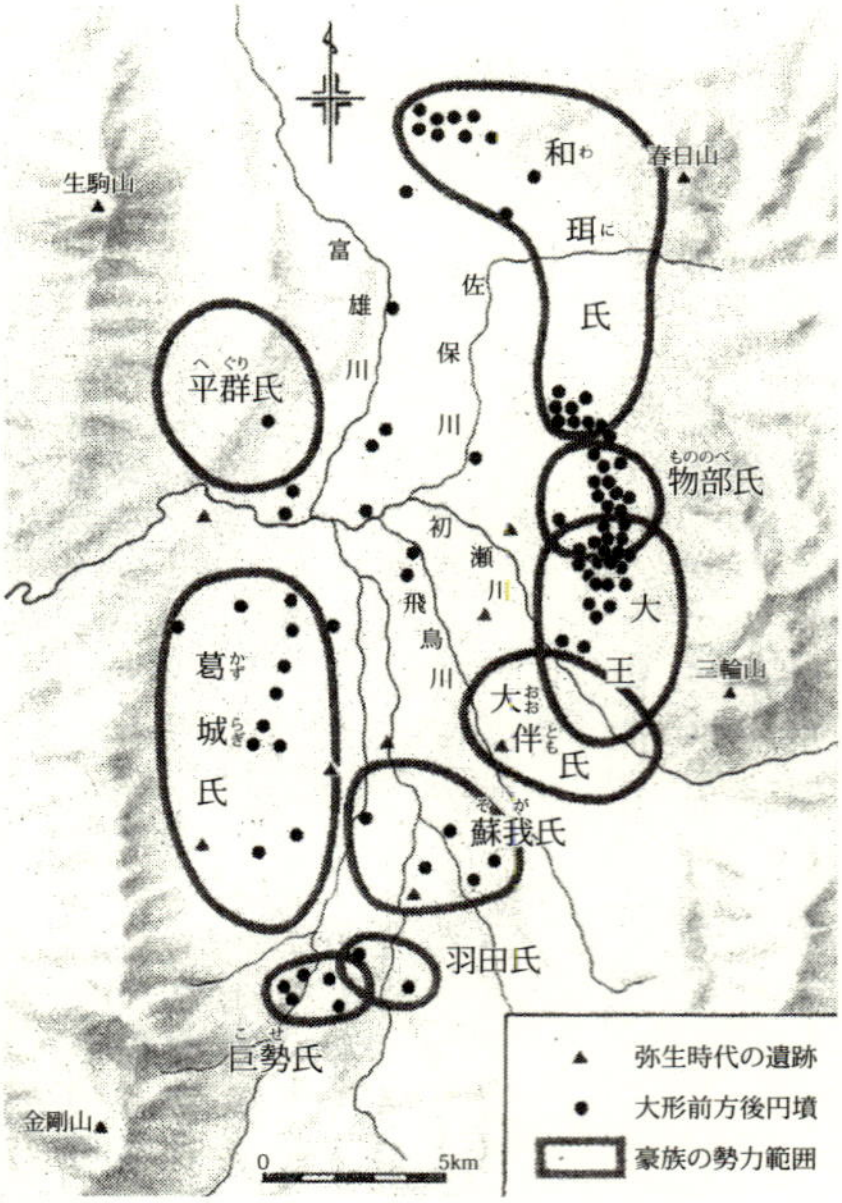

〔右〕**図2–5 大和の豪族分布**（岸俊男氏資料による）
〔左〕**系図2–1 和邇氏関係系譜**（出典:平野邦雄『帰化人と古代国家』吉川弘文館）

後代では、遠賀川上流（国造として）や、さらに、熊本で（武将としての和邇氏）の存在も確認されている。

③ サカ族

渡来した「東夷」の部族のうち、渡来の早い「阿基族」「ワ族」そして、「ワニ族」の渡来時期と場所は、ほぼ推定できたが、「サカ族」は渡来が遅かったためか、その詳細は定かでない。また、「サカ」族は、「坂」に通じるとして諸説があるが、その渡来地や居住地の広がりについては、不明とされている。

「サカ族」は、「殷」の滅亡に際し大陸に残留し、殷の遺児を戴いて「徐荷殷」を建国した部族とされている。この部族が、何故渡来して来たのか。

私論では、「徐荷殷」の滅亡後、大陸に遠征したニニギ後裔（「ミ族」）の帰還に伴って同行し、二三〇〇年前頃に列島に到来したと推定している。列島には、「出水」に上陸し、有明海を北上して、地名から「サカ（佐賀）」付近に渡来してきたものと推定している。「ミ族」は、湾奥の筑後の「三瀦」「三橋」「御木」付近に上陸する。

佐賀周辺には、「巨勢」地名があり、「キ」族とともに大和に移動している。後代の「許勢族」か。

これらの推定の根拠は、列島では地名以外に乏しいが、わずかに、「佐賀」「佐多」「サガミ」と西～東への移動が地名的に推定されるし、関東では、「坂戸」「佐倉」などの地名に関連してはいないだろうか。日本海側にも一部が分岐し「サガエ（閉）」に到着したのかもしれない。「坂本」地名が、瀬戸内海を東に移動しているとも指摘されており、渡来は事実であろう（図2－6・図2－9参照）。

地元サイドの研究者の降臨伝承の存否の確認や発掘をさらに期待したい。

後代、有明海の進入した「呉系集団」や「徐福族」と考古学データ（前期の鉄器など）は、三系統が混在

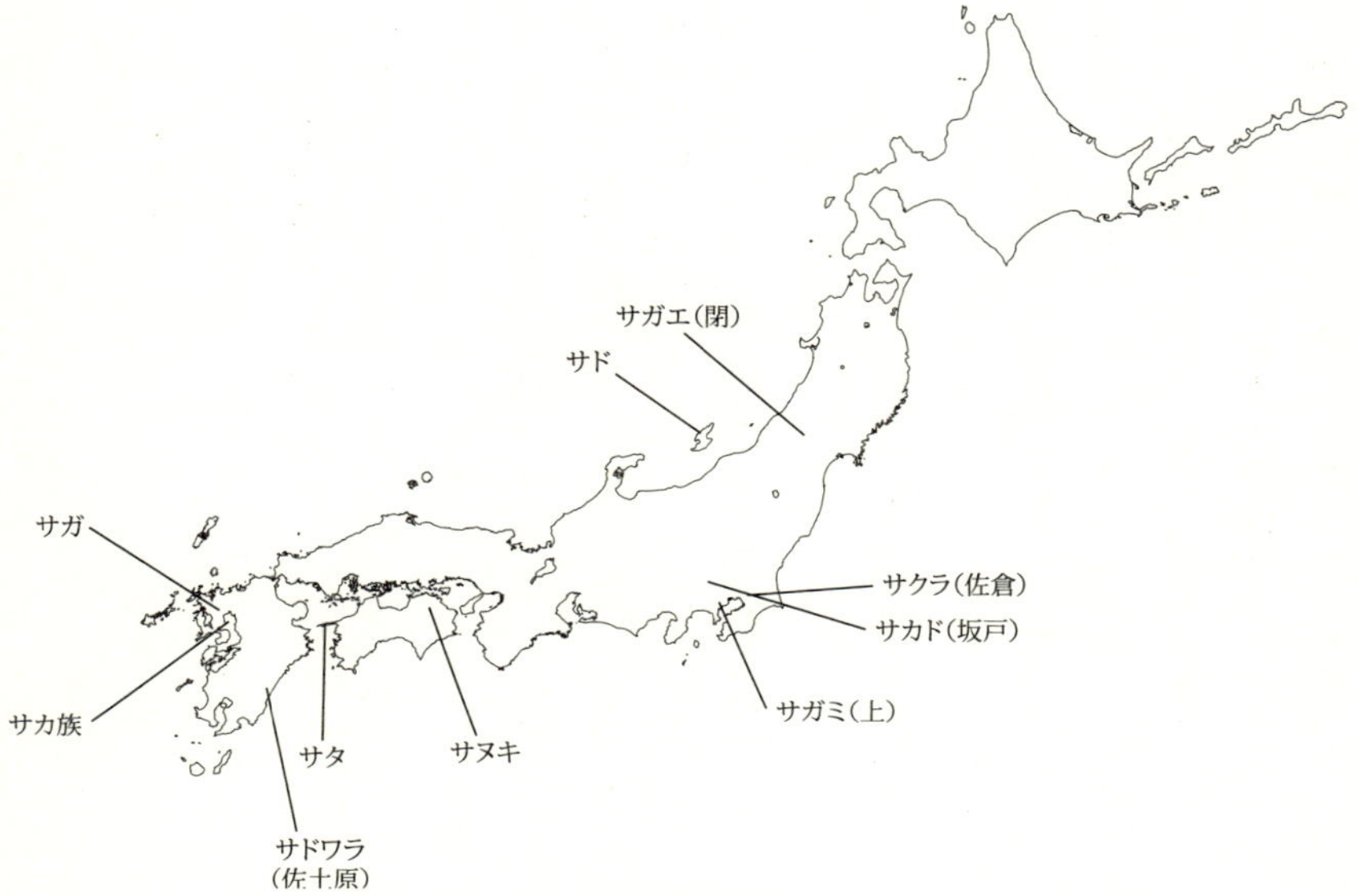

図2–6　サカ族(徐珂族)の関連地名分布

し錯綜していて、区別しにくくなっている。

④「日向族」

日向族は、宮崎県を中心とする古い部族である。寺沢薫氏の区分する「コメを含む雑穀畑作」の耕作民と位置付けておく。古伝では、前述の「サルタ族」と九州を二分していた部族とされていて、在地性の縄文人の流れを汲む部族の可能性が高い。

しかし、後続する「米良族」と区別しにくくなっている。

五千年前の前後まで、南九州は、池田湖火山などの火山活動が激しかったために、東九州の日向では火山灰を被って、住民が少なかったと推定されるが、二八〇〇～二六〇〇年前に「日向族」が移動してきた時期にはかなり植生は回復し、コメを含む雑穀畑作は、可能な状態になっていたものと推定される（図2-7参照）。

日向族の出自は、先住していた縄文人出自なのか、あるいは、後に到来する「米良族」と同族なの

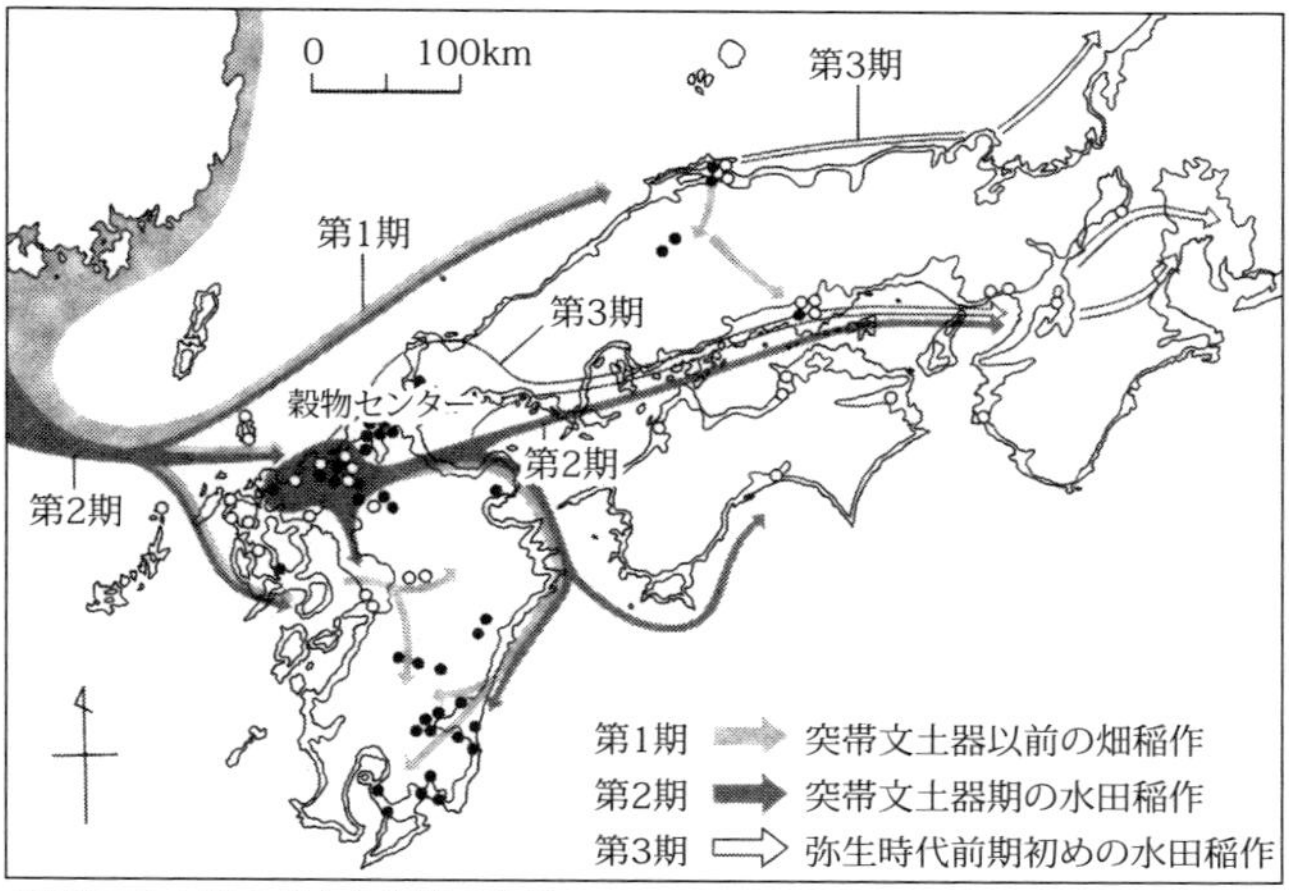

朝鮮無文土器の分布と農耕の東進　孔列文土器（●印　前8～前6世紀）の分布から、朝鮮半島からコメを含む雑穀畑作の伝来（第1期）が、無文土器（○印）を出土する突帯文土器（前6～前4世紀）期の水稲の伝来（第2期）以前になされたことがわかる（32頁図も参照）

図2–7　日向族の侵入時期

（出典：寺沢薫『日本の歴史02「王権誕生」』講談社）

であろうか。さらなる検討が必要である。

寺沢薫氏は、日向族について、二八〇〇～二六〇〇年前に渡来してきたとしているが、実は、古くはオオクニヌシと「ウツシ国」を形成していた「都（ツ）」国の可能性があること、大乱時には、「ウガヤ国」に含まれ、「ウ」国と行動を共にしていることから、東九州の縄文時代系の部族とした方が正しいものと推定する。土器と畑作は必ずしも関係がないものであると考える。雑穀畑作は、本州各地にもあり、北方系の農耕民のものであり、江南の稲作民とは系統が異なることも傍証となるのではなかろうか。

サルタ族との区別は、日向族の方が南方系の要素が強く、南の「阿多」とも近いので、北方のサルタ族とは、やや差があったものと考えられる。

北九州からの流れがあるとすると、ニギハヤヒの西進に伴う東日本の縄文時代勢力がもたらした可能性も否定できない。二八〇〇～二六〇〇年前の年代は、西進の時代にほぼ整合するのである。前巻で示した「栽培ダイズ」技術の移動に関連するものかもしれない。当然、陸成のコメが含まれてもおかしくない時代なのである。

⑤「米良族」

米良族は、大分県と宮崎県に「地名」が残る部族である。前巻でも述べたように、半島から二六〇〇〜二四〇〇年前頃に、米作を日向にもたらした部族で、名のとおり「米良族」とはその名残を留めているようで面白い。大分県の地名が内陸に、宮崎県でも内陸部に位置しているが、北から南へ海岸沿いに進入したものと推察できる。

「米良族」は、水稲耕作民として、渡来してきているので、畑作を主とする「日向族」とは居住地が異なっていた可能性がある。

「米良族」は誰なのであろうか。実は、ある程度特定できるのである。

大伴氏や忌部氏は、「日向系」として皇統を支えているが、出自はこの両族に関連しているのである。『新撰姓氏録』によれば、大伴氏は、「三間奈公」で「弥麻奈国王　牟留知王の後裔なり」とされ、「ミマナ」出自であるとされている。ほかに、「多々良公」で「御間名国主　尓利久牟王」もいる。両族は、タカミムスビ系に出自を求めていて、活躍時代はかなり古く、正否の断定はできないが、妥当なデータを提供している。

「ミマナ」勢力は、日向に移動しているのである。宮崎平野北部には、「サルタ族」もいたが、この頃は、ニギハヤヒと行動を共にしているので、その故地を「ミマナ」を追われ、侵略した形で、宮崎平野北部に進出したと考えられる。あるいは、「サルタ」族を追い出したのかもしれない。

「ミマナ」は何故移動したのであろうか。この時期は、呉系集団が二四七三年前頃に渡来しているので、その「キ族」に故地の「対馬」「壱岐」を追われた可能性が強い。

その後に渡来した徐福族（二二〇〇年前）や半島からの倭人（二一〇〇年前）は、さらに後代のことで、この時期は、「キ族」しかないのである。

いずれにしろ、時代的にはイワレヒコ即位後であるので、大伴氏などは、ミマキイリヒコに帯同して大和へ移動したこととなる。

古墳時代の日向の遺跡はすばらしく、米作に基づく開発が大成功であったのであり、その経済力をバックに、大伴氏や忌部氏は大和で活躍したのかもしれない。

二、呉族は滅亡し、渡来してきた

(1) 呉の出自

小林惠子氏によれば、「殷」滅亡後（三〇五〇年前）、江南に二九〇〇年前頃に北方騎馬遊牧民（東夷）の南下の流れがあり、「呉」や「越」を形成したとされている。

「呉」には、周代に王家「姫」氏の王子が天下りして領国を維持していたが、住民は東夷系と考えられ、列島に先に渡来した阿基族・ワ族とは同祖の可能性もある。

『翰苑』（唐代）の引用文献に『魏略』があるが、その中に「倭人は、自ら呉の太白の後裔である」と称していると記載されている。「太伯」は、周の遠祖太王の長男で、呉に封じられたといわれている。王統名は「姫氏」。「キ」族は、列島では（姫・紀・木）氏と称したと推定される。列島には、渡来民は多いが、呉族のように、出自の明瞭な部族は少ない。

呉族は、「周の太伯の後裔」と自称していることから、華北系住民も混在しているものと推定されること、また、百越といわれる「越」との抗争をしていることからも、長江下流域の出自ながら、華北系のＯ３系統と華南系のＯ２ａ系統の集団が混在している部族と推察される。

最初の稲作民は何処から来たのであろうか。それは、江南の呉の一族ではなかろうか。その根拠として、支石墓制があり、西北九州（長崎）にも分布があること、侵入時期が二六〇〇～二四〇〇年前に相当すること、「史書」で列島への移動が明記されていることなどである。

（２）呉の渡来の根拠

『資治通鑑』によれば、「周の元王三年（紀元前四七三年）、越は呉を滅ぼし、その庶（親族）共に海に入りて、倭となる」という記述がある。呉が滅亡した時に、王族を含む呉の一族が海に逃げ出したことが記されているのである。

二四七三年前、江南の「呉」が滅亡。古伝によれば、呉は海洋民を主としているので、敗戦後、王統は、海に退避し、そのまま列島に至っている。敗戦となったら、簡単に「列島に行けばよい」との考えがあったらしいことを古伝が伝えている。

これらの事実から、二四七三年前頃に渡来してきたものと推定される。

『新撰姓氏録』では、呉王夫差（松野連）はじめ、呉系の人々の後裔が近畿周辺に居住していたことが記載されており、その渡来は、事実であることを示している。

（3）呉族の渡来地

大陸東岸には南から北に「対馬海流」が流れている。大陸東方を流れるこの「対馬海流」に乗れば、容易に九州西海岸に到達するのである。出航場所や流れに乗る場所によって、列島の到達地に差異があることが指摘されている。

呉の滅亡前の紀元前四八五年に呉の大夫「徐承」が、水軍を率いて山東半島の「斉」を攻めたという記録もあり、春秋の昔に、「呉」には外洋を航海する技術があったのである。そのため、この地域の人々は、戦乱の際に「力の限り戦ってだめなら、海に逃げればよい」と考えていたことが記録されているし、東夷として列島の阿基族やワ族と「同祖」とすれば、さらに納得しやすい話である。

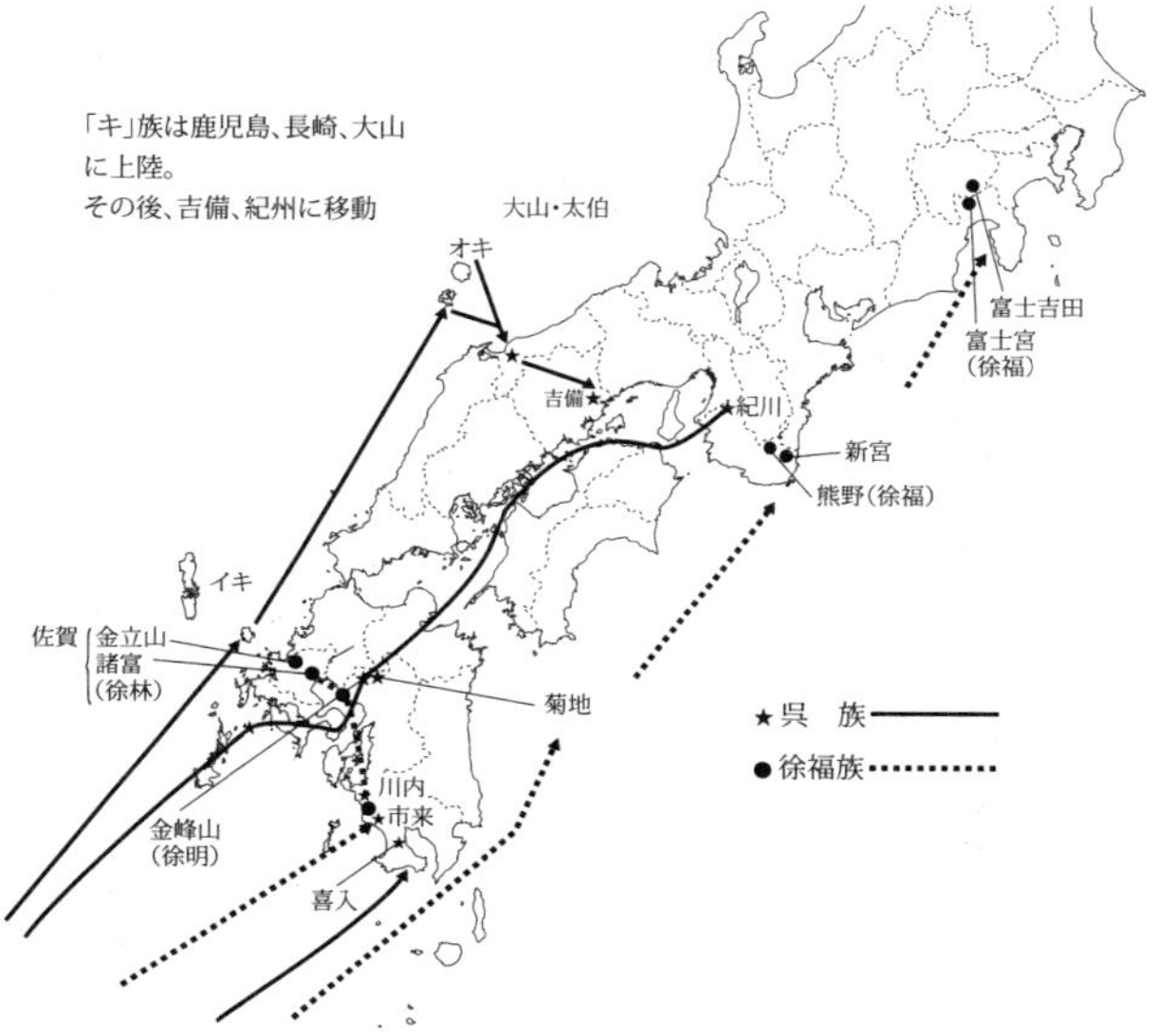

図2–8　呉族集団・徐福族の渡来

推定される上陸地点は、対馬海流が列島に衝突する、長崎の「五島列島」、犬祖伝説が残る「鹿児島」、そして、呉音地名の大山・蒜山が残る「島根・大山」周辺である。

「キ」族は、やがて、中国山脈を越えて南下し「吉備」に至り、また、瀬戸内海を東に移動し「紀州」に至る（図2–8参照）。

（鹿児島上陸）

列島では、鹿児島県始良郡の鹿児島神社に「呉太伯伝説」と「狗面」が残されており、また、呉の地は、「犬祖民族の国（モンゴル族は蒼き狼）」が存在することから、犬祖信仰は薩摩隼人に関連するとの指摘する説もあり、鹿児島への渡来は事実であったと推察される。地名的には、鹿児島湾に「キイリ（喜入）」があり、上陸地点と推定される。

考古学的な証拠として、串間市から「穀璧」が出土し、南越王墓博物館に類似品があるとの報告もあり、交易品の可能性もあるが、南越との関連も否定できない。

これらのことからも、二四七三年前以降、「呉」の集団が鹿児島に渡来したことは事実であろう判断できる。この地は、「キイリ（喜入）」地名があり、犬祖信仰があるとされる「隼人」の地であり、隼人は宮中の近くに守護として仕えたとされる。犬の鳴き声を得意としたとか、犬祖信仰を有しているとの逸話を有していることがその根拠である。

隼人は、中央に移動しており、呉系集団の一部の可能性があるが、「キ」は名乗っていない。しかし、瀬戸内海には、「木（紀）族」が、寄港の痕跡を残して、紀州に到達したとされており、薩摩の「キ（紀）族」なのかもしれない。かくのごとく「キ」族は、滞りなく、ヤマト朝廷の構成部族になり、後代を生き抜くこととなる。図2-9に瀬戸内海における「紀氏関係要地図」を示す。これによれば、九州の「キ」族は、瀬戸内海を東に移動し、讃岐や紀州・和歌山に到達しているとされている。

移動路は、周防から讃岐へ移動しているが、同族なのに何故か「吉備」に停滞していない。わざわざ避けているのか不明だが、これにより、「呉系集団」は、「吉備」「備讃海峡」「讃岐」を制圧することとなり、戦略的な意図が存在していたのかもしれない。

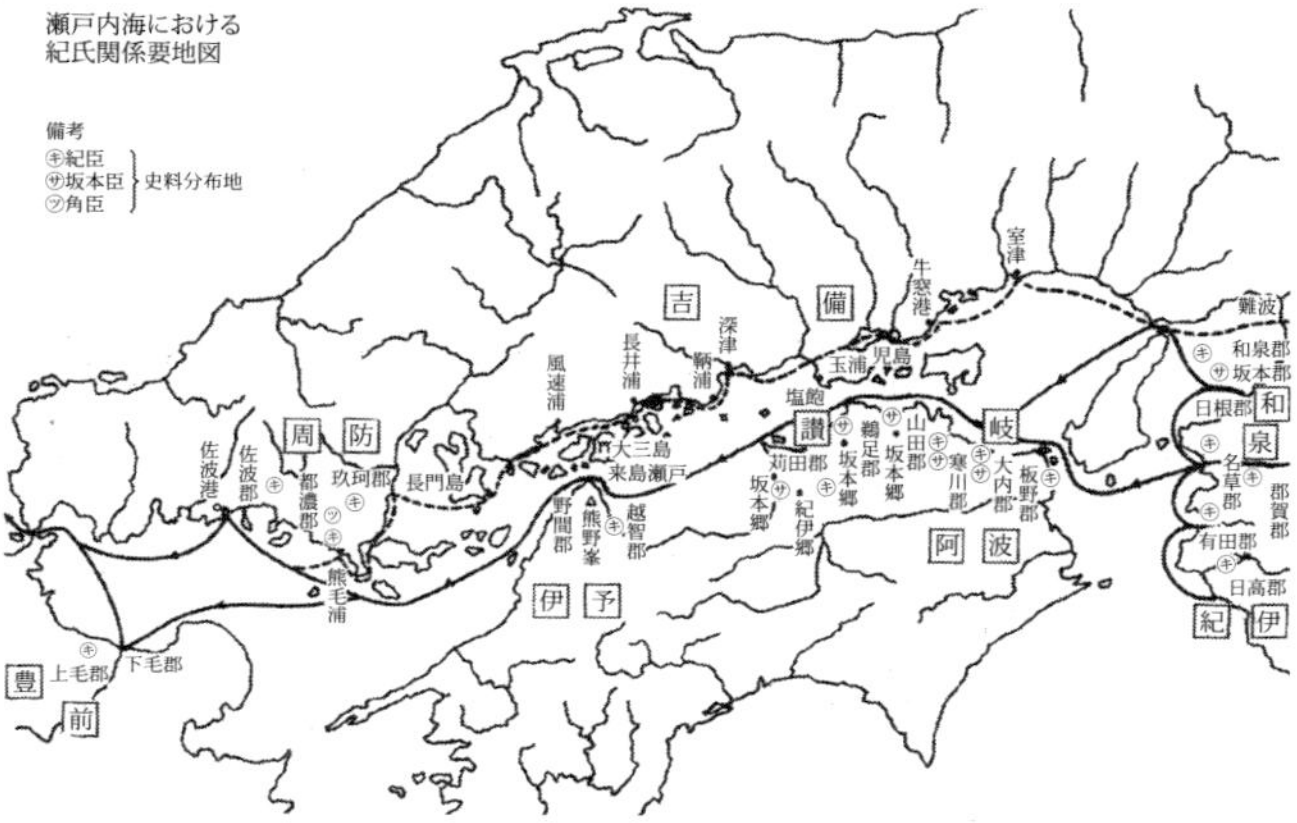

図2–9　紀臣及び同族の資料分布図
（出典：岸俊男『日本古代政治史研究』塙書房）

（長崎上陸）

長崎には、明瞭な根拠となる地名や、伝承などは現在確認されていない。

しかし、熊本周辺には、城の漢字で表記する、益城、高城、宇城などの「キ」族の存在の可能性を示す地名があり、また、「キクチ（菊池）」など「キ」族と「クマ」族を暗示するような地名もあり、呉族との深い関連が推定される。この先住の「クマ」族と合体したような、岐玖（きく、菊？）国名が、邪馬台国時代の三十余国にみえ、「キ」族の可能性も考えられる。また、菊池周辺には、合志川が流れ、その支流に「泗水」があったという。近世には「泗水町」もあり、渡来系の色は濃いが、泗水は山東省にあり、むしろ後代に渡来してきた「徐福族」の方が関連しているかもしれない。

長崎県には、弥生時代前期に同定される「支石墓群」が多く分布し、県北部、中央部、島原半島と大きな「支石墓群」が存在している。隣接する福岡県や佐賀県にも分布しているとされているが、この時期に特有のものであり、五島列島から松浦郡に上陸した「呉系集団」の墓制と推定される。さらに集団は県北部→中央部→島原半島へ移動していると推定できる（図2－10参照）。

支石墓は、半島に多いが、長崎周辺の支石墓は、対馬や壱岐にその分布が見られないことから、江南から

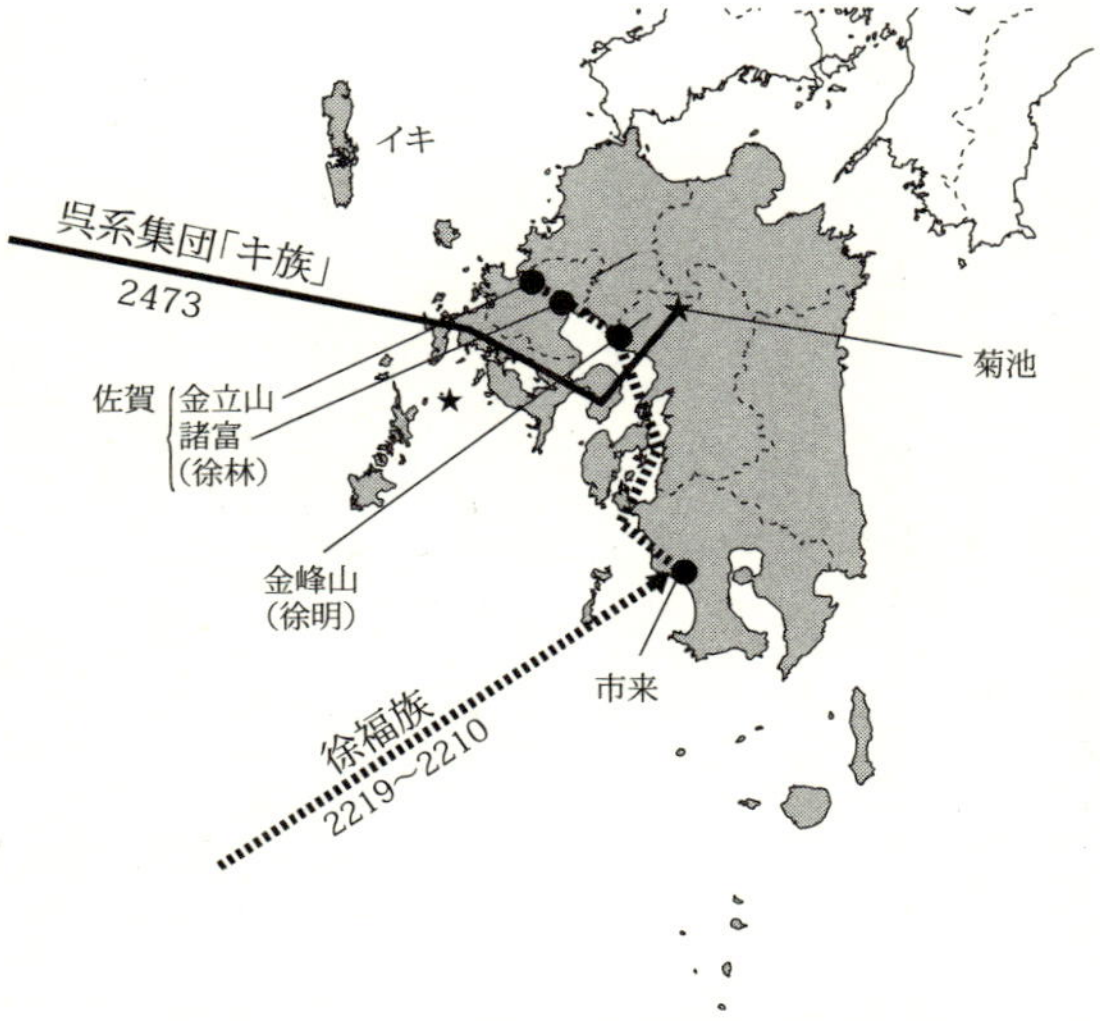

図2−10　長崎への呉系集団の移動

直接もたらされたものとされている（図2-11参照）。呉系集団は、その後、地名的に推定される「キの地」（菊池）へも移動しており、この地では、弥生時代前期の遺跡から、「鉄器」（持ち込み製品とされている）が出土している。弥生時代前期出土の「鉄器」は、実は、前述した鹿児島の貝塚でも、後述する出雲・大山の「青木遺跡」からも出土していて、同様に「呉系集団」が帯同したものとも考えられるのである。

考古学データは、また、有明海沿岸地域に特徴的に出土する遺物として、「初期鋳型」と「無文土器」を提示している。

「初期鋳型」は佐賀県と熊本県に主として出土し、やがて、北九州の春日市（奴国地域）に移動して、最盛期を迎えるとされている。これから考えると、有明海から進入した渡来民の帯同あるいは生産したものであり、その渡来民は、「呉系集団」（二四〇〇年前頃？）と「徐福族集団」（二二一〇年前頃）のどちらであろうか。前者なら、青銅器の鋳型、後者なら鉄器の鋳型となろうが、現在は、青銅器鋳型とされている。

一方、「無文土器」は、半島系の土器とされているが、「有明粘土」で現地生産されていることから、渡来民のものであると推定される。

（出雲・大山上陸）

「山」は、呉音では（セン）と発音するとされており、これに従えば、出雲の「ダイセン（大山）」「ヒルゼン（蒜山）」「ヒョウノセン（氷ノ山）」のある「伯耆国」は、侵入地とも考えられる。大山近傍には、「伯太」「西伯」「東伯」「犬挟峠」などの出自の「太伯」に関する地名もある。

呉族の渡来の候補地はいろいろあるが、最有力の候補地は、この出雲の「大山（ダイセン）」周辺であろうと推定する。後代、列島の皇統と結び付いているからである。

この呉系集団は、やがて、南下して備州に至り、七代フトニ（孝霊天皇）に妃を嫁して皇統に入り、その皇子は「キビ（吉備）族」の始祖となり、皇統をささえて活躍する事となったと推定される。吉備族の後代の動きをみると、その主張の発生も、東夷の同祖系と考えると説明しやすいことが多いのではなかろうか。

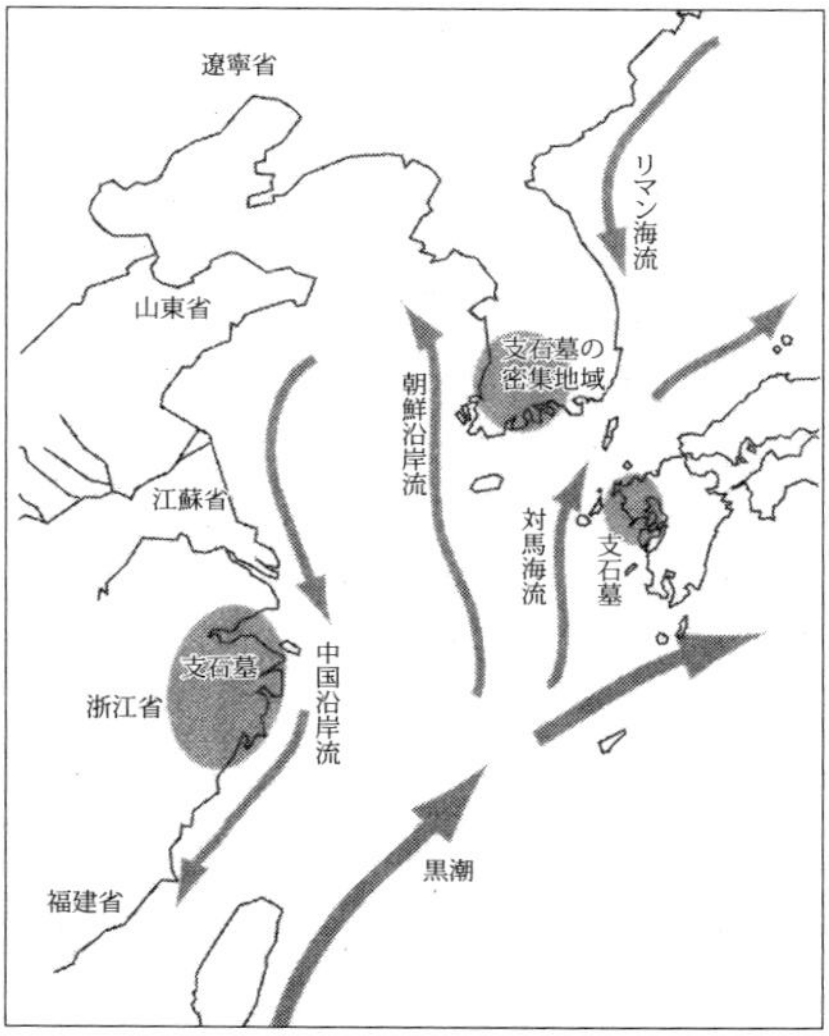

図2−11−1　日本近海の海流
（出典:山本廣一『新説 倭国史』ブイツーソリューション）

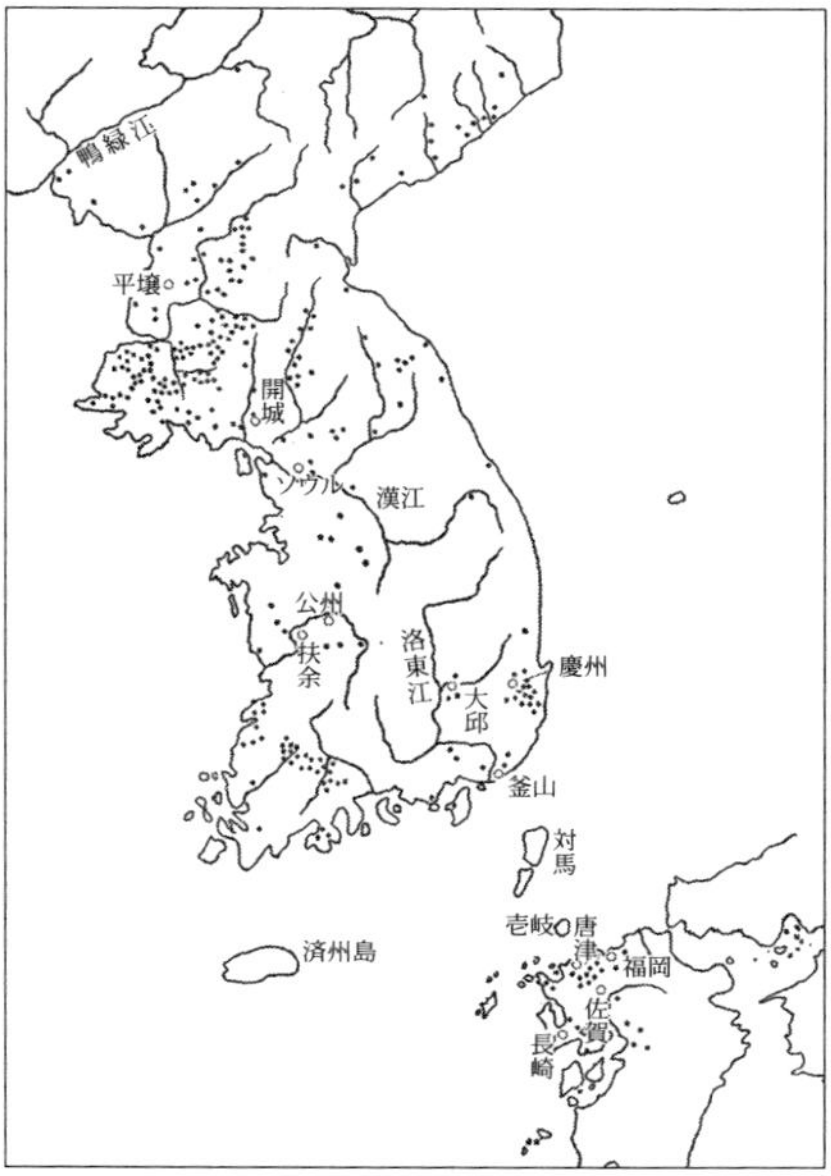

図2−11−2　支石墓分布図
（出典:鈴木武樹『消された「帰化人」たち』講談社）

出雲・大山山麓の日野川沿いにある「青木遺跡」では、弥生時代前期に「鉄器」が出土している。前述したように、弥生時代前期の「鉄器」は、熊本・菊池の遺跡からも出土しており、時期が石剣時代の出土なので、「持ち込み鉄器」とされている。

出土地の共通性を探れば、まぎれもない「呉系集団」の渡来地なのである。

竹林征三氏（『風潮に見る風土』ツーワンライフ　二〇一六）によれば、島根県の大山西麓には、大山を水源とする「日野川」があり、日野川には孝霊天皇（フトニ）による鬼退治伝説があるという。まさに呉系集団の上陸地点である。

日野川と支流の大江川との合流点には「鬼住山」（溝口町）なる地名もあり、渡来族と地元勢力の抗争の事実を伝説として残している。渡来は、七代ヒコフトニ（孝霊）代とされており、二四七三年前よりやや新しくなっている。フトニ代には、徐福の渡来（二二二〇年前頃）の伝承もあり、二五〇年近い差があり、どちらが事実に近いのであろうか。

大山周辺には、呉系集団に関連する地名が多いことから、長期に渡って大山周辺に居住しており、根拠地を南下しようとして、在地勢力と争ったのではなかろうか。とすると、この時間の差は納得できるものである。和睦の証として呉系集団の娘が皇統に嫁しており、時間差に問題はなさそうである。渡来期（二四七三年前）と南下期（二二二〇年前頃）の歴史と理解することができるからである。

また、『新撰姓氏録』によれば、武内宿祢に出自を求めた「木」氏がおり、上記の「キ」族のいずれと同一なのか、否かの確証はない。渡来地を示すものか、「姫」と「紀」と「木」と漢字の名称が変わっており、三系統があるようであるが、「城」もあり、詳細は不明である。

三、越族は滅亡し、倭人が渡来してきた

二三三四年前には、「越」が滅亡。住民の「倭人」が、大挙して海に退避し、海流に乗って、朝鮮半島南部や北九州に漂着している。その後、海峡をまたいだ交易圏を作り、クニに発展している。

「越」は、「稲作集団」である「倭人」を多く支配しており、越の二三三四年前の滅亡以来、倭人の移動が活発となり、「呉」の渡航前例もあり、海人族「倭人」の列島への渡来は、容易だったものと推察される。

弥生時代の初期に、列島に移動・侵入したのは、倭族（越人）である。

鳥越憲三郎氏や山本廣一氏などの主張によれば、倭人は、図2－12のような時期や経路で、数波に渡って、半島南部や北九州に到来したとしている。すなわち、

①『論衡』による倭人は、長江の南、浙江省北部沿岸付近におり、（春秋時代）

②『山海経』による倭人は、淮河北部の琅邪南付近におり、（戦国時代・越滅亡）

③『漢書地理誌』による倭人は、楽浪付近におり、（前漢時代）

④『後漢書』による倭人は、半島南部に移動し、（後漢時代）

⑤『魏志』倭人伝による倭人は、九州に移動している（三国時代）

山本氏によれば、倭族は、半島から対馬海流に乗ると、北九州東部の博多湾東から、宗像・遠賀川流域に漂着するので、この地域にまず侵入したとし、その根拠を先住民の墓制である「甕棺の出土分布」の不在箇所においている。

しかし、山本説に従えば、列島への倭人の侵入は、後漢時代（ＡＤ二〇二）以後となり、本格的な水田稲

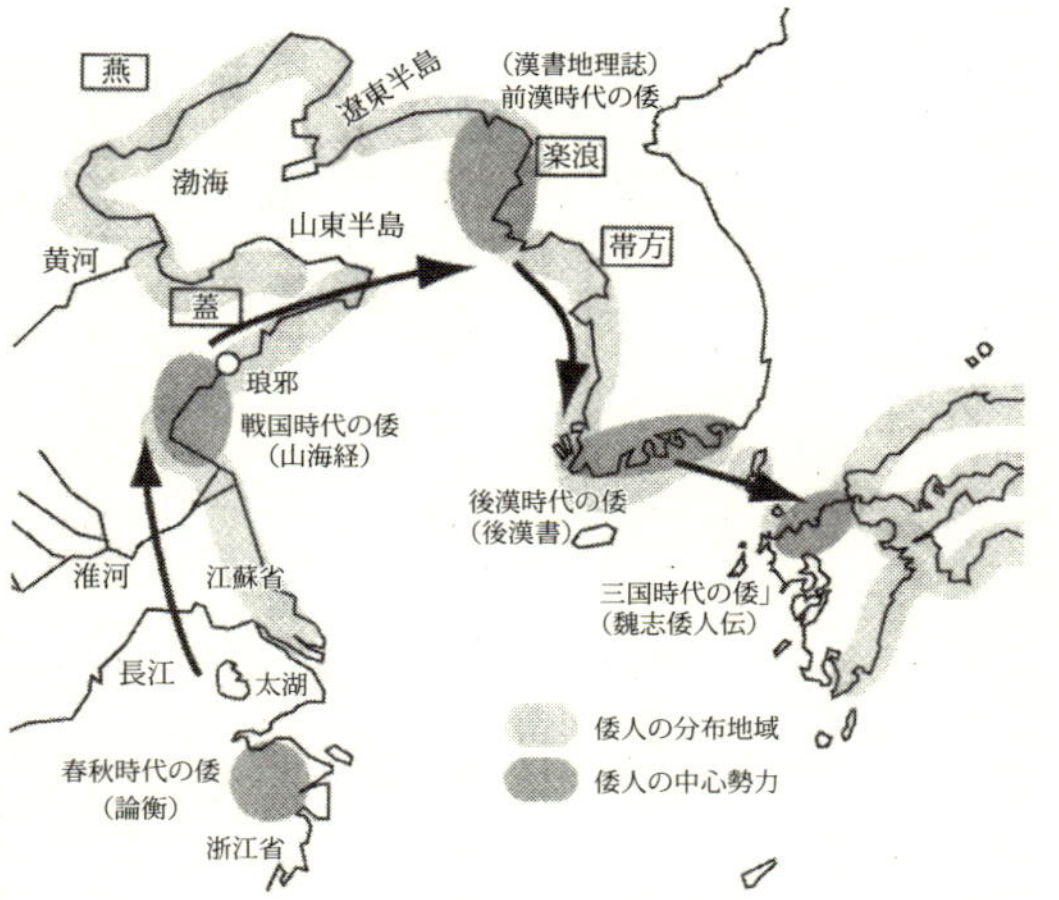

図2–12　倭人の移動経路

（出典：山本廣一『新説 倭国史』ブイツーソリューション）

作の伝播時期の考古学データ（二六〇〇年前頃、新説では二九五〇年前）と大きなズレがあり、水田稲作を、この倭人が主導したとは言い難い。越の滅亡が二三三四年前であり、滅亡に伴って、呉を見習って、その一部が直接列島に渡来したとする方が、考古学データと比較的に近くなり、やや妥当な時期となるので、上述の説の倭人集団は、別の倭人集団の行動と理解せざるをえない。

この倭人集団は、「甕棺族」としての次項の徐福族の渡来（二二一九、二二一〇年前頃）よりもさらに後の時代にならざるをえないこととなる。

この北九州地域には、縄文晩期からの稲作遺跡があり、「甕棺」を墓制として、先住していたが、後続して移動する「倭族」は、平野の少ない北東九州海岸にまず進入し、西方の博多湾地域に、進出していったものと推定する。

この時期の先住の稲作民は、先住の縄文人に加え、水田耕作を帯同した呉族などと、河姆渡遺跡のある大陸の長江から継続して渡来してきた戦乱の避難民の人々と考えられ、後続の「倭族」主流とは、別系統であろうが、同系統（百越の存在から）の部族も含まれていた可能性もあると推定される。

既述集団に対応させれば、先行した人集団にはO２a系の人集団が、後続した人集団には、O２b系人集団が該当するものと推察される。

（蘇我氏の渡来）

図２－13は、森宏一氏の示す「越磁の輸出とその系統」である。図は越人の交易による関連地を示しているが、河姆渡遺跡のある江南からの水稲耕作以来の倭人の移動ルートを示している。越滅亡後は、このルートで列島に移動したものと推定する。この中で、注目されるのは日本海ルートである。海流は、能登半島や越前に流れているのであり、その先は、「国造本紀」で国造に任命されている「宗我氏」の領域なのである。

蘇我氏は、糸島半島（福岡）や和泉地域などに、同氏の地名が残っている。糸島→大和→北陸の移動が考えられるが、大和は最終地であり、国造は本貫地への任命が多いので、福岡→北陸→大和の移動も想定できる。北陸への渡来の途中立ち寄り地なのかもしれない。

宗我族は、後代の名族であるが、「国造本紀」では、宗我氏として、越中・射水、越前・三国および加賀・江沼の国造として登場している。その出自は明確ではなく、「謎の部族」とされている。『新撰姓氏録』では、武内宿祢の系譜に、第二期の渡来の「蘇我石川宿祢」の系譜として記載されている渡来族なのである。

大陸や半島の倭人の渡来民は、姓氏録の中には具体的には出自の記載がないので、その出自は居住地から推定するしかないが、国造の任地の分布から推定すると、「越」の滅亡で、半島南部に押し掛けた倭人族の一分派で、半島ではなく、直接列島に渡来した部族ではなかろうか。渡来が古いので、姓氏録では呉系に引き続いて、第二期の渡来で、二三〇〇年前頃の渡来ではなかろうか。

先に渡来した（二四七三年前頃）呉族の大山付近や、先住民の多い丹波地方や福井付近の阿閉国でもなく、さらに対馬海流で北上して、福井・石川・富山県に渡来したのではなかろうか。後代に「越国」を造る越人は明瞭に存在していないことから、この宗我氏が越人なので、その住地は、越前、越中と命名され、そ

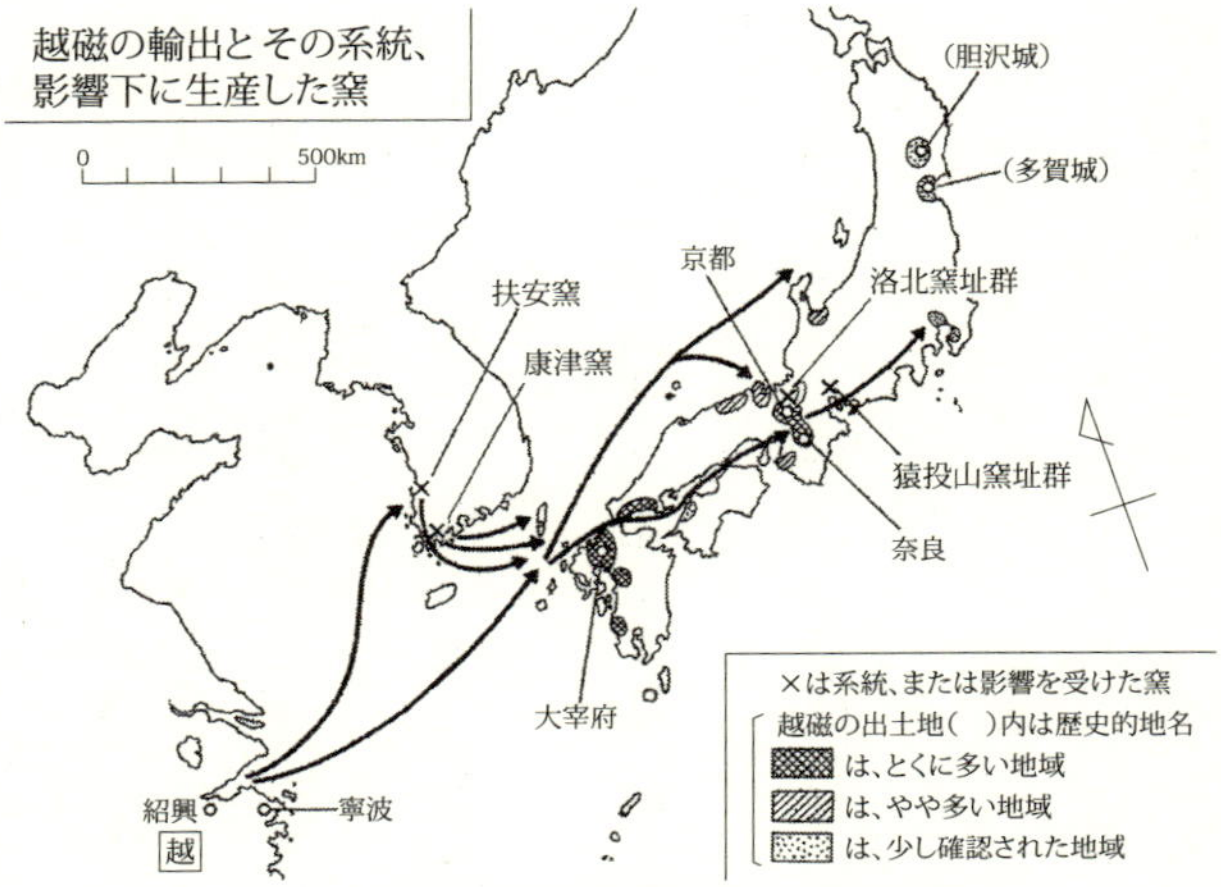

図2–13　越磁の輸出とその系統
（出典：森浩一『図説 日本の古代〈第1巻〉海を渡った人びと』中央公論社）

の名の由来を示すものではなかろうか。

半島南部に渡来し、伽耶族を形成して北九州に渡来してきた（二一〇〇年前）倭人族より、北陸には早く列島に到達していると推定する。

「遺跡分布図」（図序－1）によると、北陸のこの付近に遺跡が集中するのは、中期～後期であり、二三〇〇年前の渡来はほぼ妥当な推定と考えられる。

大和に突然現れた印象が強いのは、九州に一時的に在住した後、通常コースの西から移動してきたのではなく、北陸からヤマトに移動したため、その経路が明瞭に認識されていなかったのではなかろうか。また、倭人の古い渡来族のため、倭人族のかなりの支持を集めて、大きな勢力を形成していたのではないかと推察する。

四、「ニニギ勢力」（「ミ族」）が帰還してきた

二三一四年前に大陸に遠征した「ニニキシ」率いる部族の存在が、古文書に記載されているが、その部族が「ニニギ後裔勢力」である根拠を前巻で示した。

遠征のその根拠として、①市来式系土器の沖縄・種子島での出土、②「イ」「ワ」「ア」など族名の南西諸島での地名の存在、③大陸の「明刀銭」（燕の貨幣）の出土、④武器性の石鏃、貝鏃などの多量出土、⑤アマミク伝承の存在、⑥土器などの文化的遺物の急変などを挙げている。地名等の根拠から、この「ニニギ後裔勢力」が「ミ族」として帰還してきたことを、以下に示す。

（イ）列島には、「出雲」「出羽」のほかに、「出水」なる地名があり、それぞれが西北海域に面して位置している。前二地点が渡来民の進入地となっているので、「出水（イズミ）」も同様な性格があるものと推定する。進入部族は「ミ」族である。

（ロ）「ミ」の付く部族などを探ると、ニニギ族が「ミミミ」を人名としていること、筑後の有明海沿岸に「三灘」「三根」「御井」「御笠」「御原」などの「ミ」地名の集中部があることに気がつく。半島からの進出は考えられず、大陸あるいは南西諸島からの渡来と推定される。「ミ族」は、ニニギの子とされる「アマミク」（沖縄）、「アマミコ」（奄美大島）の後裔と推定される部族である。

（ハ）「ミ」族は、「出水」付近から上陸し、一隊は山を越えて、東に移動して日向に至り、他の一隊は、有明海を北上して、湾奥に上陸した可能性がある。

（ニ）「ミ」族は、何処からきたのか。「日向族」が南方系要素を色濃く有しているとされることから、南

西諸島から進入した「竜神信仰」を有する部族と推定する。

(ホ)これらの事情を勘案すると、前巻で南西諸島に進出したと主張した「ニニギ勢力の後裔」が、大挙して帰還したのではなかろうか。渡来の時代は、古伝にある「ニニキシ」の大陸遠征の二三一四年前以降のことと推定もできる。

(ヘ)「出水」の南には、「市来」、「入来」などの出入りを示す地名があり、「串木野」には「徐福」(徐市〈じょふつ〉)が渡来したとして、「市来」地名が造られている。この付近は、大陸からの渡来民が多く渡来してきている。

(ト)筑後は、「原ヤマト」以来の皇統系の根拠地であることがここでも鮮明であり、帯同した「サカ」族を佐賀に入れ、「ミ」族は北九州の防衛を強化した可能性があるのである。後代のオオタラシヒコの九州征討には、「隼人族」の地、佐賀の地は、筑後や北九州と共に征討対象とはなっていないことが、これらを傍証している。

(チ)「センダイ」(川内)、ここを本拠地として南西諸島へ出航しているのである。

(上陸地周辺の状況)

「ミ」族をニニギの後裔勢力とすると、川内にはニニギの墓陵が存在している

「川内」には、ニニギの墓陵といわれる「可愛山稜」があり、コノハナサクヤヒメ(母)とホデリノミコトの墓陵が、その傍に存在している。王統を継いだ「ホホデミ」の四所宮まで存在し、ニニギと行動を共にしていた可能性も示している。また、兄弟の「ホデリノミコト」は、「隼人の祖」で、その地元なのである。「センダイ」はまた、後代には中国では、「王府」を示す「ダイ(台)」の名を含み、北の「センダイ

（仙台）」とともに、大和の王府以前の「先の台」の可能性を含んでいるのである。

墓陵の頂には、「記紀」成立後の七二五年創始された「新田神社」があり、同族の「二田物部氏」が守ってきたのではないかといわれている。古い伝承を形としていると推定されるのである。かくのごとく、ニニギの南西諸島への進出は、ここを根拠地とした可能性が高いことを示しているのである。「センダイ」には、後に「薩摩国府」が置かれ、「一の宮」は新田神社である。「ニニギ」の伝承が後代まで継承されているのであり、江戸時代の島津氏の琉球進出も特筆されるほどの事でもなく、大陸との「交易」もまた、綿々と引き継がれているのである。

（帰還の考古学的証拠）

考古学的根拠としては、南西諸島産出の貝製品が、有明海や北部九州の弥生前期以降の遺跡から頻出していることが指摘できる。ニニギ帰還勢力（「ミ族」）の移動とも関連している可能性が高い。貝交易は、縄文時代晩期に始まり、オオベッコウ貝やメン貝が交易され、弥生時代中期には最盛期となり、南西諸島から列島への装飾品としての貝製品（ボウウラ貝・イモ貝）の交易があったとされていて、北九州の各遺跡や吉野ヶ里遺跡や熊本の遺跡でも、ボウウラ貝やイモ貝の貝輪が出土している。南西諸島との関連は深いのである。

その分布が北海道や東海にも及んでいることから交易とされているが、縄文時代以来の南西諸島と九州との往来は否定しがたい事実である。

（研究書資料）

「南西諸島に邪馬台国があった」と小林惠子氏や木村政昭氏などが主張している。倭人伝の行程記載に忠実に従うべきだという主張である。小林氏は、ニニギ勢力の九州北上を、木村氏は、海底遺跡の存在を、その主張に加味している。両説ともこれまでの歴史の中での突然の指摘であり、その根拠も明瞭ではなく、多くもない。

南西諸島は、大陸進出へのニニギ勢力の根拠地を一時的に提供しただけであるが、「邪馬台国」への行程記載は、その大陸への侵攻時代の鮮明な記憶を、中国の編者が机上で記載した可能性も残されているのではなかろうか。

沖縄からは、小林氏や木村氏が「邪馬台国の北上説」を唱え、上勢頭氏は「竜神の北上説」を主張しているほど、九州への行動は、縄文時代以来の通常の交流ルートであり、古くは、「アマミコ」の到来や「ミ族」の帰還は、物珍しい「夢物語」ではないのである。

また、「記紀」には、「海彦・山彦」の神話で「竜宮」への渡航も記されているほどである。

その後、「ミ」地名のある筑後に進出した「ミ」族は、御笠にいた「玖珂耳」を首長として、ニニギの後裔として大和への進出を図っている。おそらく、これは、「ミマキイリヒコ」と同一人物であろう。隼人族・「キ」族・「サカ」族などが同行しているからである（図2-9参照）。大伴などの日向族も同行している。紀年代によれば、ミマキイリヒコ（崇神）は二〇九〇年前の即位なので、二一〇〇年前以降に大和に移動を開始している。この時期は半島系の倭人が大量渡来してきており、その対応に窮したか、別の理由があるのか不明だが、とにかく東遷を開始している。

これが「御笠の玖珂耳」なのか、水軍も動員して、大和側の「彦坐王」と戦っている（『古事記』『但馬故事記』）。両者は、同一人物と考えておきたい。

同族の故に、談合の上大事とならず、大和に進入し、即位している。

その後の検討で、「ニニギ勢力」（ミ族）の帰還の目的は、渡来民の増加により「ヤマト」の防衛が必要となり、「ヤマト」の強化のために、急遽呼び戻された可能性が濃厚である。筑後に一時帰還後、渡来民への対応策を実施するために、対外関係に通じている「ミマキイリヒコ」が「サカ族」と共に「ヤマト」に迎えられたと考えられる。

一方、弥生時代には南西諸島と北九州の「貝交易」が繁栄を迎えており、交易に便乗した帰国だったのかもしれない。

五、秦代に徐福族が渡来してきた

春秋・戦国時代を統一した「秦」（二二二一〜二二〇六年前）から、船団を組んだ「徐福族（集団のため族と称す）」が、「琅耶」から出航して、列島に二度（二二一九年前、二二一〇年前）渡来している。この渡来は、『史記』などの古史の記載と「徐福の故地」などが現地で確認されており、ほぼ事実と判断される。徐氏家譜は、現在、「張、王、韋」の姓があり、渡来には、始皇帝の王子ほか、徐福の子の除林、除明等を伴っていると推定されている。

一方、日本の太平洋側には、徐福到来の伝承、言い伝え、墓地などが、佐賀、紀州、東海などにあり、徐

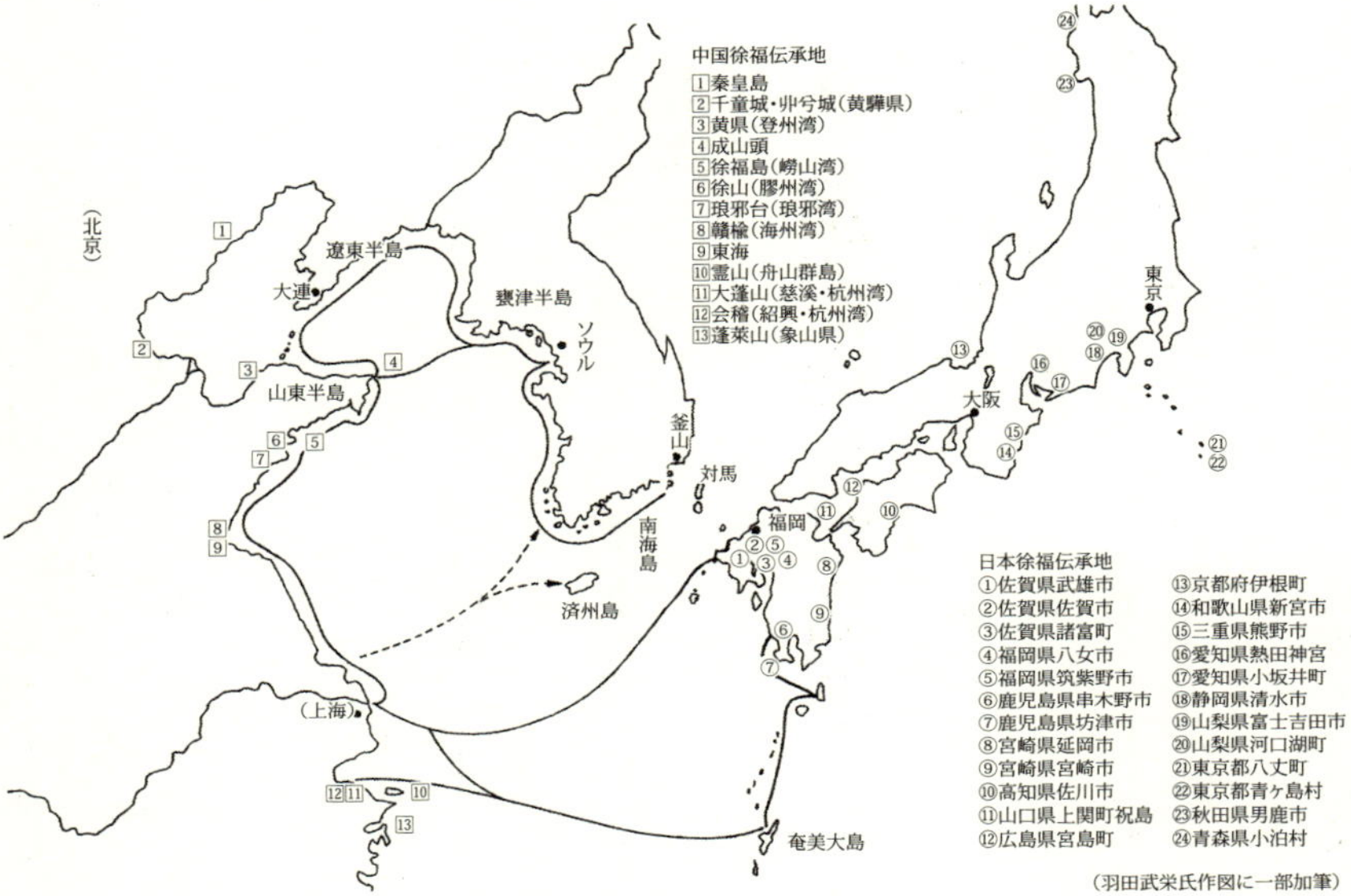

(羽田武栄氏作図に一部加筆)

図2–14　徐福の出港地(出典:いき一郎『徐福集団渡来と古代日本』三一書房)

福の到来は、国内的にも史実と判断される。

「徐福」が蓬莱国を目指して船出したことは、中国文献などにより確認されているが、その渡来地については、七代フトニ(孝霊)代に紀州に渡来との古伝の記述(『海東諸国記』『富士宮下文書』)があるほか、国内伝承が日本側の各地にあり、上陸地点の候補地もかなり多い(図2–14参照)。

その中で有力な渡来地点が、鹿児島県市来、有明海の佐賀市周辺、紀州の新宮市、そして富士山麓である。

(市来上陸)

「市来」は徐福の名が「徐市(じょふつ)」とされており、「市(ふつ)が来た」とその到来を示し、地元の伝承や徐福が祭神となる神社などもある。

(佐賀上陸)

佐賀市の金立山には「金立神社」があり、徐福と子の「徐林」が祭られており、一九八〇年に

「二二〇〇年祭」が行なわれたという。考古学的には、山本廣一氏などによれば、北九州に分布している「甕棺」は、倭人のものではなく、佐賀県の有明海から唐津方面に広がる地域限定型の埋葬型式で、徐福族がもたらしたものであるといわれている。墓制の存在から、先住部族との抗争・同化を経て、徐福族は、居住権を獲得したようである。

また、佐賀上陸の根拠には、次のような伝承がある。

① 上陸地点を占って杯を投げるという「浮杯新津」の伝承が諸富町に伝わる。

② 佐賀金立区には、湿地に布を千反敷いて渡るという「千布」の伝承が残る。

③ 長崎では、小舟の櫓は右側で、中国流の操舟法が残り、周辺では独特である。

有明海を挟んだ肥後・玉名市には金峰山があり、弥生時代前期の「斉藤山遺跡」から「鉄器」が出土している。出土時期が早いので、渡来民の持参した鉄器とされている。ここには、伝承では徐福の子の「徐明」が上陸したとされていて、対岸の佐賀平野とは共通の「無文土器」が出土している。また、後代の阿蘇谷の「下柳原遺跡」では「製鉄技術」の存在が確認されていて、徐福族から技術が伝承されているのではないかと推定される。

藤尾氏の「甕棺の型式分類」によれば、成人用の「大型甕棺」(佐玄社式)が、最初(第Ⅰ期)に、有明海から博多湾にかけて出現している。既に呉族が先行して支石墓を使用しており、甕棺との両者の関連はやや不明である。また、有明海周辺で、中国系「絹」の出土や、「青銅器の製作地(鋳型)」が博多湾側より有明海の筑後川下流で先行していると考古学資料では指摘されている。

これらの資料を勘案すると、強力な武器を保有していたであろう、徐福族の率いる戦闘集団は、有明海から上陸し、甕棺墓制の分布から推定すると、山を越えて、博多湾一帯を席巻し、支配したものとも推定される。

この徐福の侵入により、北九州は、その後、縄文人、呉族、越族、秦族など四つ巴の勢力争いの場となっていくのであり、その中から、越族倭人が北九州の博多湾一帯の覇権を獲得し、伊都国、奴国が「倭国」を建国するのである。

徐福族は「秦」系として後に「波多」「八田」「幡多」などを称して、全国に分布している（図2－15参照）。

（紀州上陸）

紀州・熊野には、伝承では徐福の次男が上陸したとされており、また「秦住」「波多須」「秦栖」地名や墓などがあり、「秦」姓の諸氏が存在しているといわれている。

（富士宮上陸）

古伝『富士宮下文書』は、徐福監修といわれており、また、徐福の子孫がヤマトタケルと戦ったという伝承まであり、東海の富士宮市周辺には、徐福一行またはその一部が到着した可能性が強い。

その他の太平洋側の渡来候補地は、その移動経路に相当しており、寄港地と推察される。一方、瀬戸内海や日本海側にも、伝承地があり、「秦」の意向を受けた情報収集活動の可能性もある。徐福の出航は、二回との伝承もあるので、神仙思想に基づく単なる渡航ではない印象が強い。

後に、戦闘に破れた徐福部隊の一部あるいは分岐した同族集団は、東に逃れ、紀伊半島や富士山麓に到達したものと推定すれば、国内資料とも矛盾なく一致するのである。

（考古学的データ）

山本廣一氏（『新編　倭国史』ブイツーソリューション　二〇一一）によれば、北九州の考古学データを良くまとめられている。その中から、徐福関連を抽出すると、

①筑後川流域や吉野ヶ里を中心に「成人用甕棺墓」が分布し、これは徐福族侵入によるものであるとしている。

②弥生時代前期末～中期初にかけて、北九州では、「支石墓」がなくなり、「甕棺墓」に変化しており、筑後川流域勢力の、筑紫平野への侵入が確認できる。

③この時代に出土する「絹」が、中期初頭～中期前半（二二〇〇年頃）の中国系「四眠蚕」から、中期後半～後期初頭（紀元五〇～一〇〇年）には半島の楽浪系の「三眠蚕」に変化している（布目順郎氏説）。何らかの異変を暗示している。

この中国系の「絹」の出土分布が「甕棺墓」の分布と重なっていて、徐福族の大陸からの到来の根拠としている。

④中国系「絹」の出土は、福岡市有田遺跡（前期末）、比恵遺跡（中期後半）、吉武高木遺跡（中期前半）、甘木市栗山遺跡（中期前半）などである。

⑤青銅器生産技術の開始は、前期末～中期初頭で、佐賀平野で始まり、春日市の須玖遺跡に移り、中期後半には「鉄器の生産」も始まる。

⑥吉野ヶ里の墳丘墓は、この時代には他になく、中国系技術による築造である。

などを列挙し、徐福族の九州への到来と筑紫への移動を指摘している。

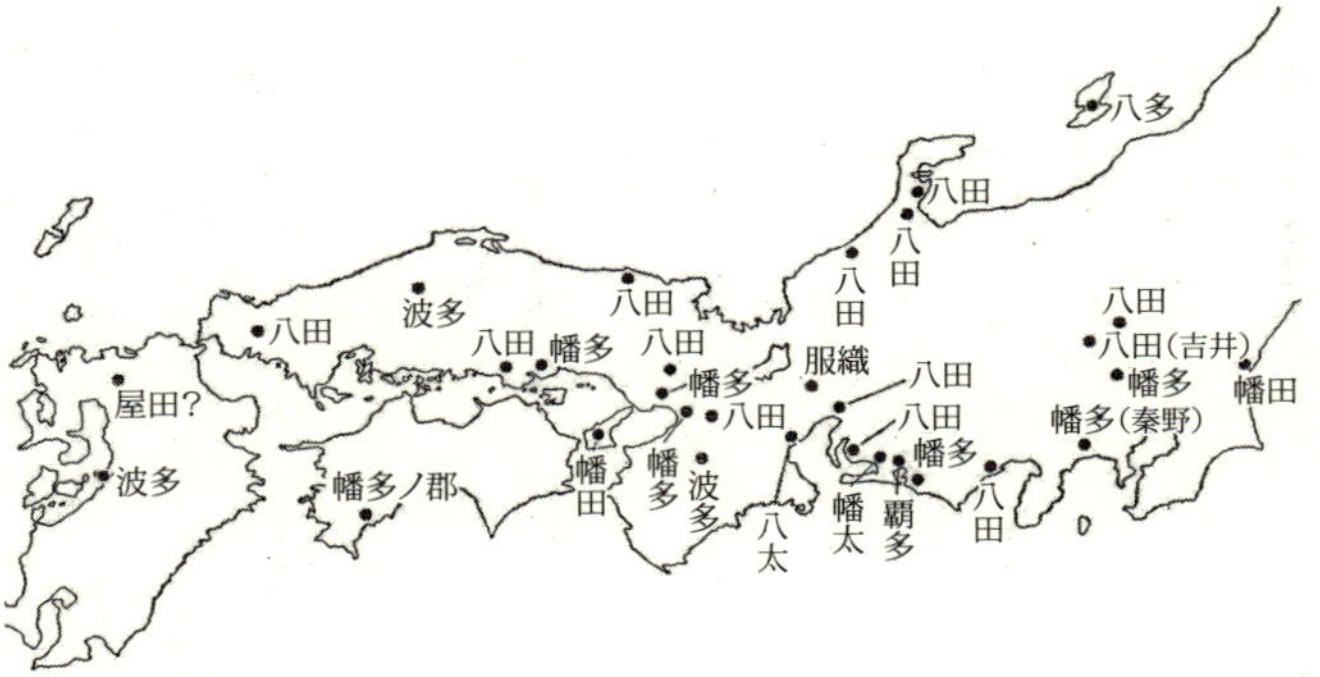

図2–15　ハタの分布（出典：鈴木武樹『消された「帰化人」たち』講談社）

『新撰姓氏録』によれば、武内宿祢の系図に入った順序は、第一期に呉系の「紀氏」、第二期に早良系（平群氏）、蘇我氏、秦系の波多氏であり、渡来年代は、呉氏の紀臣二四〇〇年前頃、蘇我氏の二三〇〇年前頃、秦系の波多氏の二二〇〇年前頃、早良族の平群氏が二一〇〇年前頃と推定される。

「秦」の後裔は、秦の始皇帝の後とされている「太秦公宿祢」や「秦忌寸」として平安時代まで継承されているほか、八田氏、林氏などとして子孫も拡大（図2-15参照）している。筑後に上陸後、香春付近にあったとされる「秦王国」を造り、漸次、東に移動したと推定される。かなり隆盛したものか、「梁」の史書では「大漢国」とヤマトを称していたようで、これらと関連しているかもしれない。

「秦」氏はまた、後代「壬申の乱」で天武天皇を支援し、「許されて」授位している。初期に反抗があり、拡散の末、名誉回復がなったとされる。

六、大陸東北部から、諸族が渡来してきた

(1) 東沃沮（ツングース）朝鮮半島元部、楽浪郡東部付近からの渡来

漢の武帝は、朝鮮に四郡を置いた（ＢＣ一〇八）。この時、沃沮城が郡治となった。後に郡治を高句麗西北に移し、沃沮は、楽浪郡に属した。蓋馬山脈の東に、東部郡尉を置き、郡尉は、不耐城に治し、分けて遼東の七県を司った。この時、沃沮もまた県となった。

遼東七県とは、「東璇」「不耐」「蚕台」「華麗」「邪頭昧」「前莫」「沃沮」で、七県すべて濊人である（『東夷伝』濊の条）。後漢の光武帝の時（ＡＤ三〇）四県は滅び、「不耐」、「華麗」「沃沮」となった。高句麗の侵攻により七県の地を放棄。高句麗の支配下になる。高句麗は、「沃沮」と「濊・貊」を一県とした。

魏の時、魏軍が侵攻（毌丘検の派遣）し、濊の不耐侯が魏に入朝した。他の部族も追随したものとされている。

これらの興亡の過程で、リマン海流に乗り、依羅族（二八五年）の例のように、列島へ移動した部族が発生した可能性を十分有している。白山族、出雲族などとして、日本海側や東北・関東地方などへ、あるいは、また、高句麗に近く、最終的に併合され、高句麗の一部族となった部族もあったのではないかと推定される。

(2) 粛慎族の渡来

粛慎族は、長白山の北、西は松嫩江平原、北は黒竜江下流に居住。

各時代に、中国史書では名称が変化し、以下のとおりである。

（周代）「粛慎」　燕と亳に接し、その北にある
（漢代）「粛慎」　　　　（前漢）　「挹婁」
（魏代）「挹婁　魏に臣服　（南北朝）「勿吉」　日本海に面す
（隋・唐代）「靺鞨」　　　（唐代）　「渤海国」女真に滅ぼされる（九二六年）

粛慎族は、「沃沮族」より北部の沿海州や内陸側に位置している。列島へも近く、列島へは、たびたび渡来した記録（渤海国）や伝承（北東北）もあるので、縄文時代まで遡れる可能性もある。ただし、そのとき、粛慎族と称したかどうか不明であるが。分布的には、近代の満州族やナナイ族・オロチ族の居住地域と重なり、北方種族との混在の可能性も推定される。

北からの渡来の可能性があるが、渡来族の有無や特定は今後の課題である。

（3）多羅族の渡来

前出の『太白逸史』によれば、朱蒙とともに東扶余を出た「陜父」は高句麗を出奔して、南鮮に至り、さらに「狗邪韓国」に移った。次いで二〇〇〇年前頃、九州の阿蘇山に移住して、「多婆羅国」（多羅国）を建て、始祖となったとされている。

朱蒙は、紀元前後に建国しているので、紀元直後頃の渡来と推定される。

「多婆羅国」は後に、任那、連政と連合した（海に面して三国、内陸国七国）。

「多婆羅国」には、はじめ弁辰狗邪国人が先住、早くから高句麗と和親し、後には服従したとされ、「安羅国」と隣接し、「熊襲城」を保持していたとされている。

その後の解析から、「多婆羅国」は、熊本平野に進出した「玉名国」ではないかと推定している。

国内資料では、阿蘇周辺に「祖母山伝説」があり、この伝承は、半島へ出自をたどることができるとされている。これも傍証の一つと推察される。

考古学資料では、弥生時代中期から、豊後から熊本に至る「大分―熊本地溝帯」に「高地性集落」が帯状に密集していることである。豊後に上陸し、祖母山周辺に居住し、やがて熊本に進出しているのである。高地性集落は、最終的には、タラシナカツヒコの討伐への対応を示すものであろう。

熊本進出の根拠の一つに、前述した「ウガヤ王統譜」に「タラシ」系の王統が存在していることである。二十代にオオクニヌシの統治があり、三十九代から「豊足（トヨタラシ）」「神足（カミタラシ）」などの名前を有する「足（タラシ）」系の王が存在している。この時期に、先住していた「ウ」族と合体し、北九州の「奴国」とも連合して、「ウガヤ連合」を形成したと推定する。

その後、「倭国大乱」の敗戦で失速したが、次に述べる「依羅族」と合流して、やがて復活し、邪馬台国時代には、ヒミコと対抗する「狗奴国」に組し、独立性の高い部族と推定され、続く「百済復興作戦」では部族の総力を挙げて参戦し、漢族（この時は「唐」）と対戦していると推定されるのである。

「タラシ」族は、古族の扶余族の栄誉を、国内で引き継ぐ部族と推察される。

地名的には、阿蘇ではなく、佐賀の多良岳を中心に多良族が直接渡来してきているとも推定できるが、阿蘇ではなく佐賀にいるのは、大乱時の反対勢力で、戦いに敗れて玉名から移動したとの推定する方が妥当性があるからである。

（4）「依羅族」

「依羅族」は、北扶余滅亡の時、王子の依羅は、住民を率いて列島に渡来したと古伝は伝えている。紀元後二八五年のことと、年代も出自も明瞭であるが、渡来地が不明である。唯一大山山麓の「妻木晩田遺跡」が多量の大集落を形成しているが、遺跡の時代は一九〇〇〜一七〇〇年前とされていて、年代的にやや合っていない。

渡来は、渡来の頻繁な中国地方とも推定されるが、扶余族は、列島にも同族が多いので、それらの一部と合体したのかもしれないが、扶余の王族を名乗る記載を未だ把握していない。

後代、吉備津彦に征討された「温羅」が「依羅」である可能性があるかもしれない。列島にはすでに皇統が確立されているので、同化せず、渡来民が王統を主張すると滅せられる運命だからである。

もう一つの可能性は、九州の「タラシ」族と合体した可能性である。「同族である」ことをその根拠にしている。「ウガヤ王統譜」には、「タラシ（足）」系が三十九代以降に急増しており、豊後から合流した「依羅族」の可能性もある。

九州で合流したので、江上氏の主張している「騎馬民族」渡来説を反映している可能性も残る。大陸からの渡来は、少人数であったが、国内の同族と合体し、増大したとも推定される。古墳時代の当初に特徴ある騎馬文化を提供したのは、依羅族ではあるまいか。そして、扶余族の名誉を賭けて「白村江の戦」に参戦し、壊滅状態に陥ったとも推定可能である。

(5) ウルチ族の渡来

山口県の土井ヶ浜遺跡（百人浜）については、列島の弥生人との形質人類学的な差が大きく、「異邦人」として歴史にはあまり登場してはいない。

この遺跡は、弥生時代前期〜中期（二三〇〇〜二〇〇〇年前）の墓地遺跡といわれ、三百人を超える弥生人が埋葬されている。そのうち、七十八体以上が前期に属しているとされている。特異なのは、「戦士の墓」とか「英雄の墓」とされているが、一二四号人骨は、十五本の石鏃を撃ち込まれた人骨で、明らかに上陸時に戦闘を伴った状況を示している。

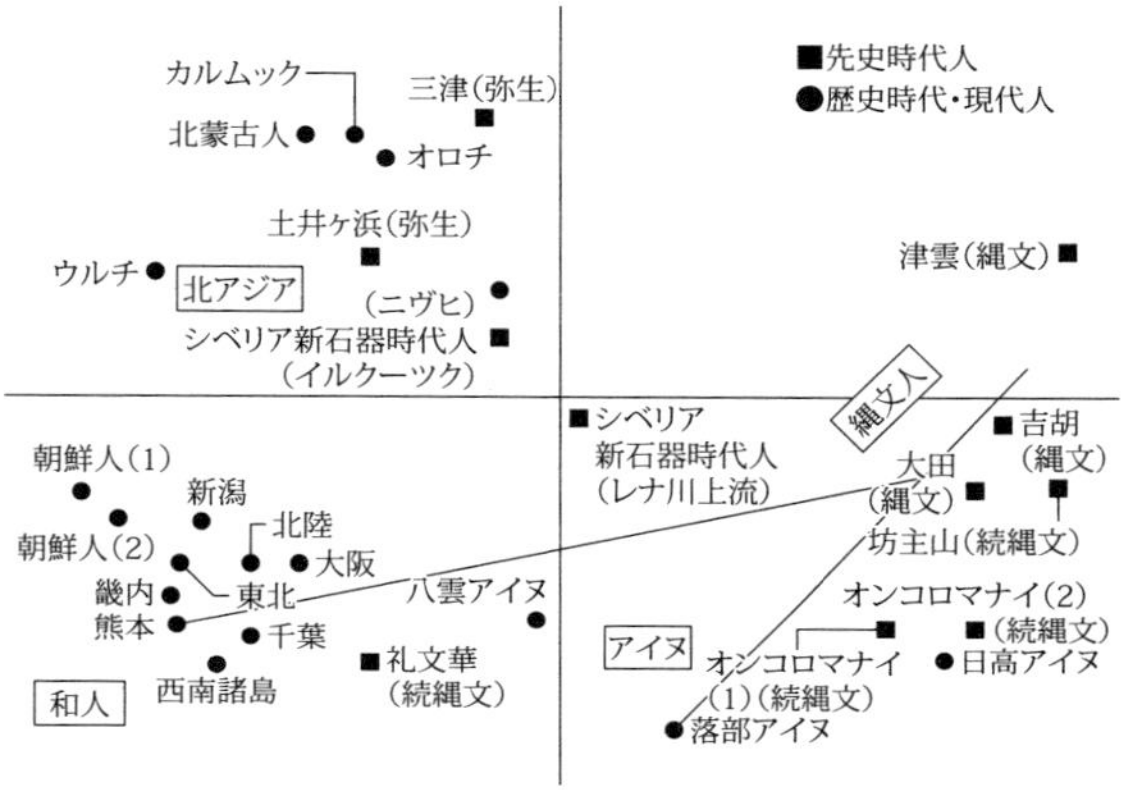

図2–16　東アジア・シベリア諸民族との類似
（出典：佐々木高明『日本史誕生 集英社版 日本の歴史〈1〉』集英社）

異邦人は、その後、アムール川流域から沿海州に進出し、アムール川中流に栄えた「ポリツェ文化」を担った「ウルチ族」ではないかと、植原和郎氏が指摘しているとされている。ポリツェ文化は、紀元前六～一世紀（二六〇〇～一九〇〇年前）に比定されている。ポリツェ文化を担ったウルチ族の一部が列島に進出したとしても不思議ではないが、上陸時点で戦闘となったのは、大陸人や半島人と大幅に外見が異なったのであろうか。あるいは、利害が衝突したのであろうか。渡来に失敗した事例も存在したことを明記しておきたい。

図2‐16には、土井ヶ浜人とウルチ族の関係が人類形質学的に近似していることが示されている。また、この図では、半島人と列島人が隔たりを有していることなども示している。

七、半島勢力の渡来は、頻繁であった

朝鮮半島では、中国北部の先史文化である「竜山文化」（二五〇〇年前〜）が、遼寧地域に入ると、春秋時代末〜戦国時代初頭に、青銅器・鉄器文化が合流して、二四〇〇年前頃に、「遼寧文化」が形成されたとされている。

半島の新石器段階には、櫛目文土器である「幾何文土器」が盛行していたが、この金石器文化の発生に伴い、「赤褐色無文土器」が発生したとされている。

列島には、半島から進入の初期文化として、磨製石器、鉄器、赤褐色土器および農耕をもたらしたとされ、板付遺跡、宇木汲田遺跡、斉藤山遺跡、高橋貝塚、有田遺跡などで確認されているとされているとの説もあるが、後半の有明海・長崎の遺跡は、半島からの倭人ではなく、より古い時代の遺跡なので、先行して江南から渡来してきた「呉系集団」によるものと考えた方が良さそうである。「呉系集団」「大陸系倭人集団」「徐福族集団」が半島からの「倭人集団」に先行して渡来しているからであり、半島に充満している「支石墓」が、対馬海峡の対馬、壱岐にはないことから、江南から直接伝播したと考えられるからである。

倭人は、図2-12の図に示すように、大陸から半島に移動した倭人が主流であり、列島の倭人集団の大半は、半島南端から北九州に移動したと推定される。

中国大陸の状況を反映して、朝鮮半島も抗争の時代を迎え、クニグニの建国が進行し、敗残兵や避難民が列島に押しかけることとなる。

これらの列島への移動部族は、中国大陸からの戦乱による逃避が主な移動契機であり、北方の大陸からはリマン海流に乗ったり、横断したりして、直接渡来したものと推定される。

列島側では、かつて、九州を統治していたニギハヤヒ族やアマテラス系の部族も大挙して、「ヤマト」に移動していたので、九州は、「ヤマタアイ国」の統治も緩くなり、部族の統治する小国が群立する状況を呈していたと推定され、渡来民の侵攻に完全に抗することが難しかったものと推察される。

一方、半島からは、半島基部に「高句麗」があり、すべての避難民を一度吸収しているので、半島からは、高句麗以南の避難民が多く移動している。

濊・貊系部族から生まれた「扶余」は、半島北方、大陸東北部にクニを作り、南の「高句麗」や「漢」の侵攻と対応することとなり、やがて、滅亡して、高句麗に吸収される。高句麗の建国時に、朱蒙と共に扶余を脱出した「陜父」（多羅族）は、別れて九州の阿蘇に至り、「多婆那国」を造ったとされている。

半島南端勢力は、列島各地に地名を残しながら、分散居住している。このことから、渡来時期が古い部族は、渡来人数が少なく、大集団とはならなかったと推察される。

半島南部の加羅諸国は、部族単位の小さなクニグニを造っていたが、やがて、高句麗、百済、新羅勢力に圧迫されて、トコロテン式に半島を押し出されて、列島にも早良国、安羅国、加羅国、多羅国系などのクニグニを造っている。

「記紀」には、後代の吉備津彦が主宰する「百済復興会議」のメンバーが記載されているが、当時に渡来していた部族として、「百済」のほか、「安羅」「加羅」「卒麻」「多羅」「斯二岐」「子他」「久嗟」「散半奚」

が参加している。その国名のすべては、変更されていることも多いので、追跡できないようだが、列島内では、「羅」族として名を残している。

〈列島への移動部族の解明方法〉

半島系の渡来部族は、加羅諸国を主とし、「羅（ラ）」名を特徴的に含んでおり、列島では類似地名が残っているので、これを解明の方法として採用する。

列島では「羅」を使用していると明確に指摘できるからである。

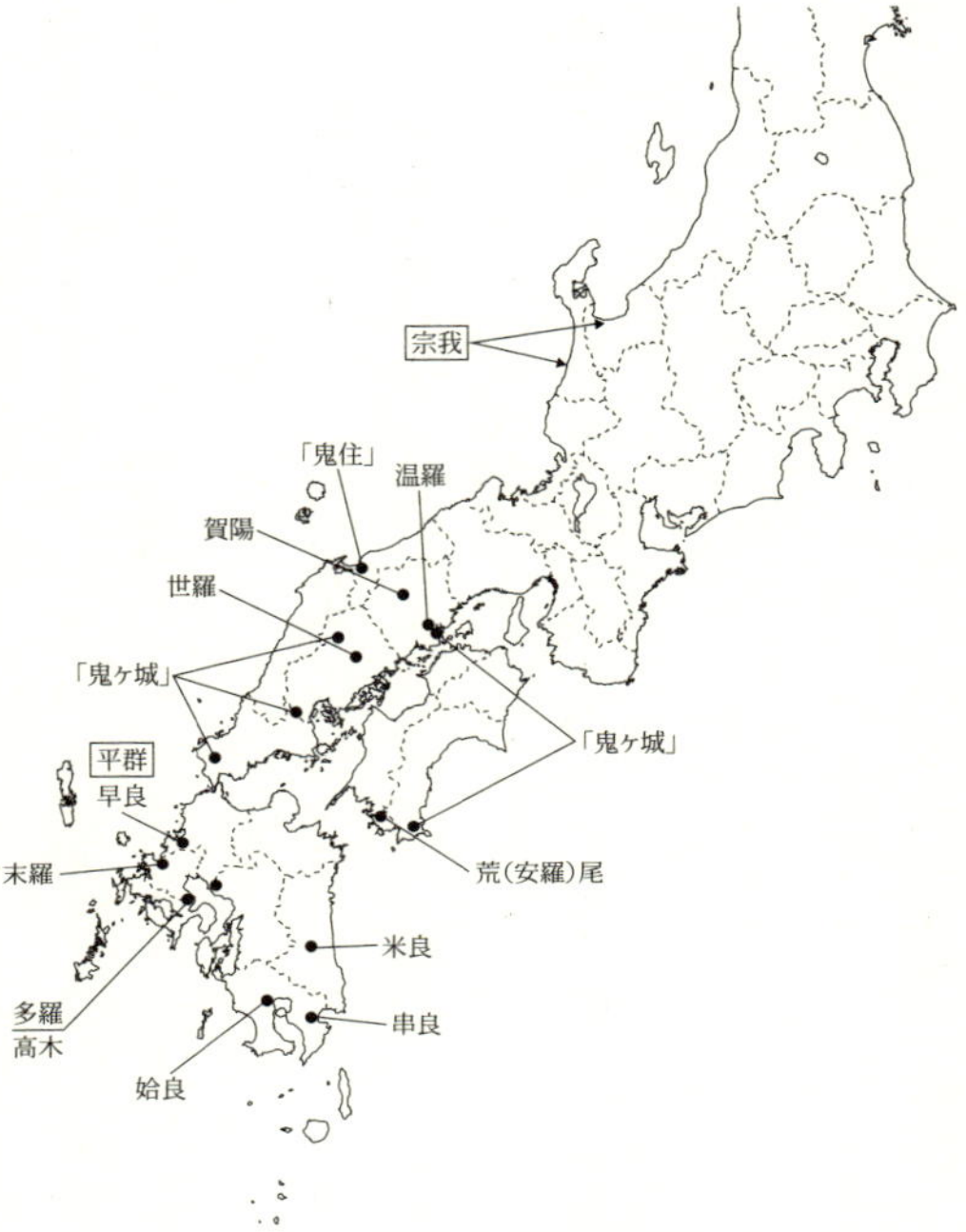

図2–17　倭人渡来地

倭人の渡来地は、中国地方では内陸にあり、「鬼ヶ城」地名は渡来時の戦場を示す。

（1）「早良族」

早良族は、北九州の福岡の早良川沿いに、発達した「早良国」を造った部族である。二二〇〇年前からの「吉武高木遺跡」に代表される王墓を含む遺跡を伴っているので、紀元前の渡来と推定される。

「羅（良）」名を有していることから、早い時代に半島から列島に移動した部族（早良族）で、加羅諸国のうちの一部族であろう。ニギハヤヒの西進時には、伊都国とともに並立した部族かとも推察される。

『新撰姓氏録』では、早良族は武内宿祢にその出自を求めているが、「平群族」として、天神系の一部族となっている。

「漢」代には、東西を「奴国」と「伊都国」に接しているので、対立したであろう両国に挟まれて、また、後代の大乱時には、滅亡をかけた戦いを強いられたものと推察される。しかし、国名は消滅しているものの、『新撰姓氏録』には名を連ねていることから、皇統側に立って存続を図ったものと推定される。

早良族は、国内に部族名が明記されている数少ない部族である。

（2）加羅族の渡来

加羅族に関連する地名は、各種文献では、次のような地点が指摘されている。

南韓羅　「鹿叉」（百済勢力？）

類似地名　筑前国志麻郡　「韓良郷」「鶏矢郷」「韓泊」「可良浦」「可良山」

宗像郡　「辛家郷」　肥後国菊池郡　「辛家郷」

日向国児湯郡　「韓家郷」　大隅国　「葛例」

始良郡　「鹿屋」　阿多郡　「葛例」

岡山　「賀陽郡」「加夜国」「加夜郡」

関連地名は、九州に多く、かつ分散しているが、岡山では集中している。

また、既述のように、百済復興会議の倭国代表になっていること、関連地名が多いことなどから、吉備の「加羅」族系が主族である可能性が強い。

中国地方には、「加羅族」のほか、「世羅族」「温羅」など「羅族」の渡来の存在が地名や古伝から推定される。賀陽には「加羅族」が、世羅には「世羅族」が、岡山には吉備津彦に討たれた「温羅」が存在している。その詳細は定かではない。

その他、中国地方には「鬼ヶ城」の地名が散見され、度重なる渡来族の伝承が多く、渡来して立てこもった山を「鬼ヶ城」と称したのではあるまいか。岡山の「桃太郎伝説」を待つまでもなく、鬼退治が存在したことは現実のことと思われる。

前巻でも述べたが、世羅盆地を取り囲んで三和などの「和」の付く地名が分布しており、生存地を限定されて生き残った部族も存在したのであろう。

温羅の戦いは壮絶であり、百人浜の石鏃を撃ち込まれた人骨もまた有名で、現在まで伝えられ、その進入時の戦いの痕跡は残存しているのである。

中国山地に多くまた分散しているのは、大乱による逃亡の可能性も残る。

(3) 安羅族の渡来

安羅族といえば、まず、ミマキイリヒコ（崇神）代に渡来とされている「阿羅王子　ツヌガアラヒト」がいる。関連地名では、

類似地名　那珂川町安徳　「現人神社」　胎土郡前原町加布里　「良人郷」

筑前国宗像郡　「荒木」「大荒」

熊本・芦北郡　「阿利斯等」（芦北の国造）

近江・草津に「安羅神社」がある。アラはアナともいわれる。

また、地域的・言語的には、安羅は、（挹婁・鴨泉・阿利は同義語？）とされ、挹婁→東扶余の鴨盧→南韓阿羅→阿良・始羅の移動ルートを指摘する説もある。

あるいは、アラは「粛慎系民族」とされ、南下に対応して名称が変化しているとしている説もある。

一方、後代の「火」の葦北の国造は、「阿利斯登」で、狗邪韓国は九州にあった（?）との指摘もある。

安羅族は、古伝では阿蘇の南にあったとされているが、現代では熊本市北方に「荒尾市」が地名としてみられるほか、近江・野洲に「安良神社」があり、近畿に安良地名もみられる。このことから、ある時期に東に移動したと推定される。安羅族の分散も大乱による可能性が残る。

(4)「末蘆族」

末蘆族は、邪馬台国への行路記事に登場する「末蘆国」を構成している部族で、考古学的には、「宇木汲田遺跡」など、多くの弥生遺跡を伴い、唐津平野に展開している。半島にも近いことから、末良族の存在を推定する。しかし、その後の活躍の痕跡はみえてこない。

「国造本紀」では、穂積族（大水口足尼の孫の矢田稲吉命）が国造に任命されており、末良族の後裔なのか、ニギハヤヒ西進時に進入したものかは、不明である。

(5)「串良族」「始良族」

鹿児島湾に面し「串良」「始良」なる地名があり、加羅諸国の一部族が居住したものと推定する。「串良」は、九州に分布している「クシ族」の出自なのかもしれない。その詳細は地名のみで不明である。

(6)「任那」(多羅・多々良族?)

任那は、その存在自体が何処にあったか決定をみていないと解しているが、半島~北九州の間に存在したことは否めない事実である。私論では、「連政」を構成していたという「対馬」にあったと考えておく。

二四〇〇年前頃、「ツ」シマ(対馬)から、ツマ(投馬)に移動した部族がいる。

すなわち、『新撰姓氏録』では、「ミマナ」から二人の国王が列島に到来したことを記述している。

一人は、大伴氏の祖である、弥麻奈国王　牟留知王である「三間名公」であり、もう一人は、御間名国王弥利久牟王である「多々良公」である。前者が崇神期、後者が欽明期に渡来または投化したとされている。

「ツ」シマから、ツマ(投馬)に移動した部族は、上述のように、津久見、都農に移動した「ツ」族(大伴氏の祖であり、「三間名公」)と豊後の臼杵付近に進入した「タラシ」族(御間名国王「多々良公」)である。「豊」や「タラシ(足)」の名が、ウガヤ王統譜(後王統)にも混在して頻出しているからである。また、「豊」は、宇佐のある「豊前」ではなく、「豊後」であろう。後代に、ヤマト勢力が臼杵・別府から阿蘇を通って熊本に侵攻した考古学データ(高地性住宅と鉄鏃)が存在しているからである。

「ツ」族は、熊本の「ウ」族と合流し、「ウツシ」国を造り、「タラシ」族は、同様に合流して、「ウガヤ」国を造っていると考えている。

その時代は、米良族が二六〇〇~二四〇〇年前に水田稲作の技術を帯同して、日向に渡来して来たと既述し、これを大伴族ではないかと考えたが、『新撰姓氏録』は、「ミマナ」国主の崇神期の渡来を記載しているので、やや時代的に差があり、後代、半島ではなく、対馬から上記の二族(「ツ」族、「タラシ」族)が二四〇〇年前頃に東九州に移動してきたと推定できるのである。なぜなら、呉系集団(「キ」族)が、二四七三年前頃に列島に移動してきたので、途中の対馬からこの勢力に故郷を押し出されて移動したと推定されるからである。

前述のウガヤ王統には、呉系の「キ」族は合流せず、含まれていない。「越」に出自する倭人と敵対した「呉」の後裔のためかとも考えられる。

さらに、これらの部族の東方への移動は、イワレヒコではなく、ミマキイリヒコに帯同したとすれば、『新撰姓氏録』の記載と一致する。

八、北方からの渡来

（1）シベリアの状況と渡来

加藤晋平氏の「日本とシベリアの文化」（埴原和郎『日本人の起源』小学館の中の第3編）によれば、「アムール川のポリツェ文化は、沿海州や半島にはその痕跡はなく、移動コースは、北廻りのカラフト、北海道コースである」とされている。

沿海州から半島に多いのは、南廻りコースの「クロウノフスキー文化」（二六〇〇～二二〇〇年前）、オリガ文化（二一〇〇年前以降）とされていて、土井ヶ浜の遺跡が二三〇〇～二〇〇〇年前とすると、両文化期にまたがる形となっている。土井ヶ浜人の所持品が存在していれば比定できる可能性があるが、遺跡の出土品に特別なものは存在していない。埴原氏の言う「ウルチ族」の渡来の規模が不明で、少人数であれば、これらの矛盾は問題にする必要はない。いずれにしても、渡来そのものは否定できず、今後の解明を要するものと考えられる。

（アムール川地域）ポリツェ文化	（沿海州地域）クロウノフスキー文化
2700 〜 2600 年前　ジェルヤロフスキー期	3000 〜 2700 年前　ヤンコフスキー文化
2600 〜 1900 年前　ポリツェフスキー期	2600 〜 2200 年前　クロウノフスキー文化
1900 〜 1600 年前　クケレヴァ期	2100 年前以降　オリガ文化

表2–1　シベリアの文化

この時期の「シベリア文化」は、表2－1に示すとおりであり、弥生時代は、アムール川では、「ポリツェフスキー文化」の、沿海州では、「クロウノフスキー文化」の時代とされている。

その文化の大きな差は、「鉄器」の随伴の有無とされており、ポリツェフスキー文化では、これを伴っているという。

土井ヶ浜遺跡の人骨とともに、鉄器の出土があれば、特定できるのであるが、残念である。加藤氏の南廻りコース、北廻りコースは陸路の話であり、海岸には漁民がおり、アムール川では漁業も存在しているので、日本海の渡海による渡来であれば、南北コースにこだわる必要もなかろうと推察される。

縄文時代晩期の釧路の「貝塚町一丁目遺跡」から「鉄器」が出土している。この鉄器の伝播（持ち込み？）は、カラフト経由のポリツェ文化を担う人々とされている。ポリツェ文化の遺跡から、石器、骨器と並び、「鉄器」が出土しているからである。その伝播は、北廻りコースであろうとされている。

（2）北海道への渡来民

北海道民のY染色体遺伝子は、列島と同様のC3系およびD2系の人集団が主体となり、Q系の人集団を混じているとされている。渡来民は、存在しているのであろうか。シベリアには、別集団のN系の人集団が存在していると解析されているからである。

松村博文氏（二〇〇一年）は、この時代の出土人骨の「歯」分析を行い、「渡来民の存在」を示している（図2－19参照）。これによれば、集団で渡来したのは、「北九州」と「山口県西部」とされ、個体としての渡来民は、長野県、静岡県に及んでいることが示されており、北海道では、茶津、南有珠地区に渡来民の存在を伝えている。最北のオンコロマナイ（稚内付近）にも渡来民が確認されていることから、北方からの渡来民の存在の可能性が指摘されている。

オホーツク沿岸には、この時期、渡来民は存在しておらず、次のオホーツク文化期となるのであろうか。

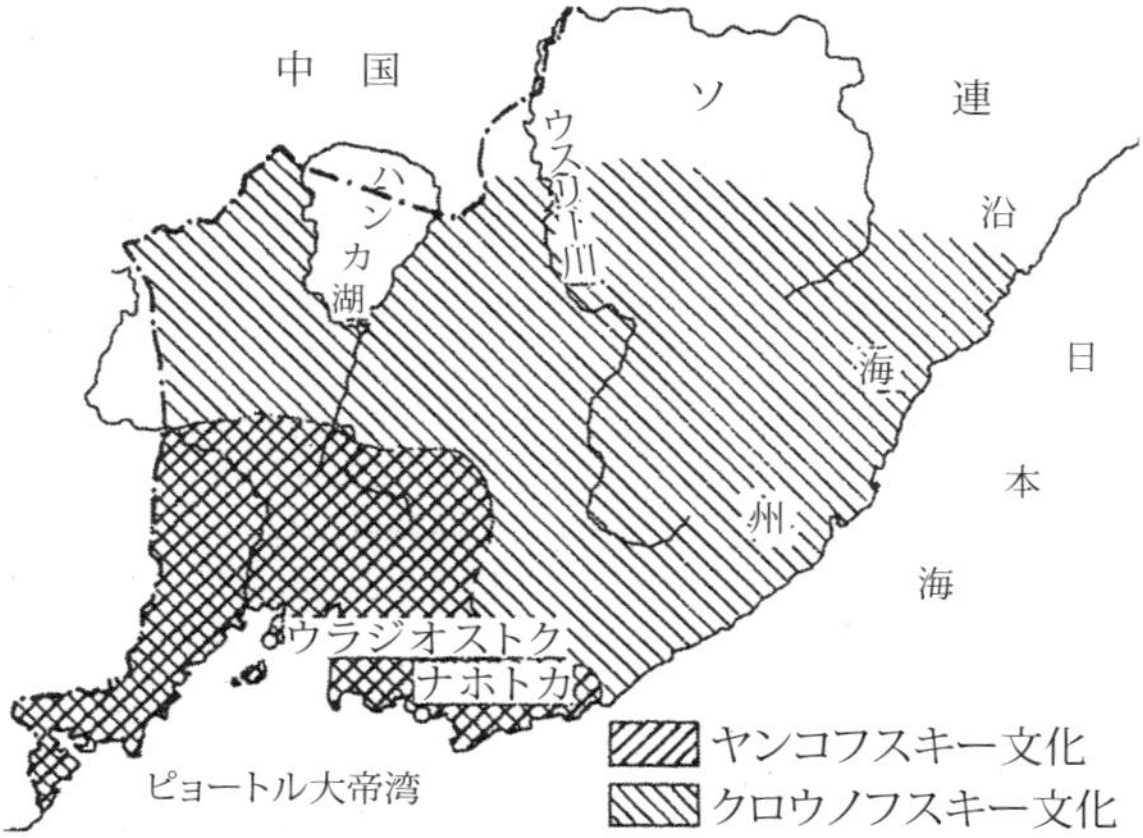

図2–18　ヤンコフスキー文化
（出典：加藤晋平「シベリアの先史文化と日本」『日本人の起源』小学館）

図2–19　土着系・渡来系タイプ
（出典：野村崇『新北海道の古代2　続縄文・オホーツク文化』北海道新聞社）

その他、考古学的に把握されている事項は、

①宗谷海峡の稚内の声問川大曲遺跡には、縄文時代晩期末〜続縄文前期前半時代の集石遺構が出土しており、宗谷海峡からサハリン南端へ拡大しているという。

②続縄文時代後半（二一〇〇〜一九〇〇年前）サハリンより鈴谷式土器が南下している。カラフトからの渡来か。

③羅臼町の植別川遺跡から、興津式土器に伴い、「銀製品」が出土。北方ルートでの渡来民の可能性を含む。匈奴、鮮卑、烏桓などの遺物に類似しているとされ、類似品の「銀製指輪」が佐賀県惣座遺跡（弥生時代中期）から出土している。これは注目すべきであるが詳細は不明。

④森・田中舘式土器（弥生時代前期）と同時期の「恵山土器」が道央に移動しており、アヨロ1式期に北進を開始。2a式期に石狩平野に至り、2b式期に道央全体に拡大し、この後、「江別太式土器」が発生しているとされている。

⑤道東のオホーツク沿岸に発達している「オホーツク文化」の遺跡が、宗谷岬をまわり、日本海にも分布している。遺跡は、宗谷岬付近では、利尻島・礼文島にあり、渡島付近では、奥尻島に分布し、途中の朱太川河口にもみられる。日本海沿いに南下し、焼尻島に至っており、交易または渡来民の存在した可能性を否定できない。前出の図2-19では、積丹半島の茶津で渡来民の存在を伝えており、北海道では、日本海沿いの南下は、普通の出来事のようである。もちろん、上陸して内陸深くまで進入した事例は報告されていない。オホーツク人の道東への渡来も注視が必要である。

(3)後代からの考察(道央の「江別式土器群」の南下)

道央では、続縄文時代前半に、北上する南の「恵山文化」を受け入れた後、続縄文時代の後半には、「江別式土器群」が成立している。この「江別式土器群」は、前半の「江別太式土器」と後半の「坊主山式土器」(江別市坊主山)に区分されている。

前半に蓄積された「道央族」(仮称)勢力が道内に拡大し、後半に至り東北地方に南下を開始したようである。その時期は、列島西部では渡来民対応に右往左往する「大乱」の時期から古墳時代への移行時期と推定されている。

その南下の過程は、「坊主山式土器」の発展過程と対応しているとされている。

(1)坊主山1式期　空知管内、宗谷管内、後志・胆振管内に拡大
(2)坊主山2式期　道南、日高地方、旭川付近に拡大、網走でも出土
(3)坊主山3式期　東北地方北部に拡大
　　　　　　　　道東、道北に拡大、稚内、北見、釧路、根室に拡大
　　　　　　　　南千島でも出土
(4)坊主山4式期　最も拡大し、東北の太平洋岸では「仙台平野」まで
　　　　　　　　日本海側では、新潟県南部巻町(土師器と共存)まで

この道央の勢力は、簡単に南下できたのであろうか。道南には「恵山文化」を有する「渡島族」(オ族)がおり、津軽には「アラハバキ族」(アベ族)、仙台平野には旧日高見国(イワ族、天族)が存在していたと推定されるからである。

しかし、実際に図2-20に示すように、北東北には「アイヌ語地名」が存在していて、南下は事実であ

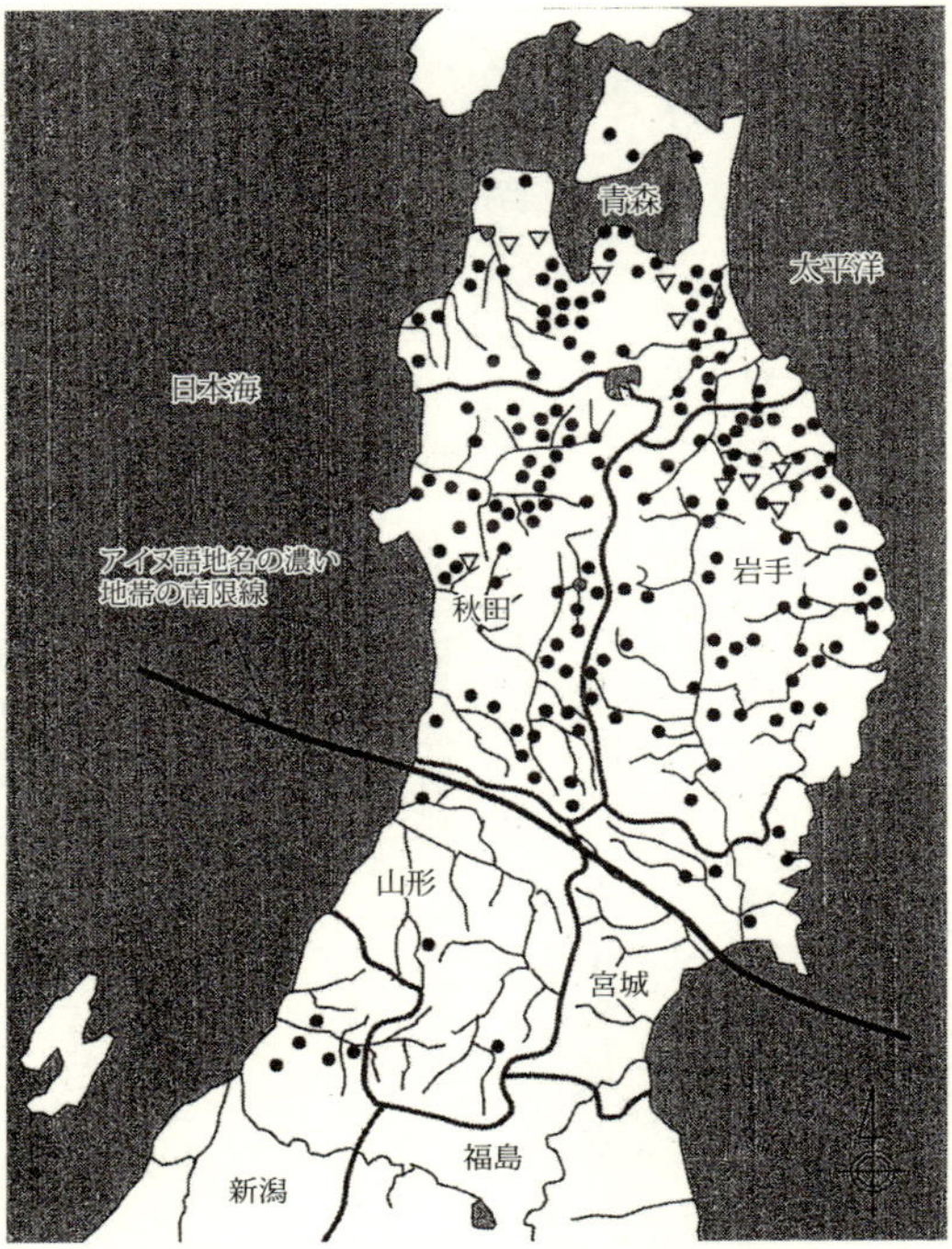

(注1) 北海道のアイヌ語系の地名の典型的なものは何々別（ベツ）・何々内（ナイ）である。本州においても奥羽地方にはナイ・ベツのつく地名が分布している
(注2) ●印はナイのつく地名　▽印はベツのつく地名
(注3)『図説日本の歴史2 神話の世界』(集英社、1974 年刊) による
(注4) アイヌ語地名の濃い地帯の南限線は、山田秀三著『東北・アイヌ語地名の研究』(草風館) による

図2–20　アイヌ語地名の分布
(出典:井上幸治『図説 日本の歴史〈2〉 神話の世界』集英社)

る。時代のずれもあり、「交易の拡大」と解すれば、道央勢力の南下は納得できることもある。交易品と考えられる「ノヘ族（八戸）」の「コハク」は装飾品として、道内の遺跡から多く出土しており、外来系の「ガラス管玉」も豊富に出土しているのである。

西日本の対馬海峡で形成された「ウガヤ連合」のように、津軽海峡を挟んで、「道央・北東北連合国」を作っていた可能性もある。これほど広範囲に分布しているのに、国を形成していなかったのであろうか。古伝や伝承に「古い王国」の記載や記憶も残っていない。交易のみに留めておいてよいのかとも思う。

もう一つの南下の理由は、後述するが、アラハバキ族の一勢力である北海道勢力が、アラハバキ族の主力が渡来民対応として「ヤマト」へ南下したため、その後を埋める形で統治を委託された可能性である。海峡を挟んで同系として一体の繋がりが存在していたからである。その可能性も今後検討する必要がある。

この勢力の力は何に起因しているのであろうか。後代も含めて考えると、海産物の交易のほか、「鮭」の

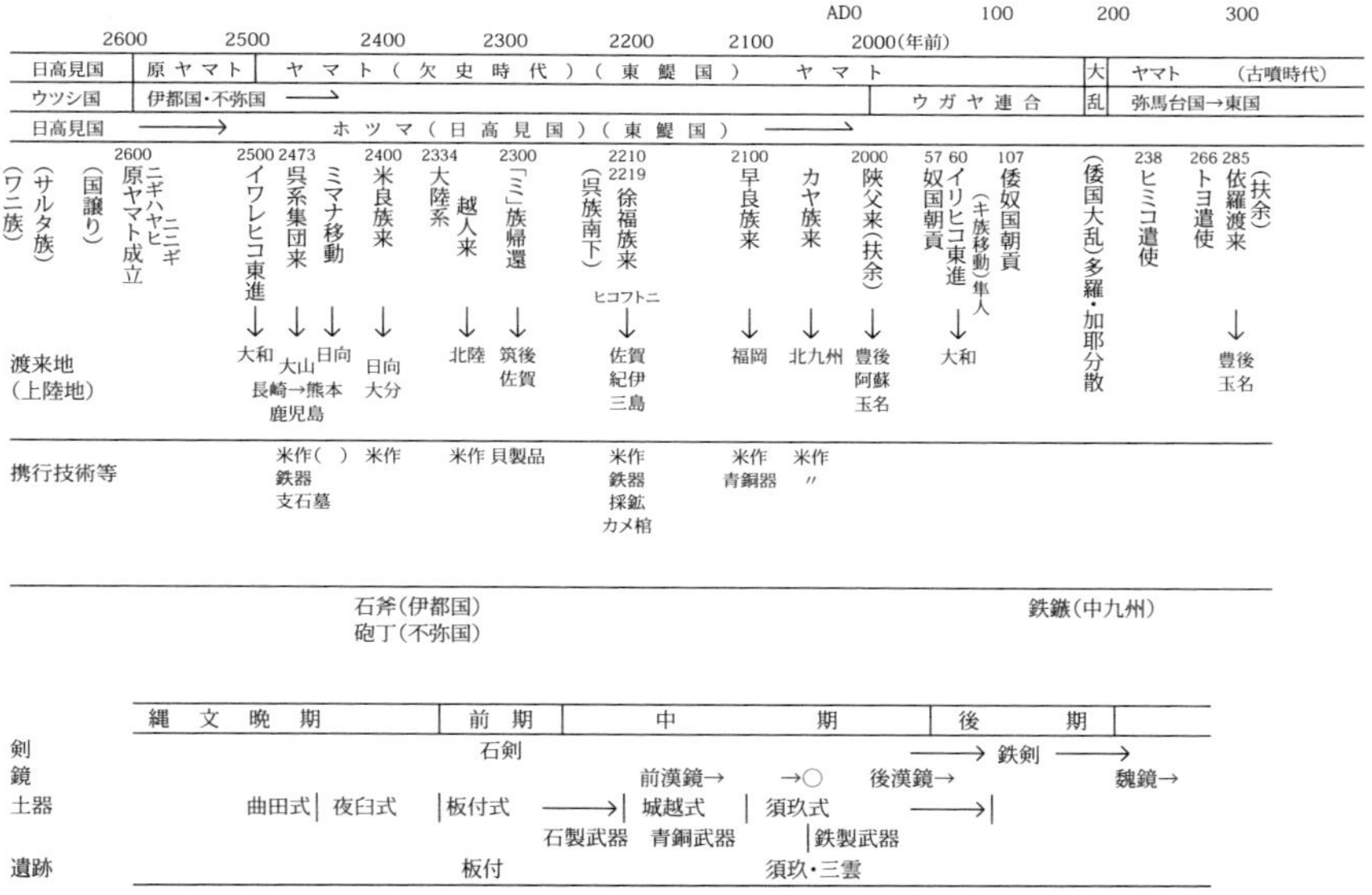

図2–21 渡来民の時代

保存方法が確立して長期保存が可能となり、主要な交易品として、多大な力を発揮したのではなかろうか。秋田周辺では、「サケ神社」も存在するし、近世では、「にしん御殿」もあるほどであるからである。

以上の渡来民の状況をまとめると、図2－21、表2－2のとおりである。

系統	部族名	列島内名称	渡来時期（年前）	上陸地点	存在・上陸根拠	移動ルート	特徴・主な活動	
東夷系	阿基族	「天」族	3600年前以降	新潟付近	古伝・国造	会津～北福島・白河～南下	最古の渡来民・東夷を主導	イワイ族と合体し皇統を形成
	ワ（和）族	「イワイ」族	3200～3100	鳥海山付近	青銅器出土・古伝	山形～仙台～香取	「ホ」族となり、皇統を主導	天族と合体し皇統を形成
		「ホ」「ハヤヒ」族		（山形・秋田）	地名	仙台～香取・鹿島	ニギハヤヒ・ニニギと西進	ニニギは南西諸島に進出
	ワニ族	和邇族	〃	長崎・熊本	地名・古伝	熊本～ヤマト	皇統に妃を排出	
	サカ族	サカ族	3050年前以降	佐賀（有明海）	地名・古伝	佐賀～ヤマト		ニニギ後裔勢力と渡来
大陸・江南系	呉系集団	吉備（姫）族	2743年前以降	大山	地名・伝承・古伝・鉄器	大山～吉備	皇統に妃を入れ「吉備族」となる	
		キ（菊池）族	〃	長崎	地名・伝承・古伝・鉄器	長崎～熊本～紀州	瀬戸内海を移動	ミマキイリヒコと東進
		キ（隼人）族	〃	鹿児島	地名・伝承・古伝・鉄器	鹿児島～ヤマト	宮城警備を担当	ミマキイリヒコと東進
	越系集団	宗我族	2334年前以降	越前・北陸	地名・国造	北陸～ヤマト	武内宿祢の系譜に侵入	北九州に一時居住
		大陸系倭人	〃	北陸	地名・稲作？	大陸～北陸	「越」地名を残す	
	徐福族	秦（八田）族	2219年前	佐賀	伝承・古神社・墓地	佐賀～筑前～香春～ヤマト	成人用甕棺墓制	壬申の乱で天武を支援
			2210年前	新宮・富士宮	伝承・古神社・古伝	新宮・富士宮	2回渡来	好字制で「八田」などに変更
朝鮮半島系	扶余族	多羅族	2000年前頃	阿蘇・多良岳	地名	阿蘇～多良岳	扶余を出て列島で建国	大乱で多良岳に移動
		依羅族	285年頃	豊後・山陰（?）	古伝	豊後～熊本	扶余滅亡時に渡来	上陸地など詳細不明
	加羅族	米良族	2600～2400年前	大分・宮崎	地名・稲作	在住	水田稲作帯同（寺沢説）	
	早良族	平群族	2100年前頃	福岡・早良	地名・吉武高木遺跡	北九州～ヤマト	武内宿祢の系譜に侵入	皇統に付随
	加羅族	半島系倭人	2100年前以降	山陰・九州	地名	戦乱で分散？	奴国形成？滅亡	対馬・各地に拡散・移動
	安羅族	安良族・倭人	〃	西九州？	地名・古神社	西九州～近江	詳細不明	
対馬	任那族	ツ族	2400年前	津久見・都農	地名・古伝	任那～日向	ウツシ国形成	大友氏となる
		タラシ族	〃	豊後	〃（ウガヤ王統）	任那～豊後	ウガヤ連合形成	

表2–2　渡来部族一欄表

コラム3

日本の「安曇族」は北米大陸に渡ったか

在野の研究では、上代に「ユダヤ十二支族」の一部到来や下記の「ズニ族」の到来、移動が主張されている

『日本のペトログラフ』（吉田信啓　六興出版　一九九一）によれば、日本のペトログラフの解析で、その文字は、古代シュメール文字で読めるものが多いと、西域からの渡来を主張している。

一方、コロンブス以前の先住民の出自を研究中のアメリカ及びカナダの学会では、コロンブス以前に、アフリカ大陸から南米両大陸に移住者があったことが確認されているという。すなわち四千年前以降、北アフリカ、メソポタミア、エジプトなどからかなりの数の民族が大西洋経由で渡来したとされている。メソポタミア系（シュメール人）は、ピマと呼ばれる先住民族と融合し、新たな文明を南米に築いたし、アラビア系の部族も多数渡来してリビア文字、ヌミジア文字を残しているという。また、イベリア半島から、バスク人やケルト系民族の移住も目立ったとされている。

さらに研究が進み、太平洋岸でも、従来のベーリング海峡経由のモンゴロイドの渡来が確認されているほかに、最近の研究では、海洋を渡って、西からアメリカ大陸に直接到達した部族が存在したと主張されている。

中央アジア出身のデネ人、オジブワ族、ナバホ族、アパッチ族などの言語の持つ語彙や風俗、習慣、伝説、遺伝子研究を進めて、「アメリカインディアンの多くの部族は、ベーリング海経由ではなく、直接海洋を渡ったモンゴロイドが多い」という結論を出している。その中で特に注目されるの

は、ナンシィ・ヤオ・ディヴィス博士の「北米太平洋岸に居住するズニ族の言語には日本語と共通する語彙が多く、彼らの伝承もデネ人の先祖は太平洋を西側からやってきた」という主張である。

吉田信啓氏は、シュメール文字をもたらした部族の渡来のほか、「ズミ（ズニ）族は日本古代の海洋民族で、大和朝廷以前の海の王朝を作ったと考えられ、安曇族との関連で比較考証を進めるべきだ」という主張をしている。

「ズミ族」とみれば列島には「ヤマヅミ（山積）」族、「ワタヅミ」族もおり、「アヅミ」族とともに、上代の列島に存在していた可能性は高い。注目すべき指摘ではある。

ペトログラフの出土は、北九州・山口を中心とする西日本とは勢力範囲として合致している。伊豆半島周辺には「山積神社」が多く、北東北には「ストーンサークル」があるが、これらと関連するのか。他の分布地域は説明が難しい。

また、東日本大震災の漂流物が数ヶ月後には、カナダ・アメリカの太平洋岸に到達したとの目新しい情報もあるので、重要な情報として検討する必要があるのではなかろうか。

しかし、ペトログラフの記載がシュメール文字で読めるとするが、その意味が示されていないこと、出土ヶ所が後代に石材等として移動されていてマチマチで現地性がないことから、詳細な検討は難しくなっている。また、到来の時代がシュメール国の成立以後であれば、七千年前以降となるので、列島は縄文海進以後であり、上陸の痕跡が現在まで残っている可能性があるので、さらなる別の渡来の証拠が存在するか否かが、ズニ族の存在と到来の重要な課題となる。

第三章　渡来民への対応策

一、ヤマト以前の対応策

この時期は、大陸では春秋時代で、各地で激しい攻防を繰り返し、多くの敗残兵や逃亡民・避難民が発生したと考えられるが、半島や列島までには、その影響は及んでいないと考えられる。

列島へのこの時期の渡来民は、半島から「米良族」（二六〇〇〜二四〇〇年前　寺沢説）、大陸から「和邇族」などが想定されているが、局地的で、大きな混乱は伝えられていない。

『新撰姓氏録』では、周代末の「霊帝」太子の晋（山田宿祢）の渡来を伝えているが、詳細は不明である。


ヤマト成立以前（ここでは、「原ヤマト」時代のニギハヤヒ時代からイワレヒコ即位まで、二六〇〇〜二五〇〇年前間）の渡来民への対応策の状況は、定かではないが、「原ヤマト」は、次のような対応策を採用したと推定している。すなわち、

① 信頼できる親王や臣下に国を造って統治させ、渡来民の進入に対応した。
北九州に「伊都国」（イ族）、「不弥国」（ハヤヒ系）、「末羅国」（ハヤヒ系）を
山陰・北陸に「出雲国」（天穂日系）、「丹波国」（ハヤヒ系）、「阿閉国」（阿倍族）
豊前・筑後に「兎狭（宇佐）国」（毛野族）、「日田国」、「ヤマタアイ国」（天系）
西部瀬戸内海に「安芸国」（天系）、「伊予国」（ハヤヒ系）を
それぞれ配置している。
これらの諸国は、大乱前（タラシヒメ時代）まで、存続している。

② 瀬戸内海の制海権を確保した

西部瀬戸内海に「安芸国」（天系）、「伊予国」（ハヤヒ系）を配置し、「芸予諸島」を南北から押さえ、瀬戸内海の制海権を確保している。

③南九州には、ニニギがサツマを、その子らが阿多付近に国を置いたニニギはそのまま南西諸島に進出し、原ヤマトの支配領域を拡げている。

④日本海岸には、阿倍族、阿閉族など、太平洋岸には、イ族、海部族など海洋部族を配置して、海洋を抑えた。

この時代は、渡来民の存在の認識はあったと考えるが、建国初期なので国内対応が主体を占めていたものと推定する。とともに西日本への渡来民はそれほど多いものではなく、容易に対応・支配できたものと考えられる。

二、ヤマトの対応策（前期・欠史時代）

（1）渡来の状況

大陸では、春秋時代から戦国時代へと移行し、ますます戦闘は激化している。その中から、滅亡した江南の「呉系集団」、「大陸（越）系倭人集団」、そして「徐福集団（族）」が戦乱を逃れて次々と渡来してくる。ヤマトはこれら集団に対応することとなる。

ヤマトの渡来民対応策は、次の二つの時期に区分できる。

前期の「欠史八代時代の対応策」と後期の「十代以降の対応策」である。

欠史八代時代（初代〜九代）には、基本的には、前代に続いて追加して防御体制を取った形跡はなく、渡来民は、そのまま受け入れて臣下とし、従わぬ集団は討伐したと推定する。後期の積極的対応とは、大きな差異を有している。

（2）渡来集団への対応

①　呉系集団（「キ」（姫）（紀）（木）（城）族など）

「呉系集団」は、江南に南下した「東夷」であり、列島のニギハヤヒ族などとは同系と推定される。

「呉系集団」は、主力が山陰の大山付近に上陸したが、ヤマトと接触が確認されるのは、七代ヒコフトニ代で、山陰から南下する「キ（姫）族」と大山近郊の日野川で交戦している。妃を獲得して、「吉備」への南下を許している。七代フトニが島根・大山地域から南下する「キ（姫）族」と日野川で戦ったという伝承と「鬼住山」や「孝（高）霊山」などの地名の存在がその根拠である。

長崎上陸の「キ」族は、熊本・キクチに移動していたが、十代ミマキイリヒコとともに、紀州に移動している。途中の讃岐にも一部残留し、「備讃海峡」付近を同系部族で占領し、瀬戸内海を分断・閉鎖している。鹿児島の「キ」族（薩摩隼人）もニニギ族と共存していたが、ミマキイリヒコとともに、大和に移動し、皇統の周辺にいる。

これらの経過から考えると、「キ」族はヒコフトニ代で臣下となり、ヤマト側に立脚している。この大山グループに従って、熊本のキクチも隼人も同様に動いたものと推察される。

②　大陸（越）系倭人集団（ソガ族など）

北陸に大陸から直接上陸した「越系集団」には、明瞭な対応をしていないが、越前から越中にかけて「宗我族」が侵入している。これには、十代ミマキイリヒコ代になって、大彦命が北陸に派遣されている。また、日本海を制海していたはずの「アラハバキ族」（阿倍族）は、二代、五代の皇位継承時に近畿まで南下しているが、渡来民との接触は不明である。

時代は特定できないが、実は新潟の弥彦神社のある弥彦山地周辺に「オワリ族」が配置されていたと考える。祭神がニギハヤヒの子の「天香語山命」となっているからである。神社は現在まで存続し、境内には祭神の子孫も祭られている。

アラハバキ族については、水田稲作の分析（藤尾氏）から、その移動の可能性が指摘できるが、その移動先の一つがこの弥彦山地で、オワリ族と合流して北陸の北部を防御したのではなかろうか。両族は、ニギハヤヒを通じて親戚同士でその可能性はかなり高い。水軍を有しているので、北陸北部から北東北まで、目立った渡来民は到来せず、防衛は成功していると推察される。

前述したが、アラハバキ族の移動した空白部には、北海道勢力が南下して入り、北海道を含めて、臨戦態勢を作った可能性もある。

③　徐福族（秦・八田・波多族など）

九州の市来・佐賀に上陸した徐福族は、その後、吉野ヶ里に本拠を構えたとされている。これまで九州にはない「墳丘墓」の存在と「カメ棺」墓制を有していることをその根拠にしている（山本廣一説）。氏はまた、徐福族は、カメ棺墓の分布から、筑前に進出したと推定し、それまで筑前にいた呉系集団を駆逐したと

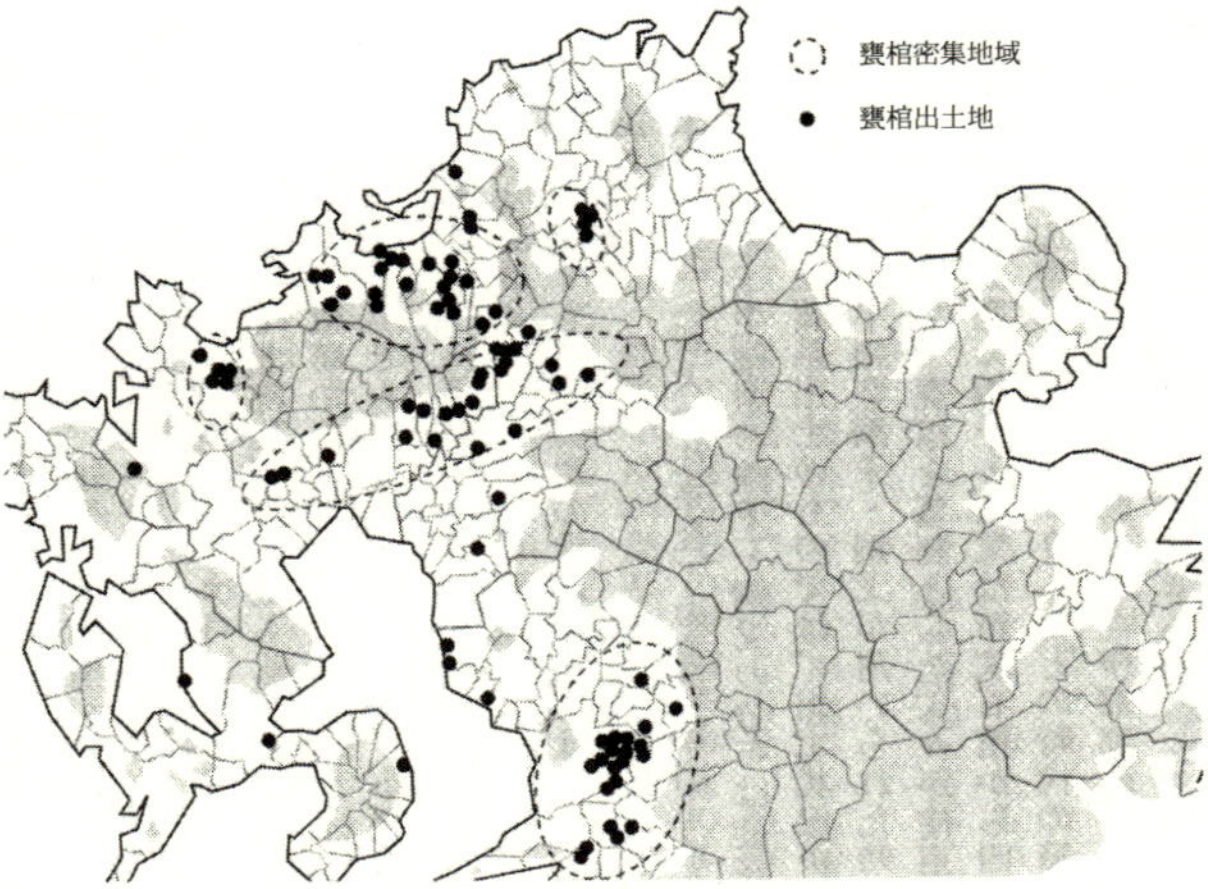

図3–1　最盛期の甕棺分布
（出典：山本廣一『新説 倭国史』ブイツーソリューション）

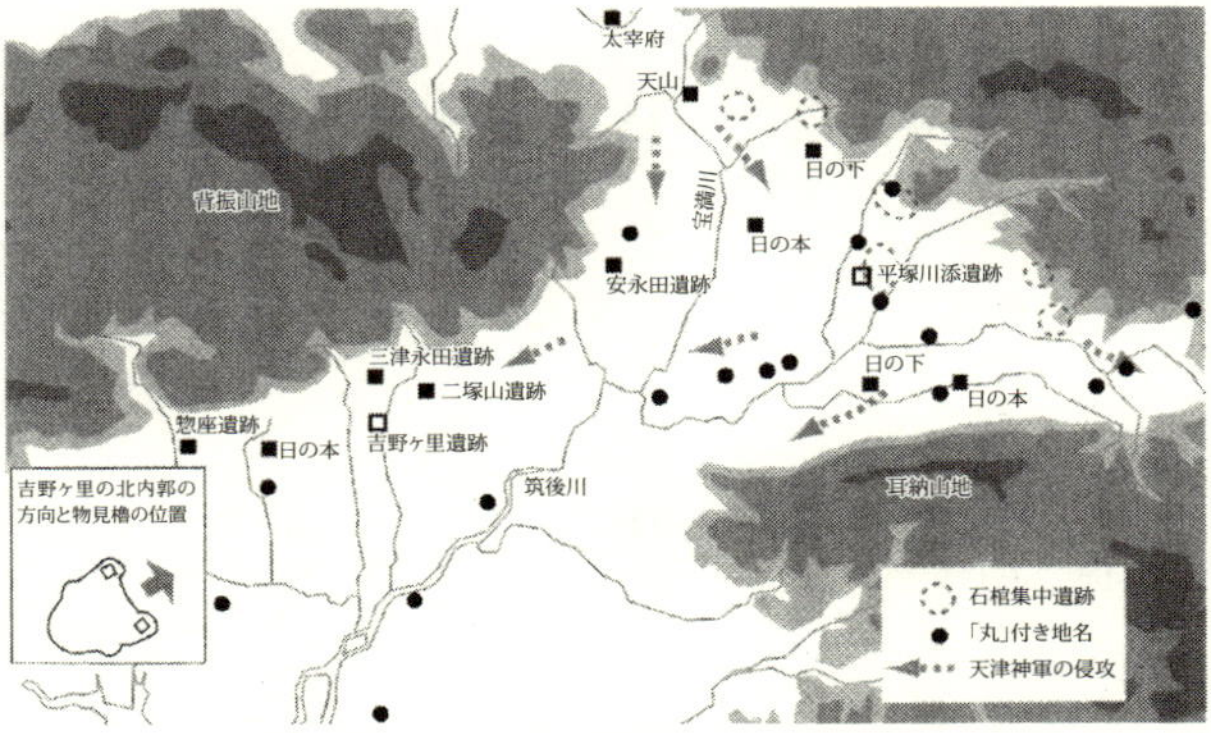

図3–2　筑紫平野の戦い
（出典：山本廣一『新説 倭国史』ブイツーソリューション）

主張しているが、以下にも述べるがこれは誤りで、墓制採用までに浸透した徐福族への住民の対応が、その後の反撃へ変化する理由が説明できないからである（図3-1参照）。

徐福族への対応を山本廣一氏より図を借用して図3-2に示す。これによれば、佐賀に進入した徐福族は、吉野ヶ里を根拠にして筑前にも進出したが、やがて天神族に攻められて滅亡したと山本氏は主張しているが、この図は、上陸時のことにもみえる。

この図の天神族は、ニギハヤヒ時代に九州に配置した、伊都国、不弥国、日田国など、原ヤマト系の九州勢力であり、進入した徐福族に対抗したようである。

特殊地名の攻撃本陣とされる「日本」、「日の本」が筑後平野の山辺にあり、出城の「丸」地名が筑後川周辺に存在し、筑前・遠賀川・日田の周辺勢力が一挙に押し寄せているからである。吉野ヶ里の高見櫓も東を向き、これに対抗しているとしている。首なし遺体を有するカメ棺も出土しており、徐福族は最終的には敗戦したとしている。

氏のいう筑前などの「(成人用) カメ棺」墓の分布は、本来、列島では縄文時代から子供用の埋葬墓として用いられており、その分布地域も、ニギハヤヒとともに西進した東日本勢力の居住地域ともほぼ一致しており、私論では、徐福族の筑前進出による支配を想定しなくても十分説明可能ではある。

佐賀は、オオタラシヒコの九州征討時には、征討対象にはなっていない。すでにこの時には、ヤマト側の傘下に入っていたのであろう。「賊」にはなっていないのである。侵入期からこの間に敗戦した徐福族は、一部の冶金技術を有する集団は、香春鉱山で銅の採掘に従事させられて、分散統治されたが、香春では「秦王国」といわれるほどの集団を形成している。しかし、結局、追われて東に移動している。後代、その後裔は、壬申の乱に天武に加勢し、「許されて」授位したとされており、八田、波多、幡多氏となり、広く近畿周辺に分布している。(前述)

渡来民なのに、その後に続く渡来民により、東に押し出されているが、これが普通の状態を示すほどに、渡来民は多かったのであろうか。

注目されるのは、嘉瀬川方面にも「日の本」があることである。また、「吉野ヶ里」遺跡の環濠は東のみならず、西側にも三列掘削されて、西方面への対応も考慮されているが、環濠は、時代的には後期のものであり、侵入時のものではない。むしろ丘陵の北側に、東日本勢力の存在の可能性を示す「志和屋」地名があり、徐福族の渡来期での対応を示すものかもしれない。

④ 半島系倭人

欠史時代後半期には、半島南部からの渡来民（倭人）が増加してくる。

左図は、山本廣一氏の掲載資料から抽出した考古学的資料である。

図3－3は今山産石斧の分布図、図3－4は、前漢鏡を出土した遺跡図および図3－5は、甕棺出土の鉄製武器（安本美典氏資料）である。氏の解釈とは異なり、次のように解釈したい。

出土物の時代は、今山産石斧は弥生時代前期（二四〇〇～二二〇〇年前頃）、前漢鏡が二二〇〇～二〇〇〇年前頃、鉄製武器は二一〇〇年以降の出土物と推定される。これらはいったい何を示しているのであろうか。三つの図はほぼ同様な分布を示しており、九州の北東部がいずれも空白となっている。

出土物がない地域は、渡来民の進入地域で、出土物の分布地域は、先住民の地域と推定され、石斧の分布で示されるように、前期の伊都国の支配地域に対応していると思われる。とすると、弥生時代前期頃の進入民に対抗する先住民の状況を示しているのではなかろうか。最前線は、ニギハヤヒの本拠地であった「遠賀川上流地域」であり、北部九州地域が連携しているようにみえることから、ニギハヤヒ時代の統治体制がこの時代まで機能していたと考えられる。

もちろん「奴国」時代以前で、徐福族の渡来後の状況を示すものではなかろうか。

鉄器の分布は、時代が弥生時代中期以降となるので、前期のこの状況が中期以降まで引き続いていたと推定されるが、さらに、吉野ヶ里の長い存続期間とも整合的であり、伊都国、不弥国のオオタラシヒコの九州征討時の参陣も考慮すれば、「大乱」時まで一貫して続いていたとも推定されるのである。

さらに、氏の王族の拠点と思われる「宮丸」「王丸」「王子丸」などの「特殊地名」の分布図（図3－6）は、

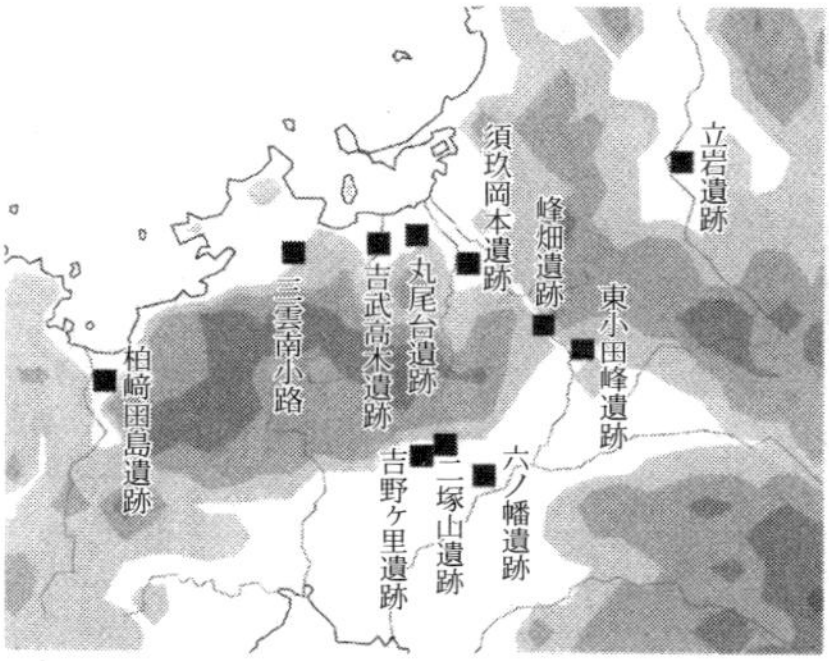

図3–4 前漢鏡を出土した主な遺跡

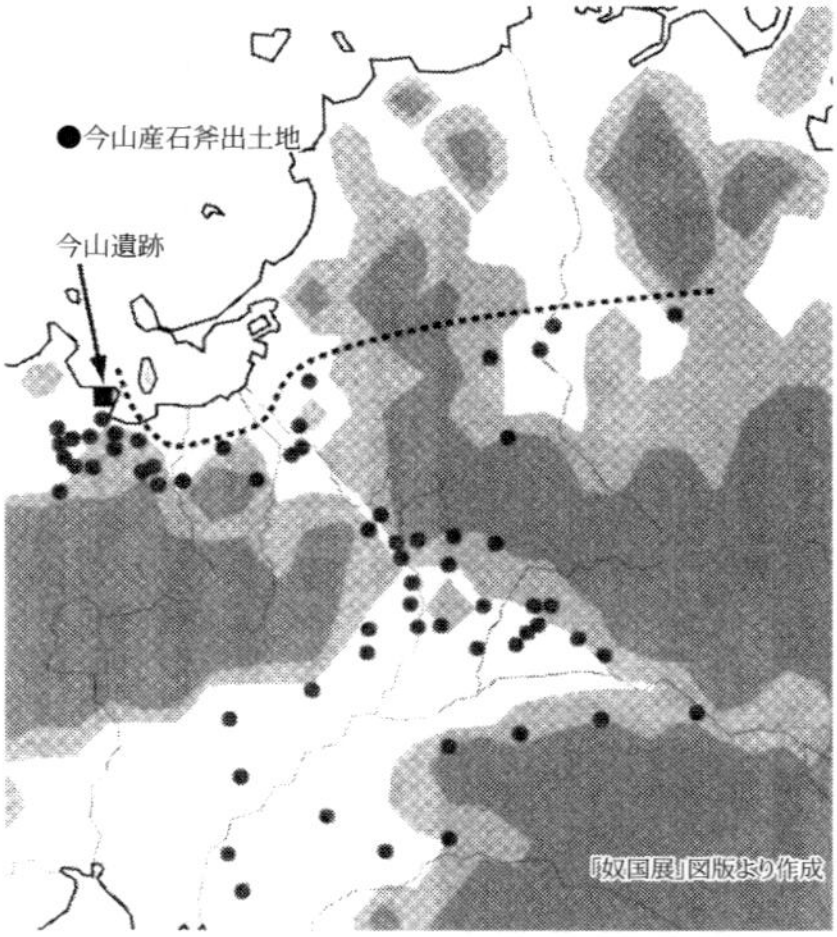

図3–3 今山産石斧の分布

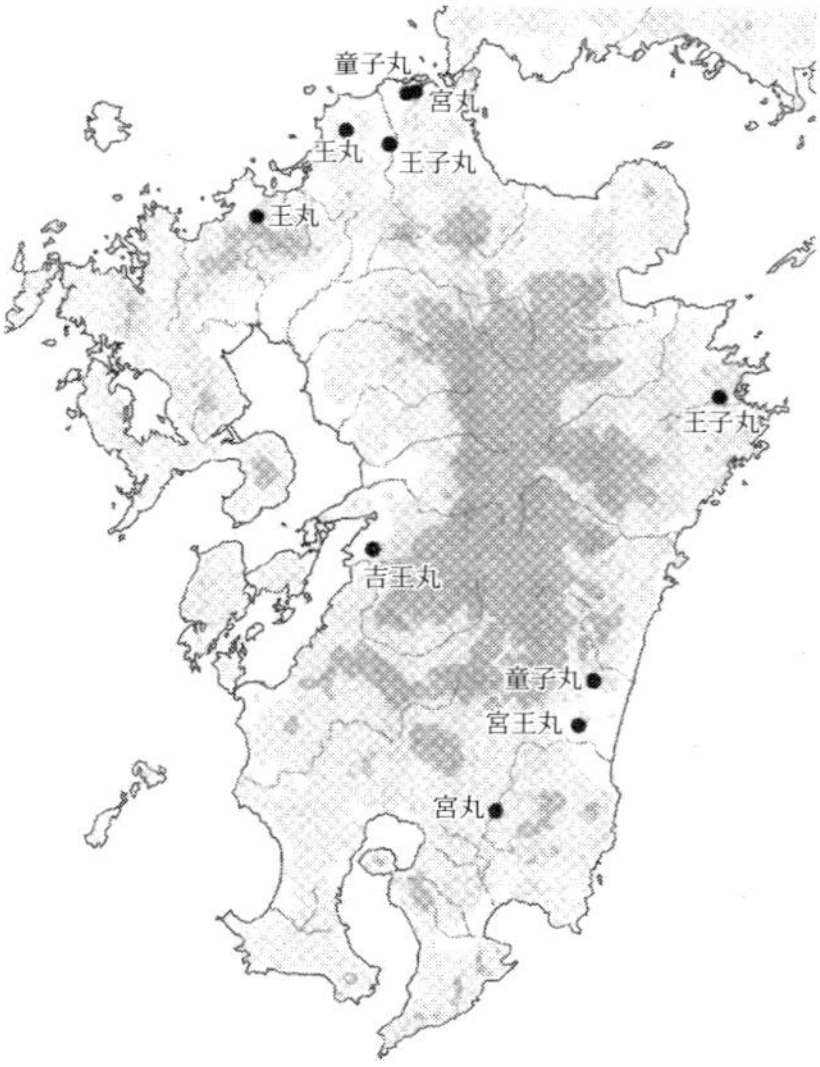

図3–6 王族の拠点と思われる地名

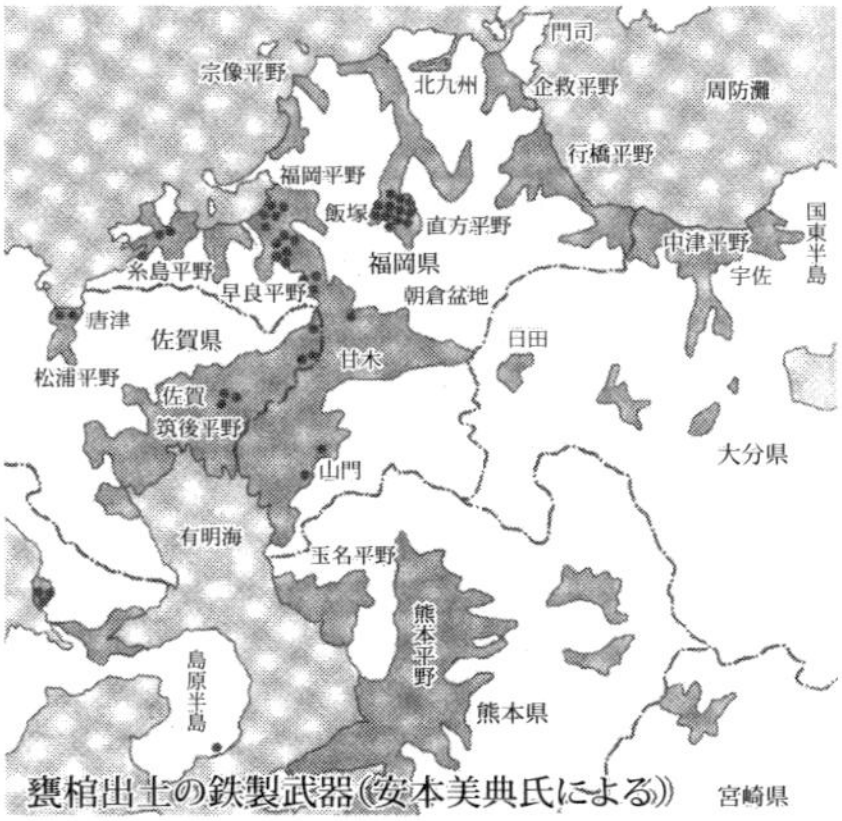

図3–5 甕棺出土の鉄製武器

（出典：山本廣一『新説 倭国史』ブイツーソリューション）

出土物の不在の地域に「砦（丸）」が位置しているので、この地域の防御体制を示してはいないだろうか。これらは、地元系集団と渡来民集団との接触部で、戦闘を伴っていると推定される。

さらに、欠史八代時代の状況として、次の事項も指摘できる。九代オオヒヒの子の彦坐王が、西から進入する「玖珂耳の御笠（実はミマキイリヒコ）」を討ったという記載が『古事記』と『但馬故事記』にある。（前述）ミマキイリヒコとすると、「ミ」族の居住した地域は、一時渡来民の進出に対して、手薄な状況が発生したと推定される。

それ以外は、なかなか対応が見当たらない。「従わぬものは討つべし」が基本戦略なのか、欠史八代時代は、渡来民の急増に、組織としてのあまり積極的で明瞭な対応策は取っていなかったと推定される。

三、ヤマトの対応策（後期・十代以降）

（1）渡来の状況

この時代の状況としては、まず、「ニニギ後裔勢力の帰還」（サカ族帯同）と「ミマキイリヒコの東遷」を挙げなければならない。二章、三章で記したように、「ニニギ後裔」勢力の南西諸島からの帰還は、渡来民対応への「ヤマト」強化のためであり、まず、九州筑後に入って、九州の防衛を強化した後、「大和入り」していることである。

大和入りには、大陸で「東夷」として同系であった「呉系集団」の「隼人族」、熊本の「キ」族、そして大陸から帯同した「サカ族」を伴い、さらに九州に移動していた「ミマナ」系の大伴・忌部族などを連れている。東上の途中に安芸の玖珂に立ち寄り、備讃海峡を強化している。

この時代は、半島から「扶余族」や「伽耶諸国」を中心に、多くの渡来民が列島に移動している。その詳細は、二章に示しているが、山本廣一氏の砦を表す「丸」地名や水田耕作を表す「ハル・パル」地名の分布は、その全体状況をよく表しているのではあるまいか（図3－7参照）。

渡来民の流れは、当初は、九州北東部に主として進入していたが、先住民の抵抗が大きく（「丸」地名が多い）、その後、関門海峡を通過して「豊後」に至り、水田稲作を武器として、中九州を西に進んで「阿蘇」や「熊本」に進み、有明海沿岸を北上しようとして、「玉名」や「菊池」で再度、先住部族と抗争したように判読される。さらに、隼人族のいる西南九州は避けて、東南九州に進み、やがて、日向灘を越えて南四国へ進んだようである。

オオタラシヒコの征討ルートでは、「丸」地名は日向では点在で多くは分布していないが、豊後や玉名などでは集中して分布していて戦闘の存在は否定できない。一方、オオタラシヒコの征討ルートには、隼人族の地域、佐賀など筑後川北岸、北九州が含まれていないことに注目すべきである。

また、四国の分布（図3－8参照）は、ヤマト勢力がいる瀬戸内海沿岸には分布せず、四万十川、土佐、吉野川の南四国に多くなっていて渡来民が南四国を通過していることがわかる。初期の段階では、東四国から紀伊半島に侵攻したのではないかと「丸」地名の分布が示している。

九州で攻められた「ウガヤ勢力」は、四国に上陸し、ヤマトに向かって侵攻したのではなかろうか。紀伊水道には、東日本勢力（日高勢）が待ち構えている。ここで東勢力の「安芸族」が土佐の「安芸」に上陸し、南部から阿波に至るウガヤ勢力を攻撃し、分断作戦を敢行したと推定する。ウガヤ勢力は紀の川の河口付近まで進行するが、ここで力つきたと推定される図である。東日本勢力の加勢は、間に合ったのである。阿波にはエミシが入っている。後代は、「日高」勢力で増強・防御されている。

渡来民は、「大乱」でも追われて、さらに太平洋岸を東海方面に逃走していると推定する。

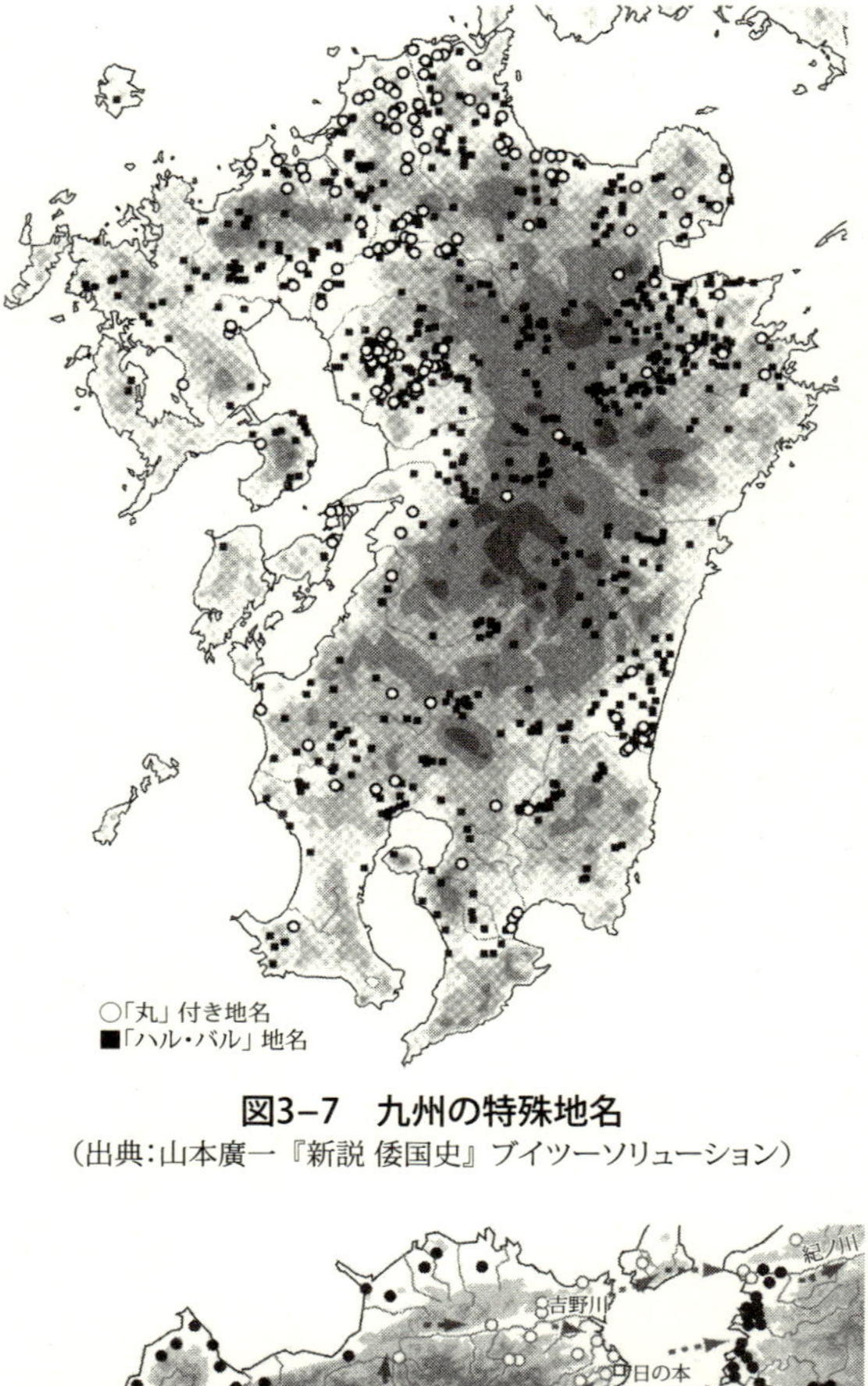

図3–7　九州の特殊地名

（出典：山本廣一『新説 倭国史』ブイツーソリューション）

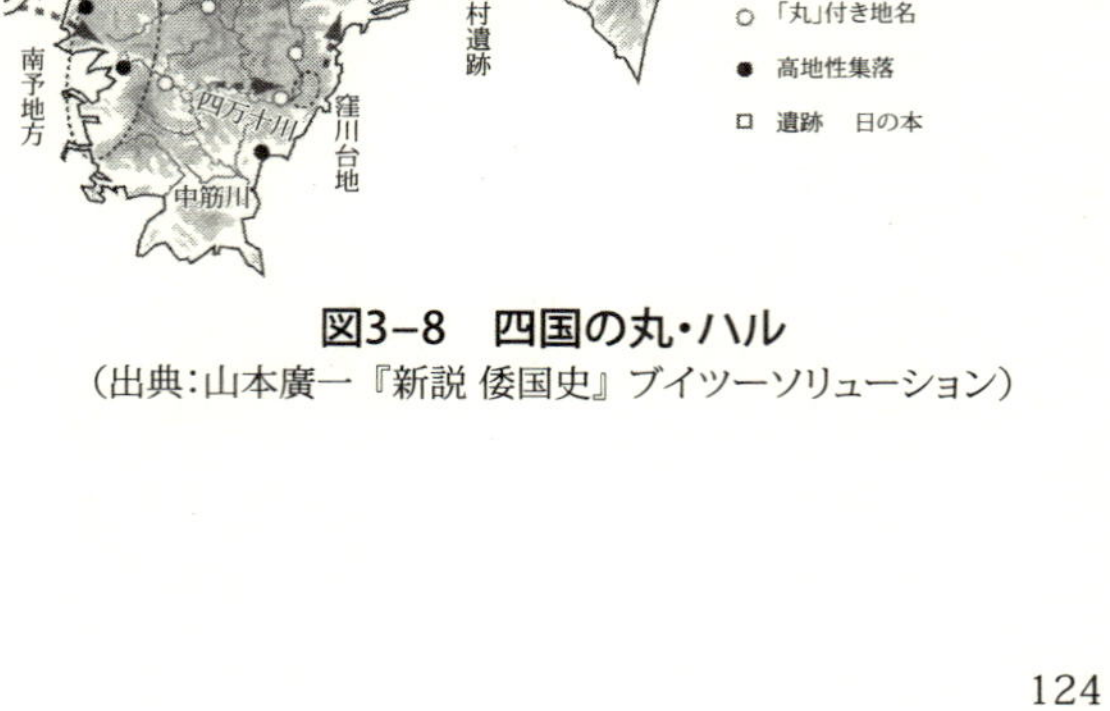

図3–8　四国の丸・ハル

（出典：山本廣一『新説 倭国史』ブイツーソリューション）

コラム4

特殊地名について

「丸」地名

山本廣一氏によれば、九州～西日本に「宮丸」「王子丸」などの「丸」付き地名が多く分布しているという。その解釈として、戦闘に使う「砦」を意味するとしている。戦闘の本陣は「日の本」が設置されているとしている。

使用された時代は、明記されていないが、古代の天神族が使用し、反対勢力のクマソなどを討伐する時代に使用されたとされている。しかし、東北九州では、「丸」地名が多く、時代や使用目的が不鮮明となっているが、これは、渡来民への対応の時代差と解釈される。

氏の解釈する「日向」「玉名」などの戦いの解釈は、納得できる説明がなされている。

「舘」地名

東日本では、ある時期「舘」地名が使用されている。「舘（たて）」がそのまま、堀や柵を巡らせて防衛施設となっており、拡大して後代「柵」、「出城」、「城」への発展過程の中で、初期的な位置付けができるのではないかと思われる。

「舘」には、大・中・小、東・西・南・北、内・外・奥・高など、主格を囲むような、外縁的な命名が多く付随しているように思われる。

後代には、「舘（やかた）」に意味合いが変化し、施設を示す建物名を示すものが多く登場して、本来の意味は失われているように推測される。最新には所有者の名を冠した「田中舘」などが現れている。

〔古代の国名・領国について〕

古代の国名・領国については、古史・古伝などにその名が現れている。抽出してみると、以下のとおりである。

①「別（わけ）」

この国名については、前巻で、領国への周代の「親王派遣」をならって、親王名をそのまま領国名にしたものとして、古代で記載される「白日別」「建日別」などの九州古名や「えいひめ（愛媛）」や「オオゲツヒメ（大宣津媛）」などの四国古名の存在を指摘し、関東や東北の「わけ」地名を列挙・拡大して、「ニギハヤヒ時代」の領国の地名とした。

②「州（ず）」

この国名は『漢書』や『梁書』に記載されている「東鯷国」の領国として登場している。「壇州」や「夷州」に対応する国名である。列島内に関連地名を探すと、読み方が二種類あって、「ず」と「しゅう」がある。

「ず」は、「珠州」「野州」「大洲」などであり、「しゅう」は、後代に多く現れる「紀州」、「甲州」、「遠州」、「播州」、「信州」、「武州」、「奥州」、「羽州」などである。どちらが古いのか定かではないが、前者ではなかろうか。とすると、「壇州」は（タンズ）、「夷州」は（イズ）となるのではなかろうか。

「東鯷国」時代は、「イワレヒコ・欠史八代の時代」であり、ほぼ使用時代が特定される。

③「馬（ま）＝「ま（間）」

この国名は、「邪馬台国時代」の国名に現れる。すなわち、九州では「邪馬（やま）」「投馬（つま）」「狗馬（くま）」「さつ馬（薩摩）」があり、「しま（斬馬）」もある。近畿には、「すま」「みま」「たじま」「しま」があり、関東では「ざま」「いるま」「あさま」「たま」「かさま」「ねりま」などがある。九州・近畿・関東に点在していることは何を意味するのであろうか。

後代、「ま」は、住宅にも登場し「居間」「床の間」などに使用されているので、上記の地名より、狭い領域を示している。

（2）ミマキイリヒコの帰還と東遷

「ミマキイリヒコ」（崇神天皇）は、南西諸島から帰還し、筑後に進出していた「ミ」族の後裔であり、元々は「ニニギ」系譜の王子であると推察される。

『古事記』や『但馬故事記』には、「玖珂耳の御笠」を、ヒコオオヒヒ（開化天皇）の皇子である「彦坐王」が討伐したと記されている。『但馬故事記』では、水軍も参加した大規模な戦いで、戦闘は丹波全域に及んだとされている。これは、ミマキイリヒコの東遷時のことではなかろうか。その東遷には戦闘が伴ったのであろう。

「玖珂耳の御笠」は、名前を逆転して記載しており、本名は筑後の「御笠」に本拠を構えていた「玖珂耳」であろう。「ミミ（耳）」を名にしているので、「ミ」族に属し、九州のニニギ系の後裔の可能性が高い。水軍を率いることができたのはこのためではなかろうか。あるいは安芸にいる「天津系」の「玖珂のミミ」かもしれない。

また、ミマキイリヒコの妃は、「ミマキヒメ」（大彦の娘）ほか、尾張の「大海媛」と紀伊の荒河戸畔の女「ヤサカフルアマイロネ」とされており、「オワリ」族や「キ」族が支援部族であったことを示している。一方、彦坐王の母は、和邇臣系の「イハツヒメ」であり、ミマキイリヒコの東遷に反対した可能性がある。「国造本紀」には、彦坐王の子（八代命）は、ヒコオオヒヒにより「美濃国造」に任命されていて、彦坐王がヒコオオヒヒの信頼を得ていたことを確認できる。また、後裔は「稲庭」や「近江」の国造となっている。

これらの事情を勘案すると、「玖珂耳の御笠」は、九州筑後の「御笠」に本拠をかまえていた「玖珂耳」でミマキイリヒコの東遷を主導した部族長であり、尾張氏や紀氏に迎えられて、大和入りしたものと推定される。「ミマキイリヒコ」の名は、事実を語っているのである。ヒコオオヒヒの正妃は、物部系であるが、ミマキイリヒコの正妃は「ミマキヒメ」であり、オオヒヒの長子のオオヒコの娘で、主筋の娘である。

ミマキイリヒコの東遷は紀元前なので、この皇統争いは「大乱」前に発生している。名前を消去せず名前を逆転して記載していることから、「玖珂耳」も「ミ族」の後裔に相当していると推察される。

小林惠子氏によれば、根拠は定かではないが、南西諸島にあった「邪馬台国」のニニギ勢力は、北九州を攻めるべく南九州を北上したという。時代は異なるが、私論では、大陸に遠征したニニギ勢力（「ミ」族）は、帰還後、日向や筑後に北上している。

この後裔に、上述の御笠の「玖珂耳」が存在したのではなかろうか。地名や命名から「ミ族」に連なり、帰還したニニギ勢力にも連なるからである。

弥生時代の南海産貝製装身具の分布が確認されているが、これは、弥生時代の南西諸島と西日本の交易を示すものとされている。このルートを使って、「ミ」族が九州に帰還している。南西諸島との航海は、この時代から頻繁であったと推察されるのである。

（3）各代の渡来民対応策

南西諸島から帰還し、海外状況に詳しい「ミ」族の「ミマキイリヒコ」が大和まで帰還し、ヤマトの国としての「渡来民対策」を開始したと推定する。

その根拠は、以下に示すが、「ミ」族の「ミマキイリヒコ」の九州からヤマトへの移動の目的が不明であったが、その移動時期が、列島への渡来民が急増する二一〇〇年前頃であり、ヤマト国の「渡来民対策」の実施するためとするとすんなりと理解できる。

十代ミマキイリヒコの大和入りの後、十四代タラシナカツヒコ（仲哀・神功）代までの間の渡来民への対応策は、『日本書紀』より抽出すると、以下のとおりである。

この時代の渡来民のほとんどは、半島からの大量の移住民である。

① 十代ミマキイリヒコ（崇神）（文後のカッコは実施年）

・古族の尾張族と紀族が、イリヒコのヤマト入りを歓迎し、政策を支援した。
・「呉系集団」に「備讃海峡」や「紀伊水道」を閉鎖・守護させている。（元）
・大和に帰還後、宮中を改革すべく、皇祖神を宮中から出している。（六）
古い皇祖神を宮外に排除し、新しい体制を構築することを具体的に示した。
・「西道」（吉備津彦）「丹波」（丹波道主）「北陸」（大彦）「東海」（武渟川別）に四将軍を送り、近畿周辺の不穏勢力を征討し、ヤマトを強固にした。（九）
・武埴安彦・吾田姫の反乱　五十狭芹彦命・彦国葺（和邇の遠祖）を派遣して討たせた。（九）
・人民の戸口調査をして、「調」や「役」を課し、体制の基礎を固めた。（一二）
・諸国に命じて、船舶を造らせた。（一七）
・重要地域に「国造」設置した。（『先代旧事本紀』）
日本海側　高志深江、越後頸城、出雲、石見
九州・瀬戸内　火国、阿蘇、周防吉敷
・依網池、苅坂池、反折池を造った。（六二）
・ミマナ国がソナカシチを派遣して朝貢して来た。（六五）

②　十一代イサチ（垂仁）

・ミマナ国のソナカシチが帰国。（二）
・「天日矛」の帰化。半島の状況を知るので、顧問的任務を与えた。（三）
・サホヒコの反乱　原因不明。（四）
・弓矢と横刀を神祇に祀る。（二七）
・イニシキ命（長子）河内で剣一千口を造る。石上神宮へ納めた。（三九）
イニシキ命十部の品部を統管する。（三九）
高石池、茅渟池（河内）狭城池、迹見池（倭）を造る。諸国に命じて八百池を造る。
・常世国（江南の呉）に田道間守を派遣し、「漢」を念頭にした外交に着手。（九〇）

③　十二代オオタラシヒコオシロワケ（景行）

・反ヤマト勢力の一掃に努めた。
・美濃に行幸。（四）子作り開始。諸国で八十人。ワケ（別）名の親王統治を実施。
讃岐、播磨、伊予、日向、水沼、宮地（熊本）、火国、吉備など。
・九州に遠征し、豊前でタラシ族、襲の国（大隅）でカヤ族、熊本・人吉、玉名でクマ族を征討している。（九州平定、熊本周辺を掃討）（一二〜一九）
・武内宿祢を北陸・東北に派遣（二五）復命「日高見国討つべし」（二七）
・ヤマトタケルを九州に派遣（二七）クマソタケル討つ。
・ヤマトタケルを東日本に派遣（『古事記』）（『日本書紀』は仙台まで）。（四〇〜四三）

吉備武彦・大伴武日も従軍し、焼津の「徐福族」勢力（？）など、不穏勢力を討伐させている（徐福の孫がタケルと戦ったという伝承あり）。
・タケルのエミシの捕虜　伊勢から播磨、讃岐、伊予、安芸、阿波に分置（東日本勢力の助力か？）。
・武部を設置。（四三）
・伊勢・東海・上総などに行幸。（五三～五四）東日本勢力の動員要請か、渡来民対応指示か。
・彦狭嶋王を東山道十五国の都督に任命。（五三）子の御諸別王が継承、東国赴任。（五六）
蝦夷の首領　足振辺、大羽振辺、遠津闇男辺が降伏。（動員し、西へ）動員体制強化か。

④ 十三代ワカタラシヒコ（成務）

・地方の統治体制を強化。郡県邑を設置して首長を任命。（五）
・全国に「国造」を一挙に任命し、支配範囲を鮮明にしている。日高見国に及ぶ。
・北九州には、「豊」「国東」「日田」「筑志」「末羅」に国造を新任任命し、北九州と南九州の分断を図かり、守りを強化している。
・安芸・伊予・芸予海峡・備讃海峡・紀伊水道などに「高地性集落」を設置し、瀬戸内海の守りを強化している。

⑤ 十四代タラシナカツヒコ（仲哀）

・北九州から「奴国」（伽耶族など）勢力を排除した。
・豊後から阿蘇ルートで熊本の「ウガヤ連合」を攻撃したが、　苦戦し、戦中で逝去した。高地性集落、

<table>
<tr><th>国内整備等</th><th>武器の調達</th><th>対応戦略</th><th>国内の征討</th><th>相手国勢力（渡来人）</th></tr>
<tr>
<td rowspan="3">1. 郡・県・邑の設置
調・役を課する
2. 国造の任命
イリヒコ　近傍
ワカタラシ　全国
〃　北九州
3. 親王統治
オオタラシヒコの子作り
ヤマトタケルなど多い
4. 灌漑池の造成
全国で800池
5. 東山道に統督の任命
ヒコサシマ　15国</td>
<td rowspan="3">1. イニシキ
剣1000口製作
河内に工場
2. 武器庫の設置
石上神宮に搬入
物部トイチネ管理
3. 船舶の建造命令</td>
<td rowspan="3">1. 瀬戸内海の閉鎖
芸予諸島（安芸・伊予）
備讃諸島（吉備・讃岐）
紀伊水道（紀伊・阿波）
2. 高地性集落の増設上記地点に設置
3. 砦（「丸」）の設置
東北九州など
4. 北九州の伊都国、不弥国補強
5. 北九州と中九州の分断
国造の設置
宇佐・国東・日田・築柴
末羅に（ヤマト系）</td>
<td rowspan="3">1. 四将軍の派遣
西道・丹波・北陸・東海
2. オオタラシヒコ九州征討
豊前（宇佐・毛野・田川）
豊後（直入）
日向（襲ノ国・クマ）
熊（人吉）
3. ヤマトタケル
クマソタケル（九州）
東日本（焼津など）
4. タラシナカツヒコ
阿蘇・熊本
5. タラシヒメ
伽耶本国（半島南）
クマ（熊本）</td>
<td>「ウガヤ連合」
1. 北九州「奴国」
2. 中九州「タラ」「クマソ」
3. 南九州「加羅族」
4. 半島南「伽耶諸国」</td>
</tr>
<tr><td>（ヤマトの支援要請）</td></tr>
<tr><td>1. タケルの東日本「エミシ」遠征
2. 武内宿祢の東国視察
3. オオタラシヒコの東日本行幸</td></tr>
</table>

表3–1　ヤマトの渡来民対応の一覧（『書紀』より抽出）

鉄鏃出土が根拠。

⑥ 皇后タラシヒメ（神功）

・武内宿祢、中臣、吉備、津守族など従軍。
・先に半島南部の「ウガヤ連合」の伽耶族の本拠地を攻略した。
・その後、那の津から南下して、途中、羽白熊鷲（荷持田村）、田油津媛（山門）を討つ。孤立した熊本に吉備族の「鴨の別」を派遣して「ウ（クマ）国」を討伐した。
・「邪馬台国」を造って九州を統治。北九州と熊本を分断。
・九州にオワリ族のヒミコを入れて「邪馬台国」を設置した。

表3−1には、ヤマトの渡来民対応策と推定される事項を『書紀』から抽出して、一覧表として示している。

四、具体的な渡来民への対応策

(1) 渡来民の征討

①『書紀』によるオオタラシヒコの九州平定の状況

『書紀』によるタラシヒコの九州平定の状況を抽出して、以下に示す。

(1) 武諸木（タケモロキ）と菟狭手（ウサテ）と夏花（ナッカ）を竹斯島に派遣した。すると、神夏磯媛（カムナツイソヒメ）という首長が、三種神器を掲げ、白旗を立てて帰順してきた

(2) 三人の武将は、菟狭（ウサ）の川上の鼻垂（ハナタリ）、御木（豊前の下毛郡）の耳垂（ミミタリ）、高羽（田川郡）の麻剥（アサハギ）、緑野の川上の土折猪折（ツチオリヰオリ）を討った

(3) オホタラシヒコは、豊前の長狭ノ県に行宮（カリミヤ）を建て、そこを京（京都郡）と称した

(4) 碩田ノ国（大分）に着いた

(5) 速見ノ邑（豊後・速見郡）に行き、速津媛（ハヤツヒメ）を帰属させた

(6) 来田見ノ邑（直入郡と大分郡？）に行宮を建てる

(7) 柏狭（カシハラ）ノ大野で、志賀ノ神と直入ノ物部ノ神と直入ノ中臣ノ神に祈る

(8) 海石榴市（ツバキチ）・血田（チタ）（大野郡南部）で鼠ノ岩窟の土蜘蛛の青（アオ）と白（シロ）を討つ

(9) 城原（竹田市木原）から直入ノ県の禰疑野（ヤギノ）に出て、土蜘蛛の八田（ヤタ）と打猿（ウチサル）を討つ

(10) 日向ノ国に至って、行宮を建て、高屋ノ宮と称した

(11)襲ノ国には、厚鹿文（アツカヤ）・迮鹿文（サカヤ）という熊襲の首魁がいるほか、熊襲ノ八十梟師（ヤソタケル）という小首長たちがいると聞く
(12)熊襲梟師の娘の市乾鹿文（イチフカヤ）と市鹿文（イチカヤ）は、オオタラシヒコの側女となり、このうち、姉娘の市乾鹿文は、欺いて父を殺した
(13)オオタラシヒコは、市乾鹿文を殺し、市鹿文を火ノ国造とした
(14)高屋ノ宮に六年いて、襲ノ国を平定し、御刀媛（ミハカシヒメ）を正妃に迎えた
(15)子湯ノ県の丹裳の小野で遊ぶ
(16)夷守（小林市付近）に至り、兄夷守と弟夷守を配下にする
(17)岩瀬ノ川（小林市の岩瀬川）のほとりで、諸県ノ君の泉媛にもてなされる
(18)熊ノ県（人吉市）で、兄熊津彦を帰属させ、弟熊津彦を討った
(19)海路、葦北（水俣市）の水嶋に着く
(21)火ノ国の八代ノ県の豊の村に着く
(22)高来ノ県（長崎）から玉杵名ノ邑（玉名市）に入り、その地の土蜘蛛・津頬（ツツラ）を殺す
(23)阿蘇ノ国に着き、阿蘇津彦と阿蘇津媛の迎えを受ける
(24)筑後の御木（三池）に着いて、高田の行宮に至る
(25)八女ノ県に入る
(26)藤山（久留米市）を越えて南方の粟ノ崎を臨む
(27)水沼ノ県主の猿大海（サルオホミ）から、この山に八女津媛の住むことを聞く
(28)的（イクハ）ノ邑（福岡県浮羽郡）に着く

②『書紀』の記載の現地検証

これらのオオタラシヒコの征討を、現地状況により確認してみよう（以下の図は山本廣一氏による「特殊地名の分布図」である）。

図3−9は、「隼人の支配地」を示しているが、四系統の隼人が南九州に示されている。「キ」族の鹿児島への到来は既述したが、この分布図は、隼人がニニギ勢力との合流により形成されていることを示している。すなわち、既述のとおり、川内の「薩摩隼人」の地は、ニニギ勢力の南西諸島への出発地・帰還地であり、「阿多隼人」の地は、ニニギの子の拠点であり、「日向隼人」の地は、ニニギ後裔の帰還勢力の帰還地なのである。東夷の流れを汲む、呉系集団の「キ」族は、そんな中に渡来して来たのであり、同系のニニギ系部族と協同しているのである。その中で、「大隅隼人」だけは、ニニギ系の記事がないので、「キ」系を主としていると推察されるのである。

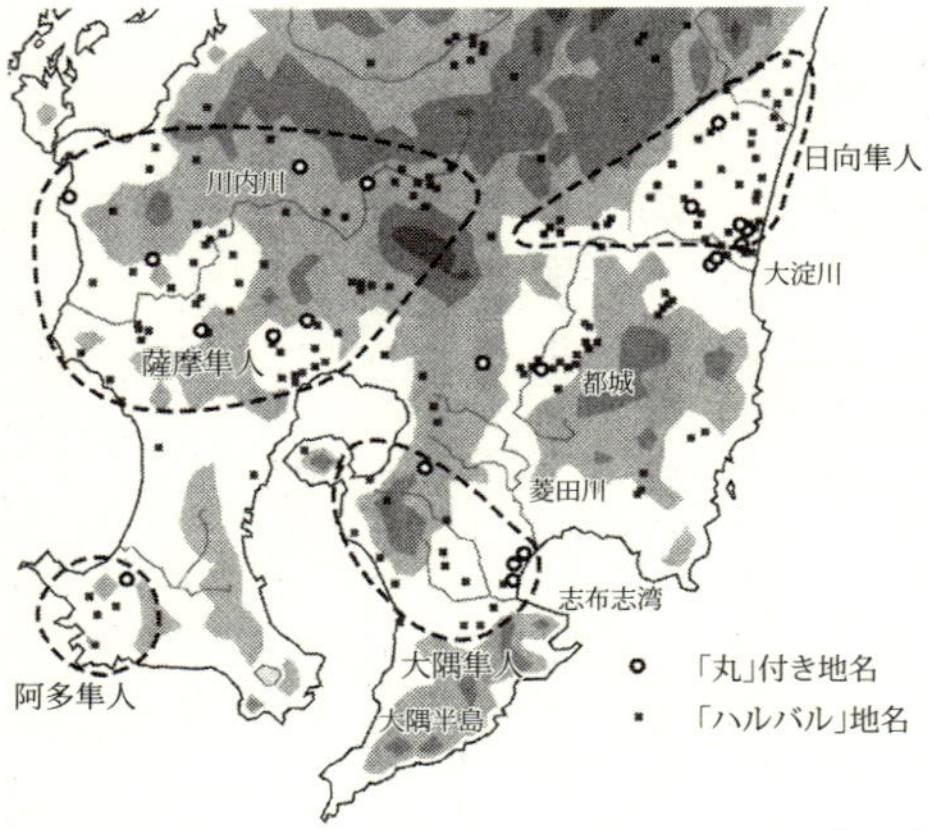

図3−9　隼人の支配地

（出典：山本廣一『新説 倭国史』ブイツーソリューション）

オオタラシヒコの征討では、その必要はなく、これらの地は含まれていない。

図3−10は、大淀川周辺の「特殊地名」の分布図である。「丸」地名を「砦」（攻撃拠点）として解釈し、空白部は敵の「クマ族」の拠点としている。

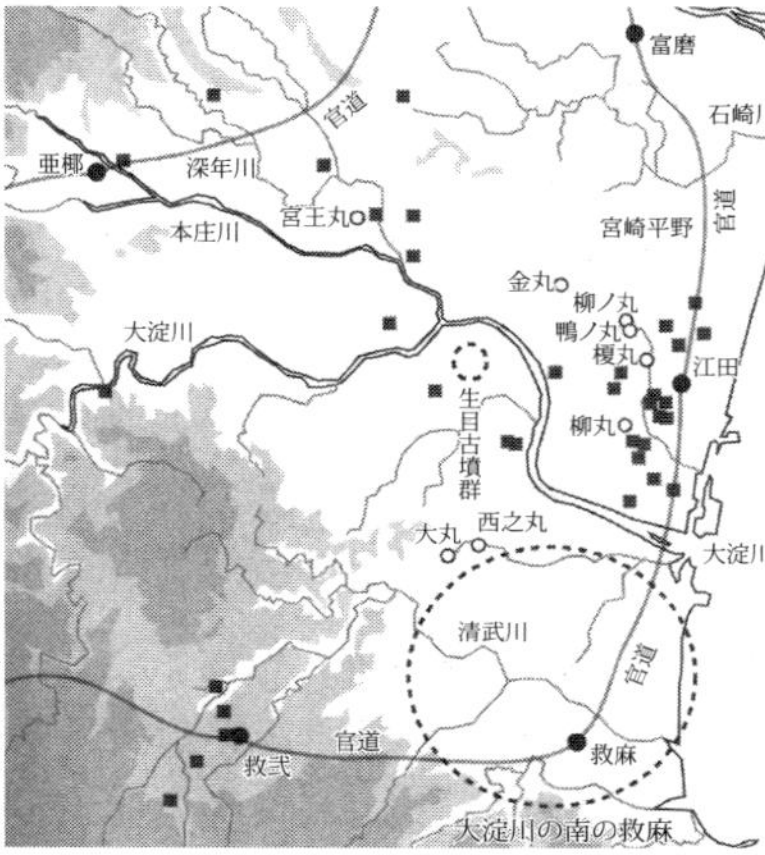

図3–10　大淀川の周辺
（出典：山本廣一『新説 倭国史』ブイツーソリューション）

戦闘は、大淀川周辺から南で行われており、この地は「救麻（クマ）」勢力の居住地なのであり、『書紀』の記述では、伽耶族の存在が示されている。「ウガヤ連合」の東南九州の拠点と推定する。

『書紀』の記述では、この日向の征討に六年を要し、タケル三人を征討している。

大淀川北岸および南岸の征討があり、大隅方面に及んでいる。ここで、「襲」の国のアツカヤ、サカヤ、「クマソ」のヤソタケル、イチフカヤ、イチカヤを征討している。氏の主張するように、大淀川河岸の戦いが主戦場だったのであろう。志布志地域では「大丸」があるのみである。

また、「丸」付き地名が、大丸、金丸、西之丸類グループと榎丸、柳丸グループと命名の意味合いが少し異なることから、山本氏は時代の異なる戦闘を考え、新しい方に「オオタラシヒコの征討」の可能性を指摘している。

図3-11に玉名付近の特殊地名の分布図を示す。同じように、「丸」と「ハル・パル」地名が示してある。オオタラシヒコは、玉名で土蜘蛛の津頬（ツヅラ）を討っている。玉名は、多羅族の「多婆那国」の可能性がある。その後に高木の県と阿蘇の国に行っているので、長崎から玉名に上陸し、菊池川を遡って阿蘇に入っている。図には、菊池川北部の大牟田の上流域も入っている。阿蘇に上る白川沿いには「丸」地名はな

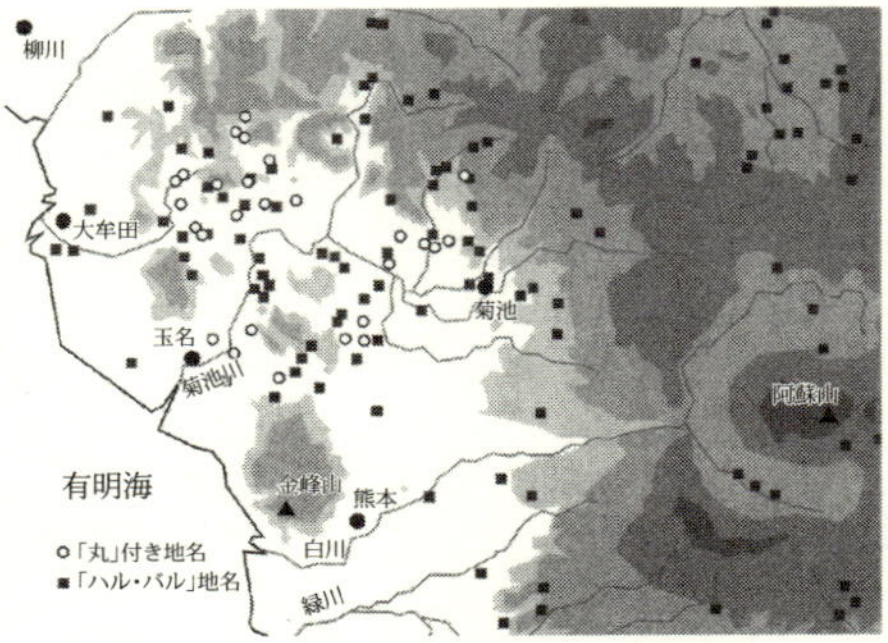

図3–11　菊池川流域の特殊地名

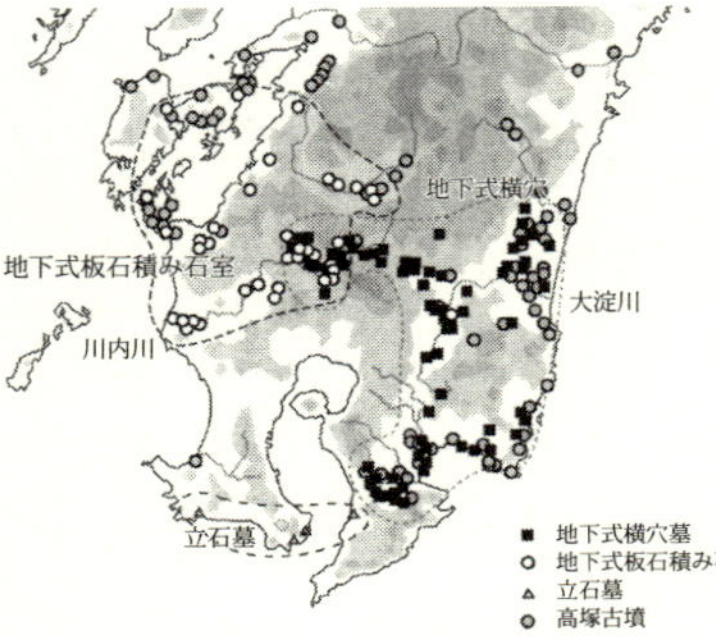

図3–12　南九州の墓制

（出典：山本廣一『新説 倭国史』ブイツーソリューション）

いので、『書紀』の記載どおり阿蘇津彦には迎えられたという記載には合っている。

これらの検討から、「丸」地名の事実に従えば、オオタラシヒコの征討は、事実を大いに含んでいるといえる。菊池川周辺は、かつては、「キ」族の居住地であり、「キ」族はミマキイリヒコと東進しているので、征討の相手は、「ウガヤ王統譜」には、「タリ（足）」系王統名が記されており、「多羅族」の建国した国が「多婆那（玉名）」なので、その後侵入した「多羅族」なのであろう。

図3–12は、南九州の「クマソ系」（黒丸）とヤマト系（白丸）の墓制の違いが示されているが、この分布図は、熊本・日向・川内とも板石積み石室墓（白丸）で、山間に横穴墓（黒丸）があり、黒丸が山間部に押し込められている。また、両者の戦闘のあったとされる東南九州の日向地域では新たに高塚古墳に完全に占有されているので、戦闘後の後代の墓制を示している可能性が高く、時代が異なったデータを示しているとも考えられる。

したがって、これらによると、『書紀』の記事の一部は事実であり、これらを抽出して資料とすることは誤りではないと判断されるのである。

（2）渡来民への防御策

①　高地性集落について

弥生時代の特徴的な遺跡として、これまで「高地性集落」が指摘されている。その目的等については、多くの研究があるが、以下に、その設置時期および時期別の設置ヶ所についての成果を示す（図3−13の時代区分は、新区分となっている）。

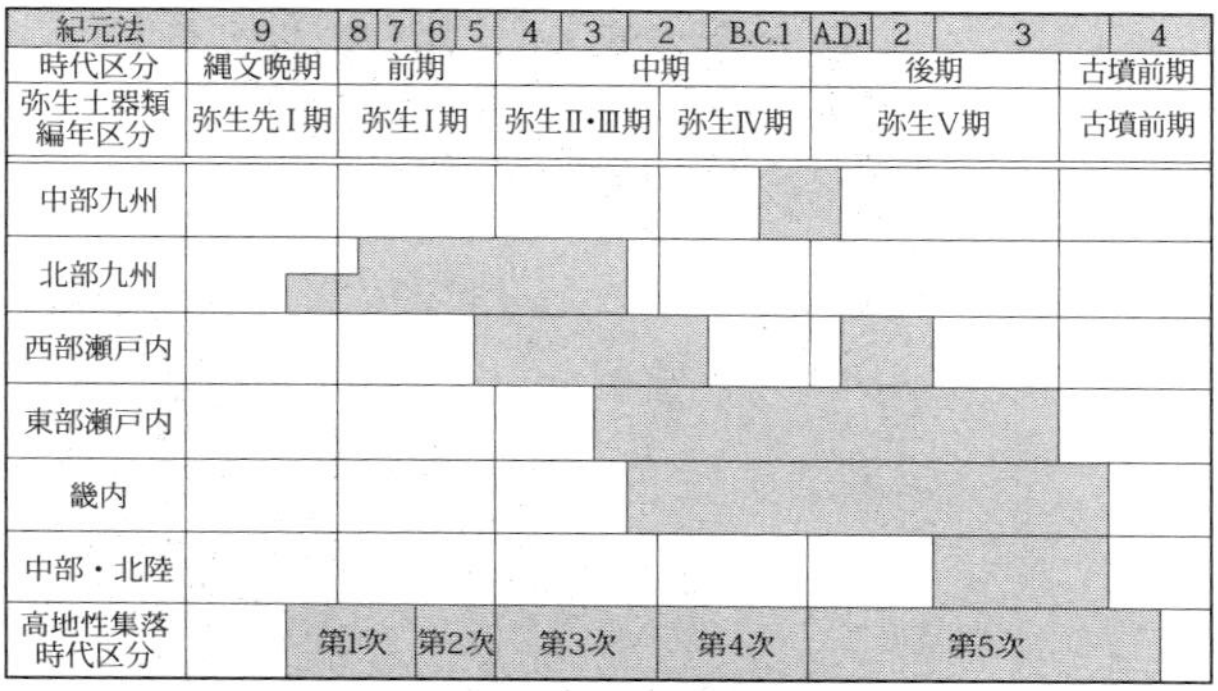

図3−13　時代区分
（出典：ネット史料 https://yamato-kuhaku.muragon.com/entry/7.html）

（1）図3−13は、高地性集落の時代区分図である。当然、設置ヶ所によって、時代差があり、基本的には、時代の経過とともに、北部九州〜西部瀬戸内海〜東部瀬戸内海へ、そして畿内へ到達している。その時代は、二九〇〇年前から始まり、二五〇〇年前以降に急増し、三世紀後半の古墳時代に至っている。その中で、特徴的なのは、西部瀬戸内海では、紀元前と紀元後の二時期に区分できること、北部九州は、二三〇〇年頃以前までに集中すること、中部九州では、二〇五〇年前〜紀元五〇年間のみの特異な分布となっている。

（2）図3−14は、時代別に区分した「高地性集落」の分布を示している。これによれば、北九州と瀬戸内海の分布は、ＢＣ五〇〜ＡＤ一〇〇年間に集中分布していること、山陰には分布が少ないことを、まず指摘できる。ＡＤ一〇〇〜二〇〇年間では、中九州に集落が出現すること、東海に拡大していることが指摘できる。その後のAD二〇〇～三〇〇年間では、北陸に拡大していることを示している。

（3）これらの状況を考えると、「高地性集落」の設置は、明らかに九州への渡来民の移動に対する先住民の対応であり、時代差や地域差の差異は、それらへの対応時代の差を反映していると推察されるのである。

瀬戸内海の集落は、九州から畿内に進出する勢力への対応であり、中九州の集落は、「タラ族」の進入とそれに対するヤマトの対応の反映であり、北陸の対応は、大乱後の九州敗走勢力の移動とも推察されるのである。

以上述べたように、「高地性集落」の全体分布を示すと、図3-15のとおりである。

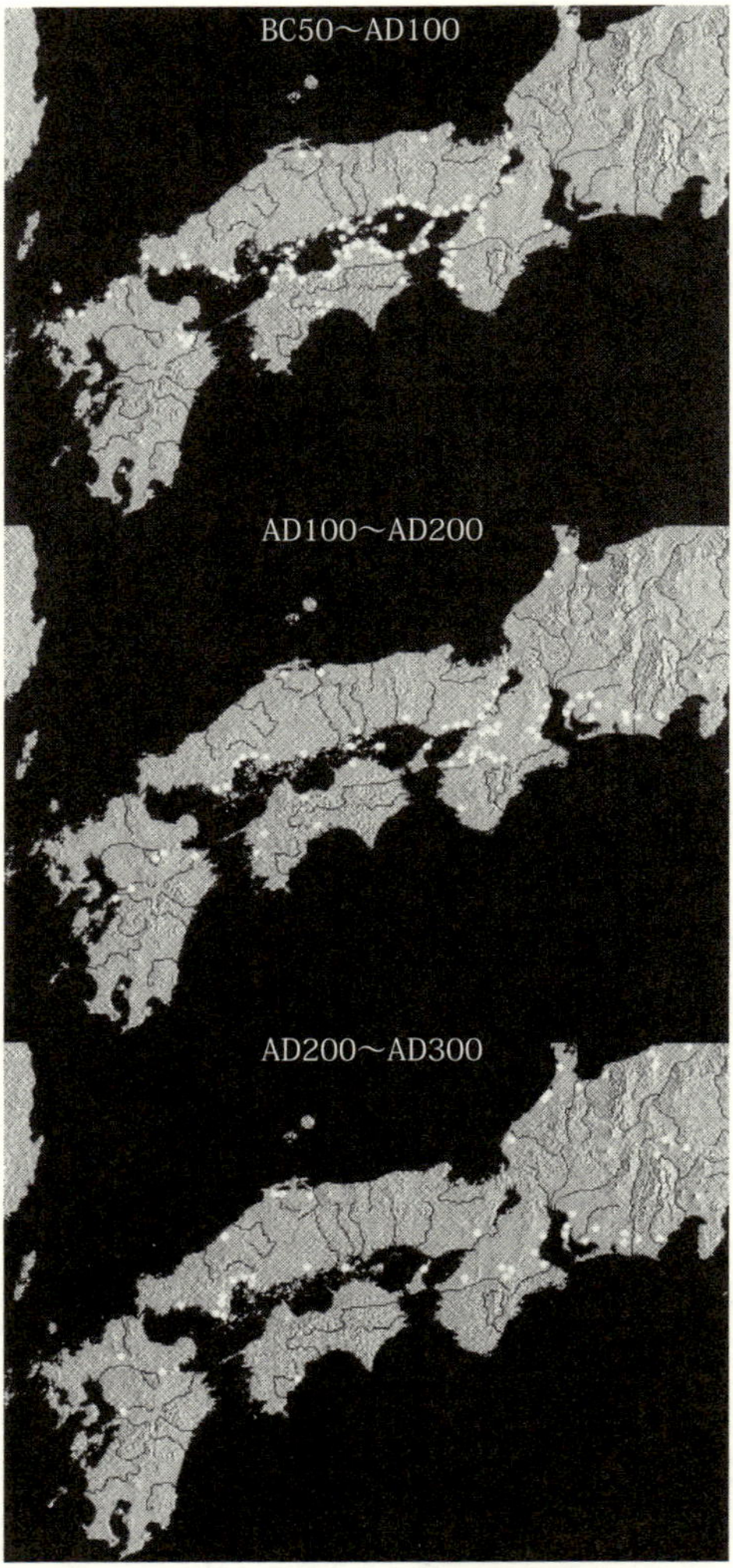

図3–14　高地性集落の変遷
（出典：古代学研究所『東アジアの古代文化〈111号〉』大和書房）

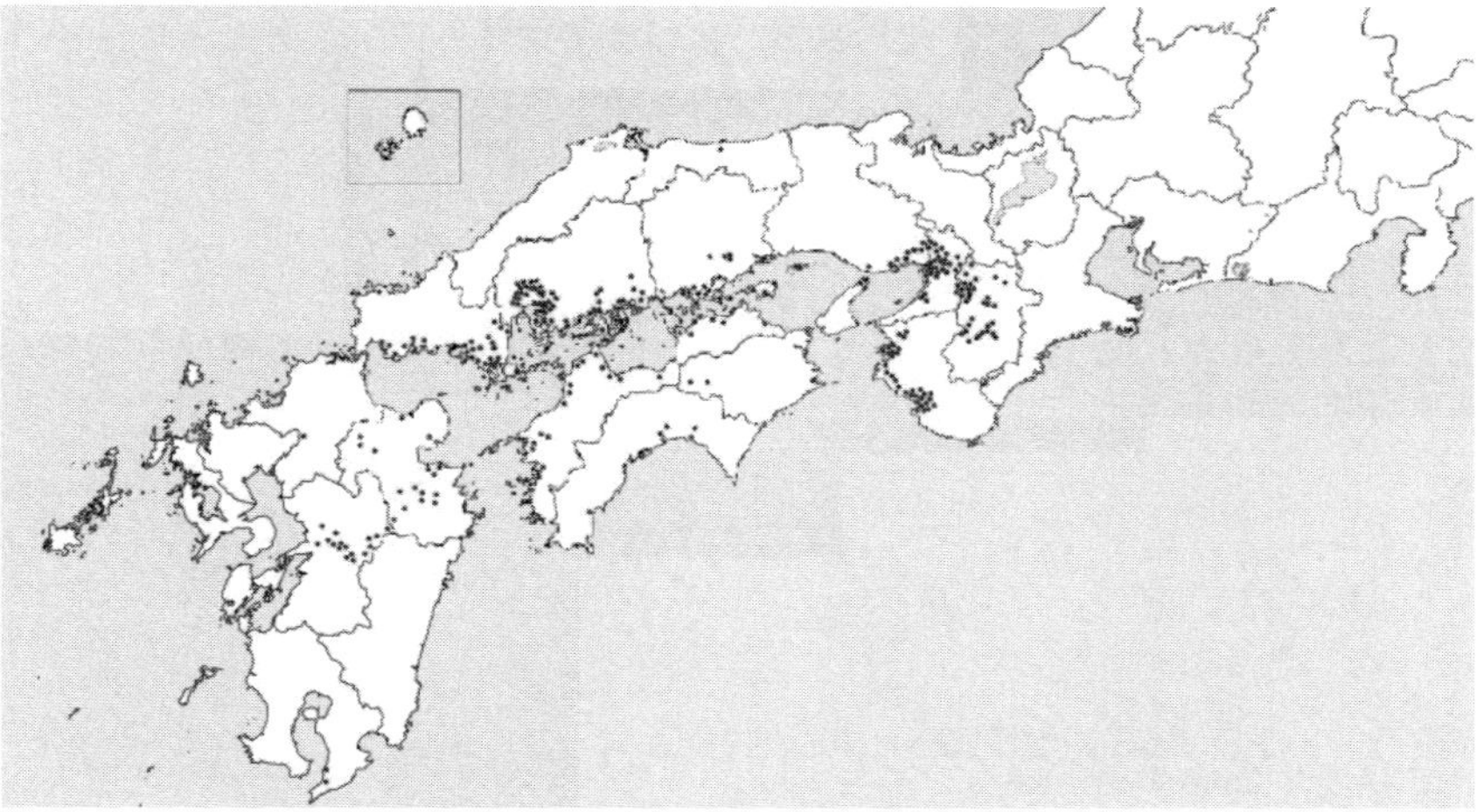

図3−15　西日本の高地性集落の分布
（ネット史料　https://yamato-kuhaku.muragon.com/entry/8.html）

（1）図3－15には、いろいろな時期の集落が重複している。前ページで示したように大きく三期に分かれるようである。分布から半島からの渡来民への対応ではなく、九州からの渡来民の移動への対応と考えられる。

（2）これまで「高地性集落」は、防御性とされているが、この図を見ると、芸予諸島、備讃海峡、紀伊水道を閉鎖する攻撃的な配置と解釈できる。

（3）分布の特徴を見ると、

（イ）山陰にはほとんど分布していない。山陰には、出雲や丹波勢力の先住民が防御したのか集落はない

（ロ）九州では、中九州以外はほとんど分布していない

（4）特異なのは、中九州で、設置時期は二つの時期があるようで、最初は豊後の海岸部のみ、後代は帯状に内陸に分布している。前者は「タラシ」族の進入勢力に対する地元勢力の対応であり、後者は、「タラシ族」のナカツヒコの征討時の対応と推

定される。

（5）これにより、ニギハヤヒの設定した、安芸、周防、伊予周辺の集落の多さは、その役割を十分反映していると考えられる。

② 大和の防御状況

大和の防衛状況を、「高地性集落」の分布から考察する。

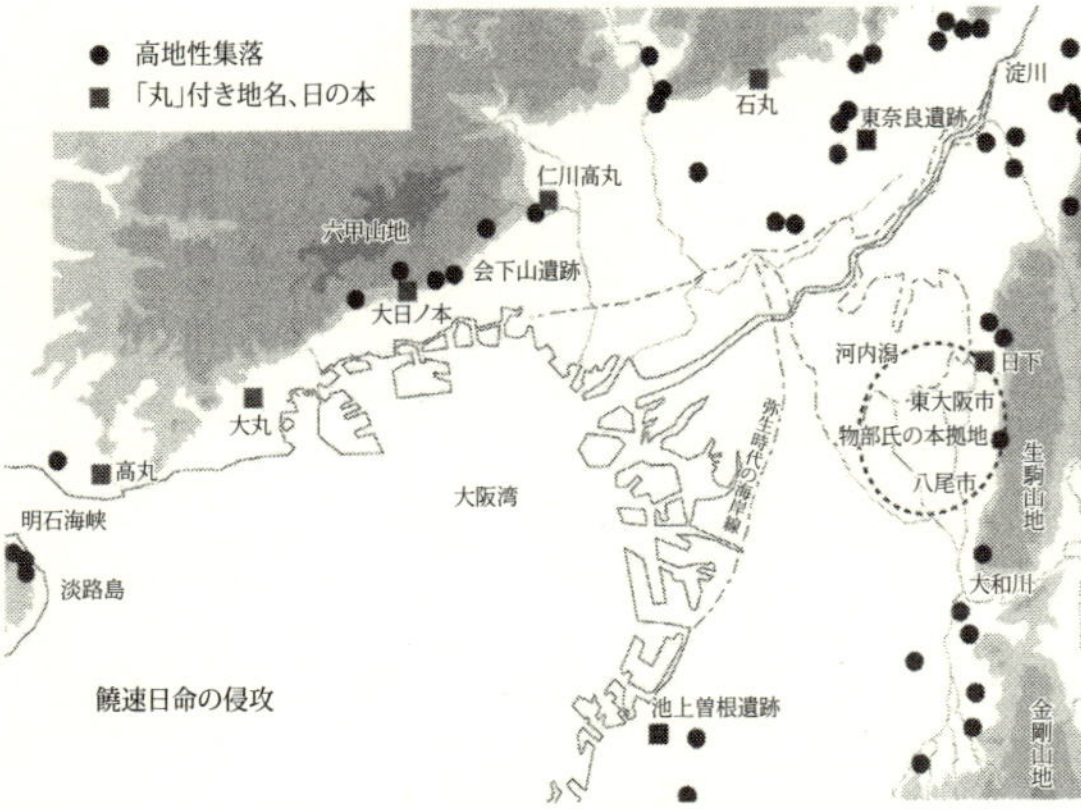

図3−16　高地性集落と丸付地名
（出典：山本廣一『新説 倭国史』ブイツーソリューション）

図３－15は、ヤマト周辺の「高地性集落」も示している。近畿の設置時代は、二二〇〇年前頃から紀元年頃に相当しているとされていて、前半期は、「徐福族」の到来期に対応し、後半期は、半島からの渡来民が急増し、また、ミマキイリヒコの東進の時代に対応していて、大阪湾周辺、紀伊および大和で「高地性集落」が多くなっている。

備讃海峡や紀伊水道付近にも多いので、後半期のミマキイリヒコの東進の時代～倭国大乱時代に対応していると推定される。

大阪湾周辺の「高地性集落」（図3－16）は、平野と山地の境界部にあり、いかにも防御的であり、船舶での侵入が想定されていて、上記の対応とほぼ一致している。

ニギハヤヒの東遷で大阪湾に展開した物部族は、弥生時代はどうなったのか、あまり追跡した研究論文はない。

二田物部の所在している堺市の「曽根池上遺跡」は大阪湾の弥生時代の遺跡の代表地となっているが、大型建物を数列の環濠で囲んだ、井戸をもつ中央広場のある遺跡である。建物の柱は、年輪年代学により二〇五七年前の実年代が明示されていた。

この年代は、ミマキイリヒコの大和入りの年代に相当している。

近くの「府立弥生時代博物館」には、弥生時代前期の石剣の展示が顕著であり、大阪式銅戈を展示していて、戦闘バージョンであった。

とともに、遺跡に近接して「曽根神社」があり、二田物部氏の祭祀する「ニギハヤヒ尊」が祭られている。祭神を変えられ姿を消したはずの「ニギハヤヒ」を祭る神社が、畿内で堂々と現存していることには驚かされた。

対岸の神戸の博物館でも、青銅器のほか、石剣と大阪式銅戈が展示されており、堺市周辺と同様な状況であった。

大阪湾周辺の臨戦態勢は、整っていたと推察される。

上記の石剣などの出土物から考えると、想定時代は、弥生時代前期（旧区分）であり、その後の事象と整合的に対応しているようである。

一方、藤尾慎一郎氏の水田稲作の分析によれば、古河内湾の三角州や干潟に、讃岐から水田稲作がもたらされていると指摘されている。これは、ミマキイリヒコに九州から同行して讃岐に移動した、「キ」族の一部が古河内湾に移動したものと推定され、食料増産を図ったものと推察される。古河内湾では、初期の段階に当たるのであろうか、やや時期的に遅い可能性も残る。

③ 九州の防衛状況

(1) 北九州の防衛状況

北九州の状況は、前項で述べたように、弥生時代前期から、北東部に渡来民が集中していることを示したが、寺沢薫氏によると、弥生時代の紀元前後のクニ・国が示されている（図3-17参照）。これによれば、

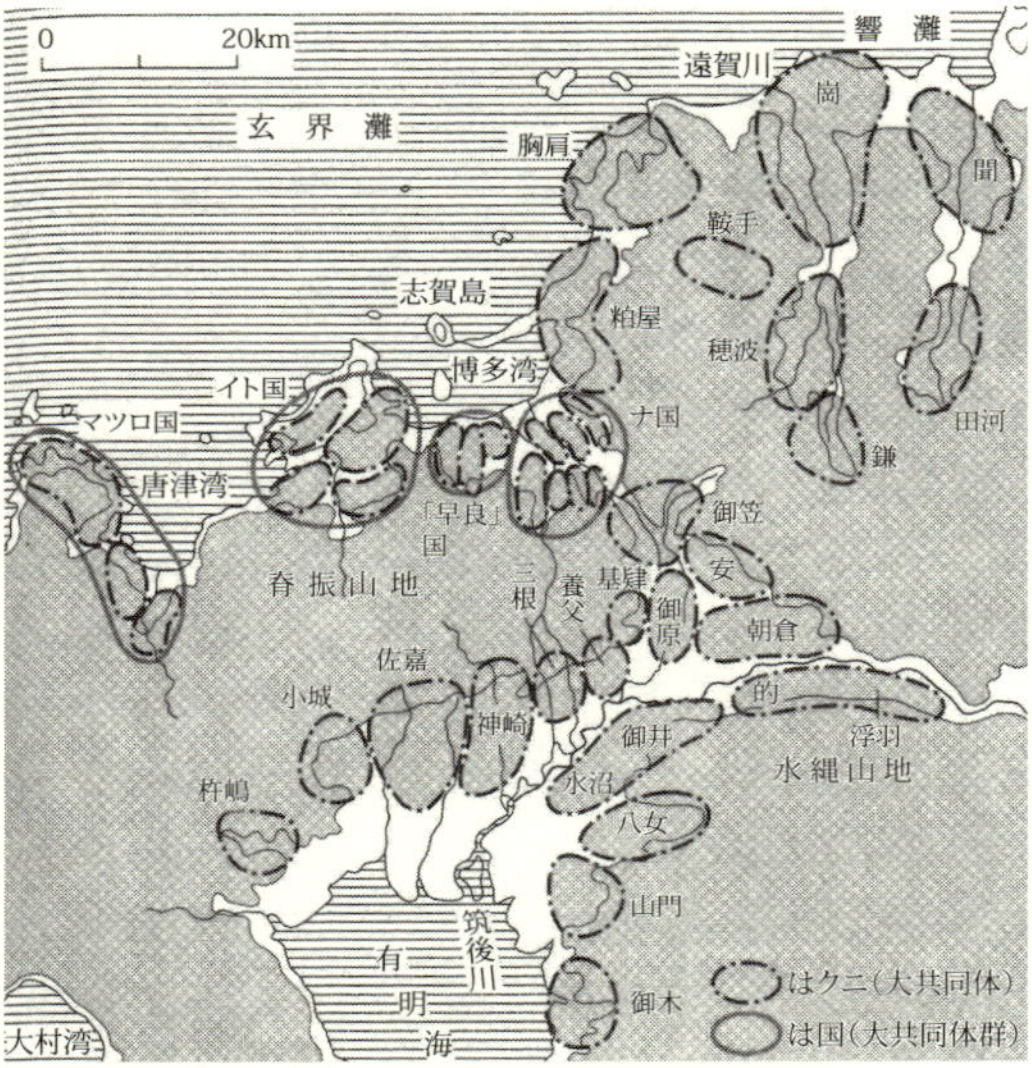

図3-17　紀元前後の北九州のクニグニ
（出典：寺沢薫『日本の歴史02「王権誕生」』講談社）

① 北九州には、多くのクニ・国が河川に沿って建国されていて、ほとんど、未開発の区域は存在していない。

② 弥生時代前期で指摘したクニグニも継続して存在しており、渡来民の侵入の影響は存在していないようにみえる。

③ これらの状況を勘案すると、半島からの渡来民は、関門海峡から進入して、南へ進むしかなく、また、瀬戸内海も芸予諸島で閉鎖されているので、豊後・日向・大隅・南四国に進むこととなったと推定する。

④ 半島からの渡来民は、前項で述べたように、こ

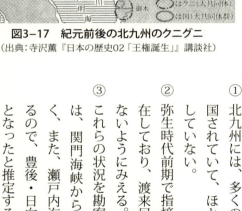

れらのクニグニの存在から、扶余の陜父の率いる多羅族（多婆那族）、伽耶諸国のような、まとまった勢力であれば存在可能であろうが、それ以外に分散して渡来した人々は、各国にじんわりと進入し、団結せざるを得なかったと推定される。

⑤前巻で述べた「ヤマタアイ国」は存在したのであろうか。佐賀平野を中心とする小国家群は「ヤマタアイ国」ではなかろうか。「武雄」「多久」（タ国）を西端として「佐賀大和」が中心部で、「朝倉」（アＩ国）や「伊都」（イ国）まで、周辺の一字音国名で推定できるからである。また、嘉瀬川の平野への出口付近には、「肥前国庁」があり、「大和村」や「山田」地名が存在している。この付近は、背振山地から平野に突きだす丘陵ごとに集落遺跡が存在し、嘉瀬川のほか、城ノ原川、田子川、切通川などの小河川が平行に流下し、最良の生活環境を提供している。とすると、筑後の防衛を担っていたと推定できる。

（２）吉野ヶ里遺跡の検討

図３－18は「吉野ヶ里遺跡の遺構配置図」である。その特徴を挙げると、

①墓が弥生時代前期末〜後期前半まで、一連の墓制が記載されている。さらに、中期前葉と中期前半が区分されている。

②したがって、徐福族の居住地とすると、到来二二一九年前〜大乱ＡＤ一八〇〜一九〇年まで居住していたこととなる。長いので「根拠地」の可能性もある。

③中央の環濠は、弥生時代後期とされ、西側に三列、楼閣のある東側は二列設置されている。

④大乱時の争乱を含んでいる可能性が高く、「首なし人骨」が出土している。墓の数は、三千基といわ

れ、三百体の人骨が確認されている。

⑤ ニギハヤヒ時代から続く「ヤマタアイ国」の可能性もある。

（吉野ヶ里遺跡の特徴）（高島忠平氏の指摘）

「吉野ヶ里」は邪馬台国（の一部）である（他に八女市区域などを含む）

・神埼郡と三根郡から成る地域で、律令時代に続いている（皇族の直轄地であった）

・周辺に同様な集落がある　北に「二塚山遺跡」と「日隅山山麓の甕棺群」

東に「横田丘陵に甕棺群と集落」

・他と異なる特殊な地域であること

・三世紀末に消滅していること（邪馬台国東遷と合う）

〔出土物の時代〕（高島忠平氏：「邪馬台国が見える」）

・墳丘墓　BC一　前半　二一〇〇年前

・墳丘墓のカメ棺　終りは　BC一　後半　二一〇〇年前

・楼観や物見やぐら　AD二〜三

・外濠　BC一後半に墳丘墓を取り囲む

外濠　AD二〜三に掘り返される　V字型↓逆台形型に

・集落（外濠に囲まれた地域の南　中期後半（BC一後半以降）物見やぐら集落はその後

・墳丘墓と物見やぐらのある集落　一〇〇〜二〇〇年の隔たりがある

・BC一　後半に祖霊を祭る集落を造り、一・二・三世紀続いて、三世紀で廃絶する

〔他に〕

・遺物などの出土物は　ＢＣ一　前半～後半（二一〇〇年前）が多い
・ガラス管玉は特殊で、中国で作成されたもの　徐福族持参・献上品
・剣は、山口・向津具遺跡の銅剣と同型出土　刃と柄が一体に鋳造されている（半島製？）
（四例あり、上記の他、糸島・前原三雲遺跡、唐津・柏崎遺跡）　献上品か
・墳丘墓は突き固めている　一〇～二〇cm厚さ　中国名「こうど」
・戦闘の遺体　「首なし遺体」と「十二本の鏃のある遺体」出土
・「絹」が出土し、大陸性の四眠蚕製から、半島性の三眠蚕製に変化している

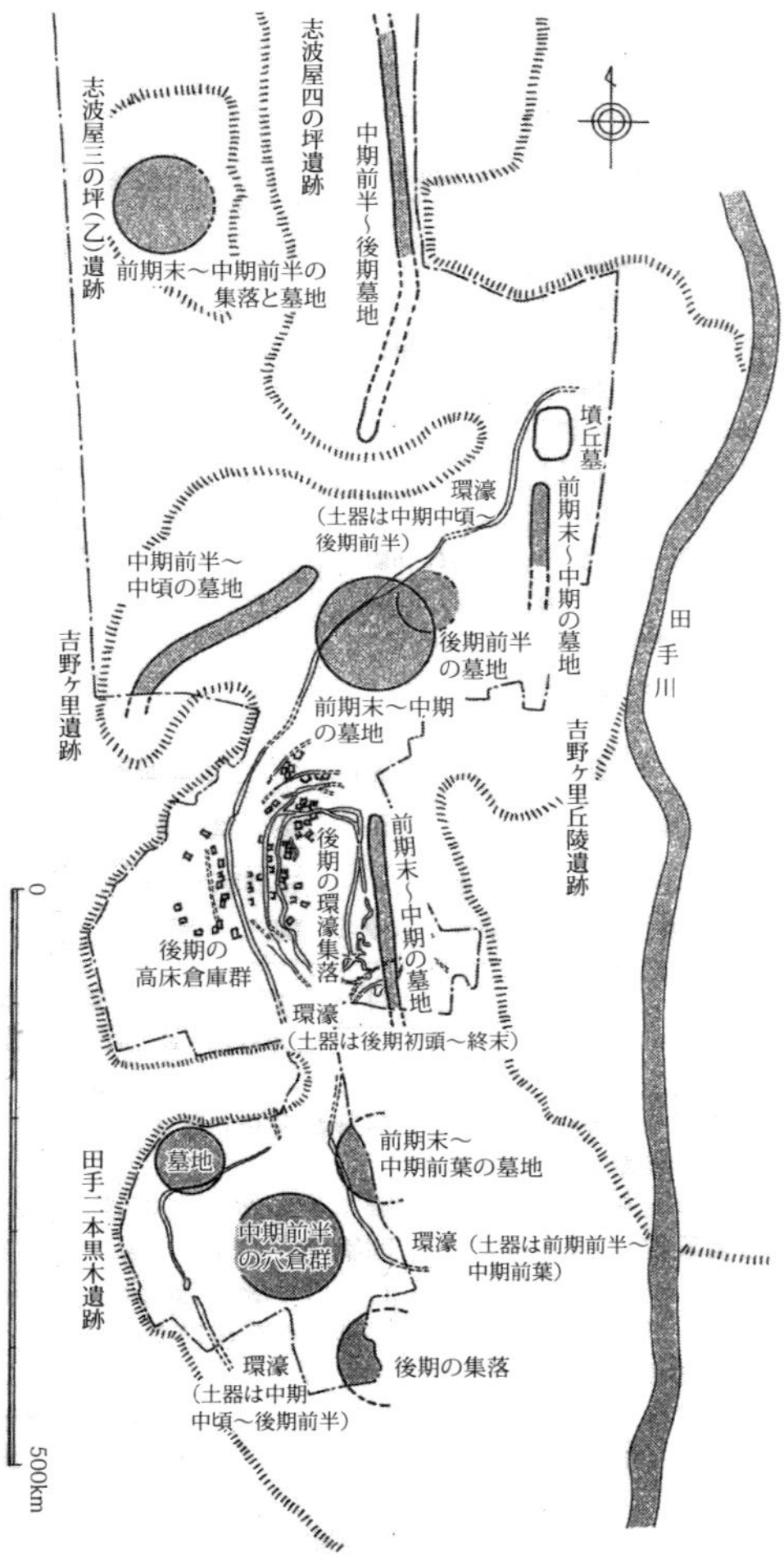

図3–18　吉野ヶ里遺跡遺構配置図
（出典：藤尾慎一郎『弥生時代の歴史』講談社）

コラム5

吉野ヶ里は、「徐福族」の拠点か

徐福族は、二二一九年前、二二一〇年前に列島に渡来している。有明海から佐賀の諸富町付近に上陸し、千反、金立と伝承を残しながら、山際まで北上している。この地には、後代の肥前国庁が西部の嘉瀬川入り口付近（大和村）にあり、東部は、尾根を隔てて吉野ヶ里の丘陵となっている。吉野ヶ里では、ＢＣ一年（二一〇〇年前）前後の遺構や遺物があり、上陸から百年ほどの差がある。

山本廣一氏によれば、吉野ヶ里は、この時期、周辺には存在しない墳丘墓があり、中国式「ホウ土」工法で突き固められて築造されていること、成人用カメ棺を普及させたことにより、徐福族が居住していたとしている。

中国で製造と考えられるコバルト入りの「ガラス管玉」も出土しているので、その可能性が高い。もちろん、青銅器の製造工房も出土しており、先進性を有する遺跡ではあるようである。

しかし、遺跡は、ＢＣ一からであり、佐賀上陸から百年が経過している。発掘によれば、墳丘墓はＢＣ一〜ＡＤ一、二、三世紀に渡って、途絶えることなくずっと祖霊を祭っていて、三世紀に消滅したとされている。山本氏は、筑前勢力に攻められて、大乱前に滅亡したとされているが、断絶はないようなのである。

環濠は、尾根に平行に東西にあり、中央付近の施設は、後期の設置となっていて、大乱と関係しているようではあるが、祖霊信仰の消滅が、大乱期を越えて、三世紀となっているので、滅亡ではなく、香春（鉱山？）への移動あるいは移動させられたものとも考えられる。

徐福族の上陸した諸富町、千反から金立山のある地域は、西に嘉瀬川の遺跡群、東は丘陵を隔てて「吉野ヶ里」丘陵となって、並列して尾根が並んでおり、徐福族は、次第に金立山の丘陵から東に移動した可能性もある。

周辺の地は、ヤマト系の小国の分布地域であり、ニギハヤヒ時代の「ヤマタアイ国」も近いと推定され、その真ん中に徐福族は進入したことになる。そこから一〇〇年で吉野ヶ里に移動した可能性がある。

吉野ヶ里遺跡の周辺で、変化したものがある。一つは前期末～中期初頭（二二〇〇年前頃）に、支石墓が消え、甕棺に墓制が変化したこと、また、同期に青銅器の製作が開始されたことが指摘されている。これは、徐福族がもたらした新しい文化と指摘できる。さらに、中期初頭～中期前半にあった大陸性の「絹」（四眠蚕）が、中期後半～後期には半島性の「絹」（三眠蚕）に変わったと指摘されている。この中期前半～中期後半（ＡＤ五〇～一〇〇）にかけての時期に、徐福族は吉野ヶ里を追われた可能性がある。遺跡では、この時期の近いのは環濠と墓地がある。

(3) ヤマトへの支援の要請

列島に先住していた「ヤマト勢力」としては、古い渡来民である、「呉系集団」、「大陸系倭人」、「徐福族」「早良族（平群族）」、「ミマナ族」（大伴氏）などを傘下にしており、ニギハヤヒ・ニニギ時代の臣下国の「伊都国」「不弥国」「安芸国」「伊予国」「出雲国」「阿閉国」などと共に、渡来民の来襲に対応していたものと推定されるが、渡来範囲が広い上に、人数的に絶対数が不足しており、東国からの人員補充は、必須の状況であったと推察される。

① ヤマトタケルの遠征の検討

前巻では、ヤマトタケルについて、遠征のはずなのに戦闘が少ないこと、遠征コースが『古事記』と『日本書紀』とに大きな差があること、終着地が尾張であることなどから、「ヤマトタケルの遠征」の存在は、関東勢力のものか、あるいは存在しなかったものと推定した。しかし、次のように視点を変えると、存在していた可能性が浮上してくるのである。

ヤマトタケルの遠征は、「渡来民への対応策」の一つと考えるのである。すなわち、多量の渡来民の到来に苦慮したオオタラシヒコ（景行）は、故郷の東日本勢力に「加勢」を要請したと推定する。ヤマトタケルはその使者であり、その遠征で捕虜としたとされる「エミシ」は、伊勢に集合させられ、「天照大神」に参拝した後、播磨、讃岐、伊予、安芸、阿波などに派遣され、それぞれ「佐伯部の祖」とされていることが、その根拠である。

そもそも、私論では、東国はヤマト皇統の出身母体で、討伐の必要はなく、しかも日高見国まで到達して、二年あまりで尾張に帰っているので、征討の可能性はやはり低いのである。「上総」「常陸」「日高見」

「上野」など東日本の中心地をすべて網羅しており、東日本の残留部族の「再西上」を要請したのではなかろうか。

要請に応じて「天湯津彦」系（旧日高見）勢力は、安芸や紀伊に集結し、高地性集落を造ると共に、一部が土佐の安芸に侵攻して、「ウガヤ勢力」に対抗した可能性がある。紀伊に入った「天湯津彦」系（旧日高見）勢力は、「日高郡」と名が残るほど多く集結し、高地性集落を造って紀伊水道の閉鎖に加担しているのである。

既述の高地性集落の「安芸」や紀伊の「日高郡」での集中分布を考えると、東日本勢力の西方移動は、事実と推察される。

北東北の「アラハバキ族」も要請に応じ、「佐伯」地名のある、安芸や豊後に配置されている。また、エミシは「阿波」にも派遣されている。

さらに、オオタラシヒコは、後年、東国への行幸を実施しており、上総（香取神宮）へ至っている。これは、お礼参りか、増派の追加要請なのか不明だが、ヤマトタケルが死去したので、後者の可能性が強い。

また、東海諸国へ渡来民への対応策を指示した可能性もある。

ヤマトタケルは、白鳥となって大和に向かったとされているが、白鳥（鶴）は北の鳥であり、その飛翔は、いかにも北勢力の南下を支援する気持ちを伝えているように感じるのは私だけであろうか。

東日本の猛者たちは、要請を請けて、加勢にはせ参じたと推定するのである。

②　水田稲作の普及が示す「ヤマト支援」への移動根拠

（イ）北東北のアラハバキ族の移動

藤尾慎一郎氏（『弥生時代の歴史』）によると、中期（須久Ⅱ期）の「垂柳遺跡」の水田稲作は、洪水で壊滅した後、復旧されず廃絶されたという。しかも、同時期に県内の遺跡も終息していると指摘されている。稲の発育期に「やませ」が吹き、生育条件がより厳しい仙台平野では継続して稲作が行われており、北東北にあるこの遺跡では、「やませ」は弱いので、寒冷化によるものとは思われず、理解ができないとされている。

これは、「ヤマトの要請」により、ウマシマチの外戚となる、「アラハバキ族」が故郷を離れ、「佐伯の祖」ともなり、西日本に「ヤマト支援」のために出征したためと推察する。

北東北の「水田稲作」は、アラハバキ族が、二代、五代の皇継争いに参入し、西日本の情報に通じていたために、早々に「砂沢遺跡」で開始されたが、何故か途絶え、その後「垂柳遺跡」で画期的に再開されるのだが、ある時期突然終了しているという。同時に県内の遺跡も終息していることから、上述のように、住民の移動によるものしか理由はないのである。

アラハバキ族は何処に行ったのであろうか。近傍では、オワリ族のいる弥彦山地周辺で北陸の防衛に参画したか、あるいは、「佐伯」の名のある、安芸や豊後に遠征した可能性も高い。

北海道勢力の南下も、争乱もなく仙台平野まで及んでいることから、アラハバキ族の北海道勢力が東北の防衛を委託されたのかもしれない。

（ロ）仙台平野の日高見族の移動

藤尾氏によると、仙台平野での水田稲作は、導入以来、細々と継続されてはいるが、爆発的に発展はせず社会体制を変化させるに至らず、また、平野の中には大きな集落も形成されていないとされている。これは、「やませ」により、稲の生長期に低温となるために、定常的な収穫ができず補助的な食糧としてのみ存在したのではないかと推定されている。

これもまさに、「日高見族」が「ヤマト支援」にための移動し、住民減少によるものではなかろうか。仙台平野は品種改良があったとはいえ、後代、列島の「稲作地帯になりうる条件」はもともと付随しているものと考えるからである。仙台平野は、旧日高見国の本拠地であり、「ヤマト」の母体勢力の地域なのであり、大乱後は、「天族」が復帰して、国造に任命されていることがこれを証明している。

（八）利根川以北の日高見族の移動

藤尾氏はさらに、利根川以北の水田稲作は、低調で副業的で、社会体制を変えるほどには至っていないと指摘している。

これも、利根川以北は、日高見族の本拠地で、武内宿祢やヤマトタケルの要請により、ヤマト支援のため西日本の「日高郡」の地へ移動したのではなかろうか。

「ヤマト支援」は、同族の危機であり、有無のない必然行動なのである。

③「都督」設置による支援対応など

続いて、彦狭嶋命が東山道の十五国を統合する都督に任命され、その後、エミシの首領が降伏したとされているが、これらの首領「フルベ族（仮称）」（足振辺、大羽振辺、遠津暗男辺）（東岡崎市古部か）も防御施設に派遣された可能性がある。

「都督」を設置して支援対応をしたと推定されるが、「都督」はその他の地域へは任命されておらず、その意味を解明しておく必要があろう。動員体制の構築と考えるのが妥当である。

列島は、大量の渡来民に対して、「総力をあげて」対応したのではあるまいか。

④ 出雲族の支援移動

図3－19などに出雲博物館編の「青銅器分布図」を示す。これらによれば、出雲族がヤマト支援のために、移動していることが判明する。すなわち、「南下」と「大和」への移動である。その移動時期は、「南下」が中期中頃～終り頃、「大和」へは後期以降である。

（上図1）は、出雲族が中・四国を横断して南四国への南下していることを示す。安芸には同族の「天」系部族がおり、協同して瀬戸内海を封鎖するとともに、南四国への渡来民の移動に対応して、土佐の「安芸」に移動している。出雲族は、天穂日命の後裔でヤマト系であり、ヤマトの要請に応じたものと推察される。

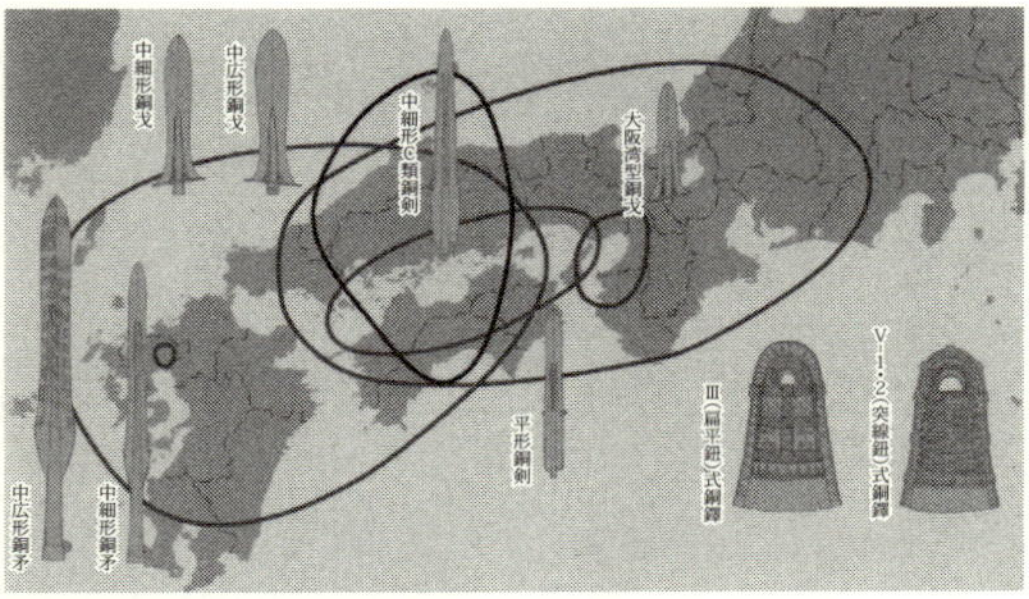

弥生時代中期中頃～中期終わり頃
銅鐸・銅剣・銅矛・銅戈ともに大型化し装飾性を増していきます。中四国地方では数種類の青銅器が複雑に分布しています。

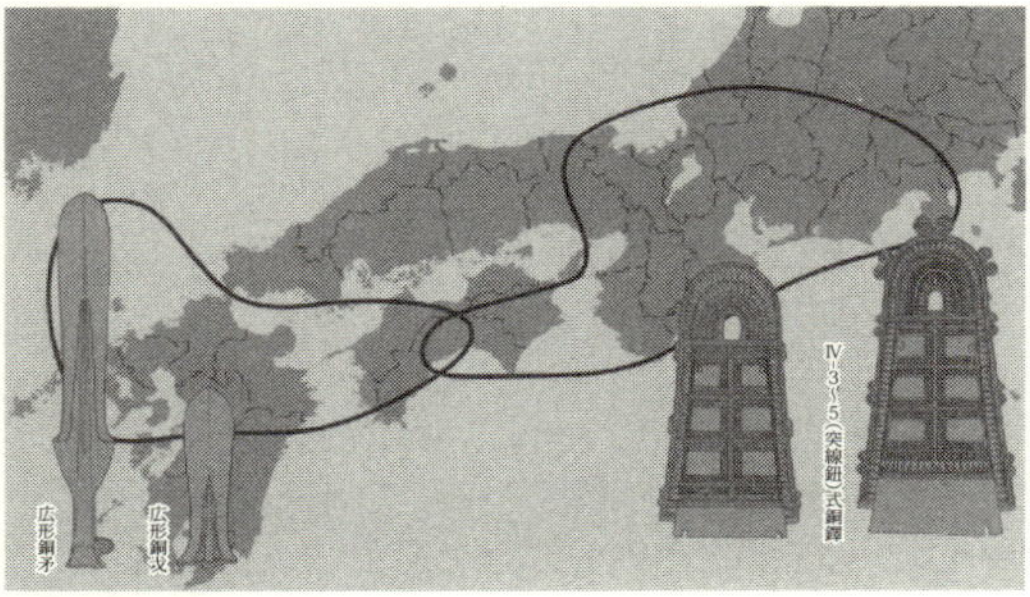

弥生時代後期
日本海沿岸地域や瀬戸内海沿岸地域ではそのほかの地域より早く青銅器がなくなってしまいます。

図3–19　青銅器分布図
（出典：島根古代歴史博物館『古代出雲歴史博物館展示ガイド』ハーベスト出版）

高知には、「安芸郡」のほか、物部川、土佐山田、日高、越知などの地名が残っている。

この図は同時に、ミマキイリヒコの東進時の状況も示されており、「キ」族の備讃海峡封鎖の強化も、大阪湾防衛強化も同時期であったようである。

（下図2）後期には、鉄器時代に入ったので、出雲では青銅器はなく、銅剣は、銅鐸となっ

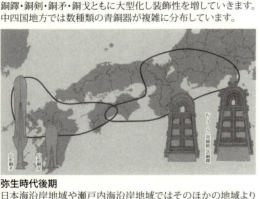

て「大和」へ移動し、あるいは、荒神谷のように、埋葬されて廃棄されたことを示している。図３－20は、銅鐸となって、大和へ、さらに後代は東海へ移動したことが考古学的に確認されている。

一方、「大和」への支援は、出雲の東部にいたニギハヤヒの後裔が、図３－20のように、銅鐸を保持して移動したものと推察する。「丹波」と「阿波」にも集結し、防衛施設を構築したのであろうか。さらに、渡来民の動きに合わせたものか、同族のいる東海の尾張にも移動しており、青銅器の分布の拡大が把握されている。

山陰にいた、ヤマト系の出雲族は、近畿に支援に向かっていると、これらの青銅器の分布を解釈したい。

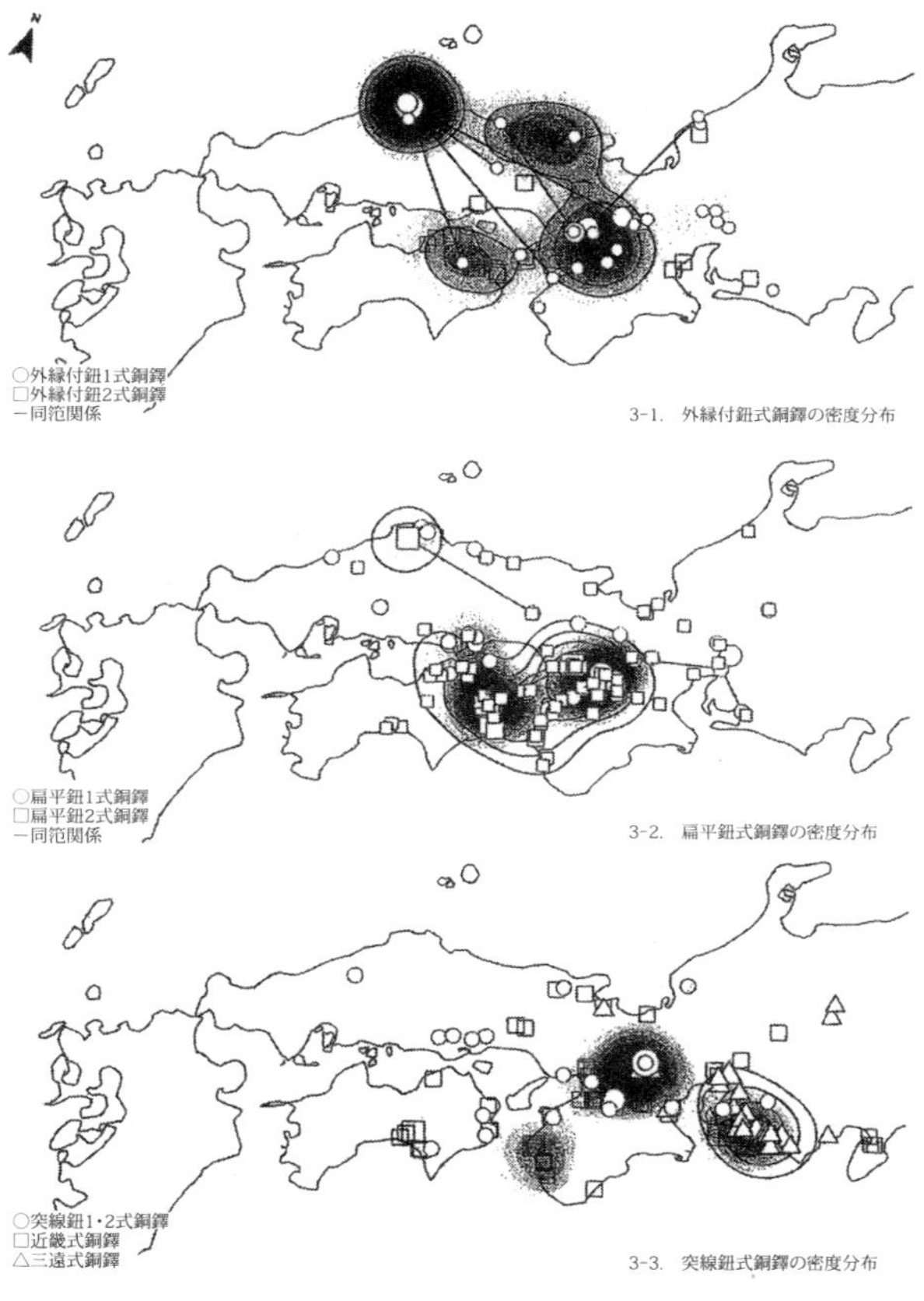

図3－20　銅鐸密度分布の変遷（出典：考古学が語る出雲王朝）

⑤ その他の対応策、補強支援策

その他、渡来民への対応策として、「オワリ族」の新潟・弥彦山地への移動が推定される。北陸への渡来民の進入については、明確な対応が把握できなかったが、「オワリ族」の新潟・弥彦神社への移動は、その一つの可能性がある。前述したが、北東北の「アラハバキ族」の挙動が、皇継争いへの介入以来不明であったが、日本海沿岸を南下し、弥彦でオワリ族と合体したものと推定する。北陸北部には渡来民の進入が極端に少ないこと、水軍も有していたので攻撃対応が可能なためであることがその理由と推察される。

藤尾氏の「水田稲作の移動」についての解析では、さらに「東海への東瀬戸内海の海洋民の移動」と「古河内湾への讃岐からの進入」を指摘している。

前者は、近畿の増強により住民の移動が発生した可能性と、東へ移動する渡来民への攻撃的対応などがその理由として考えられる。時期が明示されていないので、断定はできない。

また、後者は、瀬戸内海をミマキイリヒコと讃岐へ東進した「キ」族の一部が、古河内湾の三角州や干潟へ「水田稲作」を伝えたのではなかろうか。食料の増産も戦略上の重要事項であるからである。

第四章

倭国大乱の解明

一、「倭国大乱」とは

(1)「倭国大乱」の根拠

「倭国大乱」の根拠は、中国の古史にこの争乱が記述されていることである。『魏志』倭人伝、『後漢書』倭人伝および『梁書』倭人伝などの中国の三書のいずれもが、倭国の争乱(大乱とは書いていない。列島では「大乱」と称している)を記載しているのである。

(2)大乱の時期

その大乱の時期は、
『魏志』倭人伝では、「桓・霊帝の間(一四七年~一九八年)」とか、
『後漢書』倭人伝では、「霊帝の時(一八〇年~一九〇年)」とか、
『梁書』倭人伝では、「霊帝の光和中(一八〇年~一九〇年)」とかになっている。
専門家は一八〇年頃と評価しているが、一八〇年~一九〇年と考えておく。

(3)大乱の範囲

列島では、大乱後に「邪馬台国」が成立したので、その直前の時期に相当しているが、この時期には、「呉」国との関係が強かった東の「ヤマト国」(東鯷国)では戦乱は伝えられていないことから、この「大乱」は、西日本地域の争乱と推定されている。

（4）大乱の抗争部族

①「奴国」と現地国内勢力の争乱（安本美典説）

どの勢力が争乱したのかについては、具体的な指摘は少ないが、安本美典氏は、「奴国」と現地国内勢力の争乱と主張し、「奴国」は滅亡したとしている。しかし、邪馬台国成立後にも「奴国」が存在しているので、旧奴国の強硬派であろうか。

いずれにしろ、抗争したのは、渡来系で、半島系の「奴国」「多羅国」「倭奴国」（詳細不明）と先住の国内勢力（「伊都国」「早良国」「不弥国」「クマ国」）ではあるまいか。

周辺の状況から察するに、半島からの渡来民が急増し、奴国が積極的にこれを受け入れたため、周辺諸国の反発を買ったのであろうか。あるいは、「漢」の威光をかさに諸国を支配してきた「奴国」「倭奴国」の体制が、新しい動き（後漢の衰退）に翻弄された結果なのであろうか。いずれにしろ、大きな背景は、国内勢力と渡来民勢力の抗争と推定されている。

②玄界灘沿岸勢力と吉備・ヤマト連合との鉄入手をめぐる抗争（藤尾慎一郎説）

初期の鉄鋳造時代に、鉄素材の入手は、半島南部からの入手に限定されていたが、玄界灘沿岸勢力が独占していたので、吉備・ヤマト連合勢力がその利権を奪取する為に起こした抗争と主張している。結果、吉備・ヤマト連合が主導権を獲得したとしているが、その割に鉄製品などの近畿からの出土は少なく、主張と合致しない。

③「ウガヤ連合」と「ヤマト勢力」の抗争

この案は、前述の「青銅祭祀器の分布」図の後期の資料が示す、二大勢力の対峙に基づいている。「ウガヤ連合」は、九州の「ウ」族を中心とする勢力（かつての「ウツシ国」）が半島南部の伽耶諸国と連合し、半島南～北九州～日向灘～土佐に及んで造っていた交易国で、「広型銅矛」に象徴される支配勢力圏が北西～南東に連なっている。

十三代ワカタラシヒコは、この南北に長い支配領域の中央に、東西に連なる豊国、国東、日田、筑志、末羅に新たに国造を任命して、勢力の分断を図っている。このため、「ウガヤ連合」との対立を招き、大乱に至ったものと推察することもできる。

大陸の古伝は、諸国の国内争乱はあまり記載しないのに、各史書で記載しているので、半島勢力を巻き込んだ「大争乱」とも推定されるのである。

考古学的データは、高地性集落による瀬戸内海封鎖、紀伊水道閉鎖、豊後から熊本への高地性集落の連続や鉄鏃の多量分布、また熊本・宮地遺跡の環濠の掘削直後の埋没、集落の拡散など、戦闘を想定させるデータが多い。

また、「ウガヤ連合」を構成していたと推定される「伽耶諸族（加羅、安羅、多羅など）」が列島に散在し、『新撰姓氏録』にも記載されないほどの大きな勢力を作れなかったことや、沖縄本島に「ナ」地名が多いことから、南西諸島への移動も想定できることなど、部族拡散などの多くの傍証も存在している。

また、二〇〇〇年前頃に渡来して来た扶余族の陜父一族は、列島になじまず、ヤマトに合流しなかったものと推定されるので、連合の主力はこの部族の可能性もある。

④ 御笠の玖珂耳（ミマキイリヒコと推定）の東遷が抗争誘因？

私論で南西諸島から帰還したニニギ勢力が、薩摩から筑後に北上しているが、御笠の玖珂耳（ミマキイリヒコと推定）が、現地勢力の隼人族、「キ」族、大伴族、忌部族、クマ族の一部を率いて東遷したのではなかろうか。この東遷が大乱の遠因となった可能性もある。年代推定によると、ミマキイリヒコの時代は紀元前であり、やや時代的には不整合と考えられるからである。また、「奴国」など北九州のクニグニは、この当時は建国途中の可能性があり、「大乱」に至るのかは不透明で、疑問部分が多い。

以上の状況の中では、①③の「ウガヤ連合」と「ヤマト勢力を含む在地勢力」の抗争の可能性が高く、戦闘は半島南部にも及んだ可能性がある。大乱の後、伽耶族は周辺各地に拡散し、多羅族は島原半島に、安良族は近江に移動し、伽耶族の一部「ナ」族は、対馬および沖縄本島に逃走した形跡〔(名)地名の存在〕があることなどなどが、その根拠になりうるのではなかろうか。

二、大乱の原因

(1)大陸と半島の状況

この時期は、大陸では「後漢」末で、朝廷の勢力が衰え、「黄巾の乱」の争乱の最中で、「後漢」の支配力の低下で、韓とか、濊が強盛となり、「制すること能わず」との状態になっていたと同書「韓伝」に記されている。さらに、困窮民は、韓に流れ込んでいたとされている。この「韓」が、半島の「韓」か否かは不明であるが、「後漢」の周辺諸国が「後漢」の影響を脱して、独立への機運が高まっていた時期である。

『魏志』(韓伝)「桓霊の末、韓・濊、強盛して、郡県、制すること能わず。民多く流れて、韓国に入る」

『後漢書』(韓伝)「霊帝の末、韓・濊、竝びに盛にして、県制すること能わず」

（2）大乱の原因

（イ）北部九州のクニグニの軋轢

考古学のデータによれば、弥生時代中期（二二〇〇～一九〇〇年前）の北部九州の国々は、図4－1のように提案されている。玄界灘に面する北側の国々は、国名が比定されているが、有明海に面する国々は、未定である。

これらの国々を形成していた部族は、現在、ほぼ推定できる。

「末廬国」は、後に「穂積族」が国造に任命されている。（宇木汲田遺跡がある）

「早良国」は、『新撰姓氏録』に、武内宿祢系の「早良族・平群族」が記載されているので、名のとおりである（吉武高木遺跡がある）。

「不弥国」は、ハヤヒ系「フ族」とニニギ系「ミ族」の国と推定される。物部族の本拠地の一つである（立岩遺跡がある）。

「伊都国」は、西進時に入った「イ族」の国であろう。（三雲、井原遺跡がある）

井原、今山、今津、今宿、飯山、石崎など「イ」地名が多い。

「奴国」は、不明であるが、地名に「須玖」があるので、半島系の「スク（須玖）ナ（奴）ヒコ」の後裔の国と推定する。「伽耶族」と推定される。

「奴国」の領域は、「板付遺跡」（前期末）から「須玖岡本遺跡」（中期後半）に連なっている。「漢倭奴国王」の金印を前漢代に享受した部族は時期的に後半に属しており、前半期は、上述の「スクナヒコ」の後裔であろう。さらに、半島系の住民の渡来も推定される。

そのほか、

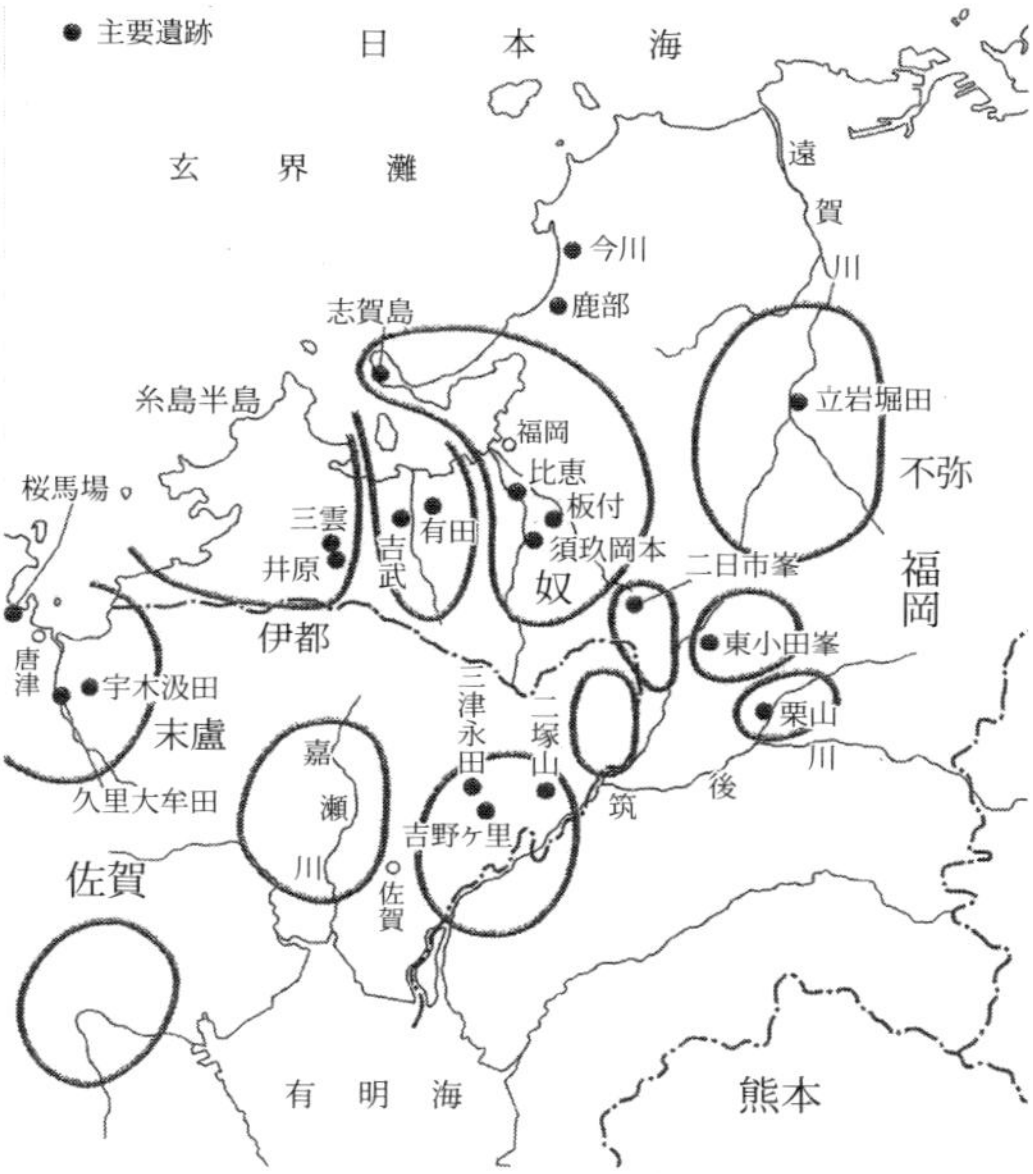

図4−1　弥生時代中期の北部九州
（出典：大塚初重他『倭国大乱と吉野ヶ里』山川出版社）

「嘉瀬川」流域は、地名から「サカ族」か、佐賀大和もあるので、ニニギ系勢力が一時逗留した根拠地の可能性もある。また、「徐福族」（秦族）もこの付近に上陸・在住している。

「筑後川」吉野ヶ里地域は、ニニギの帰還勢力の本拠地。「ミ族」の到来・居住地域で、御笠、御井等に近接している。「三津水田遺跡」があるのも地域内を示すためか。この地域は、諸富町の徐福族の上陸地とも近接している。

徐福族も上陸後、成人用甕棺の分布から、筑前に進出したと推定されるが、その後、追われて香春に移動し「秦王国」を造っていると推定する。

また、遺跡の出現時代から、次のような国々の成立順序が推定されている。

前期末　以前　早良国（半島系）
　　　　以後　奴国（半島系？）
　　　　　　　末蘆国（半島系）
中期後半　　　伊都国（早良族との合流の可能性）
　　　　　　　不弥国

これらの国々は、半島系の渡来民の国や、先住系の国、西進時に形成された国が、混在して分布しており、ある国が独自性を主張すると、争乱の原因になり得る状況である。また、大乱以前には、「奴国」「倭奴国」が大陸の「漢王朝」に朝貢し、他国との差別化を図ったことも争乱の原因の要因を形成したのかもしれない。「奴国」と「倭奴国」の対立も想定できる。

これらの状況を背景として、列島でも、「漢」から金印を授かっていた「奴国」が勢力を低下させ、周辺の国々の反発を抑えきれない状況が発生していた可能性が強い。「奴国」は、弥生時代中期には、「後漢」の後援を受けていたが、この時代には中国・後漢勢力は衰退していたので、大陸からの支援は獲得できなかったものと思われる。

(ロ) ヤマトの方針と対応

「記紀」の年代によると、大乱の時期は、タラシナカツヒコ(仲哀)代~ホムツワケ(応神)代の間で、タラシヒメ(神功皇后)の時代となっていて、長大な空位の発生を伝えている(一章参照)。この時期に、ナカツヒコ(仲哀)・タラシヒメ(神功)は、九州に「熊襲征伐」で出陣しており、大乱後は「邪馬台国」が成立している。

この時代は、弥生時代後期に対応し、考古学的には、ヤマトの銅鐸と九州の広型銅矛に象徴される、二大勢力の対立の時代である。この九州勢力は、その銅器の分布から、対馬~日向灘~土佐に連なる支配範囲を有する「ウガヤ連合」であり、対島を超えて半島南部まで及んでいた可能性が高い。ヤマト勢力は、この勢力に挑戦を開始した。

まず、大乱前のワカタラシヒコ(成務)代に、南北に長い「ウガヤ連合」の支配範囲の中央部、新たにヤ

マト系の国造が任命されている（「国造本紀」）。すなわち、

豊国国造　宇部足尼　（天穂日系）

国東国造　午佐日命　（吉備系）

日田国造　止波足尼　（穂積系）

筑志国造　日道命　　（葛城系）

末羅国造　矢田稲吉　（穂積系）

この政策により、九州勢力の反発を招いた可能性が高く、大乱の直接的原因になったと推定される。

ヤマト系の国造は、瀬戸内海の西端付近の、広島・安芸地域に「天湯津彦系」の国造が、伊予国造に物部系国造が、周防・吉敷に武蔵系の国造が配置され、渡来民の進入を防いでいたと推察される。北九州の国造の勢力が衰退したため、「ウガヤ連合」が成立したと推定されることから、ヤマト勢力が強化を図った政策と思われる。

さらに、「伊都国」の後裔や「崗の県主」に迎えられた、ナカツヒコ・タラシヒメの遠征により、「ウ」族の熊襲と半島の「カヤ（伽耶）」勢力は分断され、「ウ」族からは、同盟していた「多羅族」が島原に追われ、北九州の主力である「奴国」は対馬まで撤退させられたと推定される。

ヤマト勢力は、これらにより、渡来民による九州「ウ」国の主導権の把握を阻止し、鉄器などの交易権の確保を目指して関門海峡を開き、南北に連なる渡来民の移動ルートの主軸の破壊を策したのではなかろうか。

これらの解釈が、「倭国大乱」の真相と思われる。ミマキイリヒコの東遷は、弥生時代中期に実行されたと推定するが、これが、九州勢力のバランスを崩して、「ウガヤ連合」を生み、大乱の遠因となったものと推察する。

三、渡来民とウガヤ連合の成立

「ウ」族が、弥生時代後期に「ウガヤ連合」の形成に至る状況を、以下にまとめておく。

(1)「ウ」国の成立と「ウツシ」国の滅亡まで（以上、前王統時代）

①「ウ」国は、熊本・宇土地域に、縄文時代からの特有の土器圏を形成して居住している人々により自然的に発生・建国されたと推定している。王統は在地系の女王たちによって主として継承されていた。

②半島から渡来した「スクナヒコナ」や東九州の「ツ族」などと合流し、「ウ」族はオオクニヌシの「ウツシ国」に発展している。

これは、九州に展開している「ウ」「ツ」地名で確認される。

③その後、「スクナヒコナ」や「オオクニヌシ」の時代に隆盛し、オオクニヌシが出雲のスセリヒメと婚姻する過程で、出雲から北陸に支配範囲は、最大に拡大した。

④しかし、縄文時代晩期に、東日本から西進してきたニギハヤヒ・ニニギ勢力に屈服し、ニギハヤヒに出雲を「国譲り」し、九州の覇権はニニギに委譲している。（ニニギ系がウガヤ王統譜に入っている）

（この過程は、『竹内文書』・上書の王統譜の解明等によって明確となっている）

(2) 渡来民と合流し、「ウガヤ連合」を形成

①「呉系集団」の「キ族」の長崎への進入や長崎から菊池への移動、「徐福族」（秦族）の有明海への侵入や佐賀から筑前、さらに香春への移動などにより、周辺の状況はめまぐるしく変わって、金属器時代

に急激に移行し、従来の平穏な国々は変化を余儀なくされた。

②北九州には二一〇〇年前以降、半島からの伽耶諸族が大挙して到来しており、北九州のど真ん中に伽耶族系の「奴国」が形成される。

③二〇〇〇年頃に豊後に進入した、扶余系の「陜父族」は、阿蘇から到来して、「ウ」族に合流し（王統譜に「豊足」や「神足」などが入る）、玉名に「多婆那国」を建国したと推定する。在地系部族から、国際性に富んだ半島系の国に変貌した。

④「奴国」は、五十七年漢に朝貢して「漢」との密接な関係を維持し、北九州の主導権を握って勢力を増大した。「ウ」族は、この北九州の「奴国」（加羅族、安羅族など）と合流して、「ウガヤ連合」を建国することとなる。半島南部から、関門海流に乗れば、豊前、豊後、日向、南四国、土佐に至るが、その海域を縦横に活動する交易国の「ウガヤ連合」が発展・隆盛することとなる。それは、弥生時代後期五〇〇年～一八〇〇年の状況である。

⑤「ウガヤ王統譜」の中には、天津系の王も含まれている。オオクニヌシの「国譲り」の後は、ニニギ系の王統が挿入され、前述のヤマトの対応を考えれば、中央系ではなく、九州内の一部の天津系が合流した可能性がある。熊本平野北部には、山門などの地名や在地系の天津族が存在し、ミマキイリヒコの東進に同行しなかった部族が筑後周辺に発生したなど、その可能性を否定できない状況となっている。

（3）ウガヤ朝の展開

「ウガヤ朝」は、対馬海峡を挟む九州の「ウ族」と半島南部の「カヤ族」の連合国した国で、弥生時代後期以降に形成した多羅系主導の「連合国」と推定する。
その後、渡来民を多く含み、大和に移動しなかった呉系の「キ」族の一部や半島南部から渡来してきた「カヤ（伽耶）」諸国と連合して、一時期、九州から四国南部に及ぶ「大きな交易国」を形成して復活した可能性が高い。

その「大きな交易国」は、北九州、中九州と半島南部が海峡を挟んで連合した、交易国家の「ウガヤ連合」である。当初は、半島南部の諸国と同様に、政治的な主権国家を形成したのではなく、交易を主体にした連合国だったのではなかろうか。海峡を挟み、日本海、瀬戸内海、玄界灘、周防灘、日向灘を含んでいたと推定する。
その形成時期は、半島南部から加羅諸国（倭人）が渡来してきて、「奴国」を造った頃で、考古学的には、前述したように、分布している土器や銅鏡が均一化した弥生時代後期前半頃（紀元前後）と推定する。青銅祭器の分布図（図4－3参照）では、後期の「広形銅矛」「広形銅戈」の分布範囲に示されていると判断される。

図4－2に、朝鮮半島南部の弥生土器の出土遺跡の分布図を示す。これによれば、北九州の指標土器である城ノ越式土器～須久式土器（二三〇〇～二〇〇〇年前頃）が、半島南部の嶺南地域に多く出土している。藤尾氏によれば、「鉄」を求めて海を渡った北九州（伊都国系）の人々の痕跡とされている。とすれば、「ウガヤ連合」の前衛時代であり、頻繁な交流が存在していたことが判明するのである。「ウガヤ連合」の後代の連携は、その基礎がこの時代から形成・存在していたということなのである。

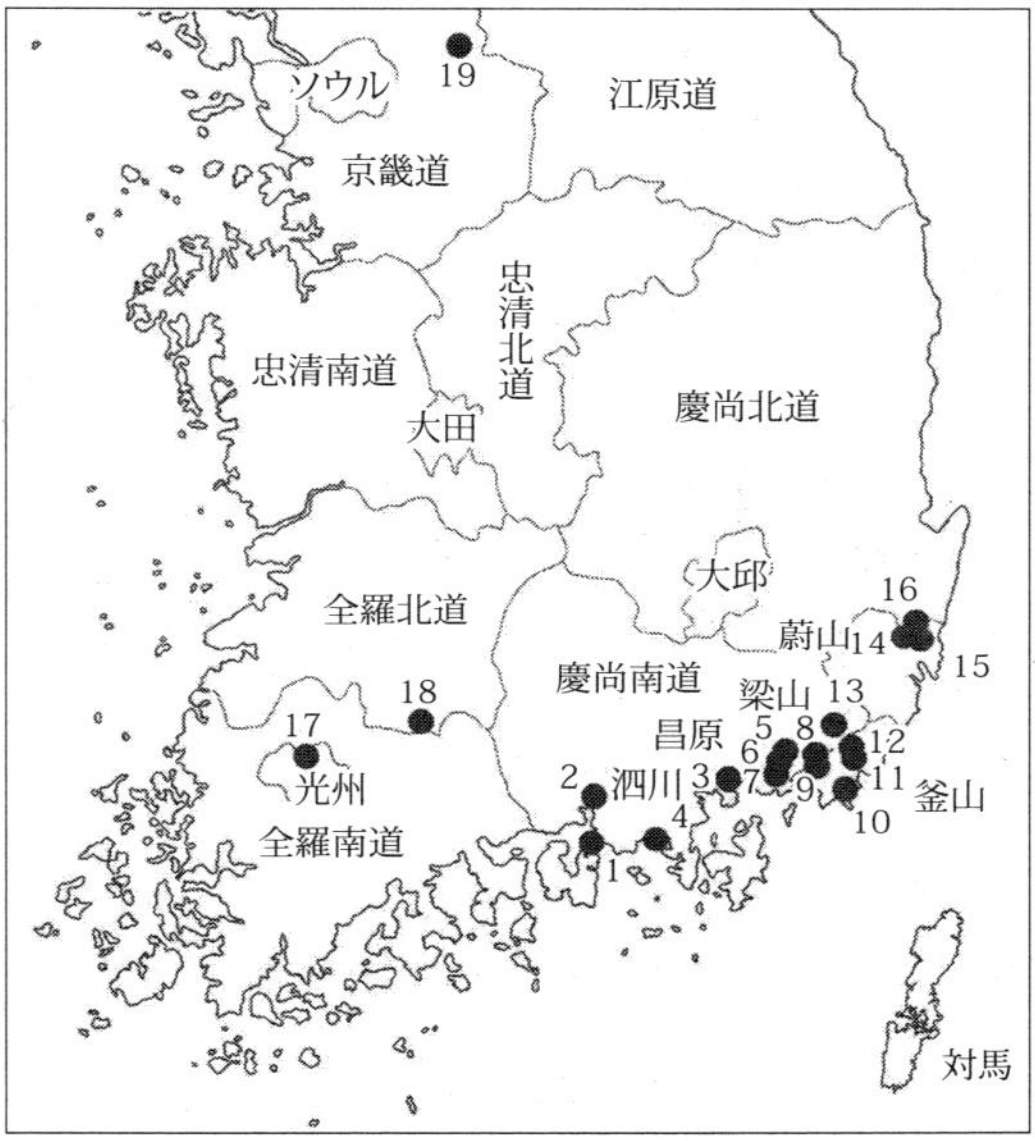

図4―2　朝鮮半島の弥生土器
（出典：藤尾慎一郎『弥生時代の歴史』講談社）

（４）考古学的根拠など

古史に登場する「ウガヤ連合」の存在は、事実である。以下にその根拠を示す。

①祭祀青銅器の共有（広形銅矛・銅戈）（図4―3参照）

②高地性集落の時代的変遷（中九州・南四国への分布）

③ウガヤ王統譜の「タリ（足）」系王の存在

④考古学的根拠　本拠地の熊本を中心とする遺跡の注目すべきデータ

・重弧文長頸壷、タブレット形土器が熊本平野から北九州に及んでいること
・青銅器鋳型は、初期鋳型が有明海沿岸でまず見られ、北九州に移動していること
・銅鏡が後期前半に、北九州～中九州地域が均一化していること
・宮地遺跡では、後期前半の環濠が、掘削されてすぐ埋設されていること
・宮地遺跡群で、集落が後期に周辺に拡散していること
・熊本の遺跡で、中国の半両銭（秦・漢）貨泉（新）が出土していること
・北九州はじめ、中九州でも南西諸島産のイモガイ製貝輪などが出土していること
・半島（朝鮮）系の土器やガラス玉が出土していること

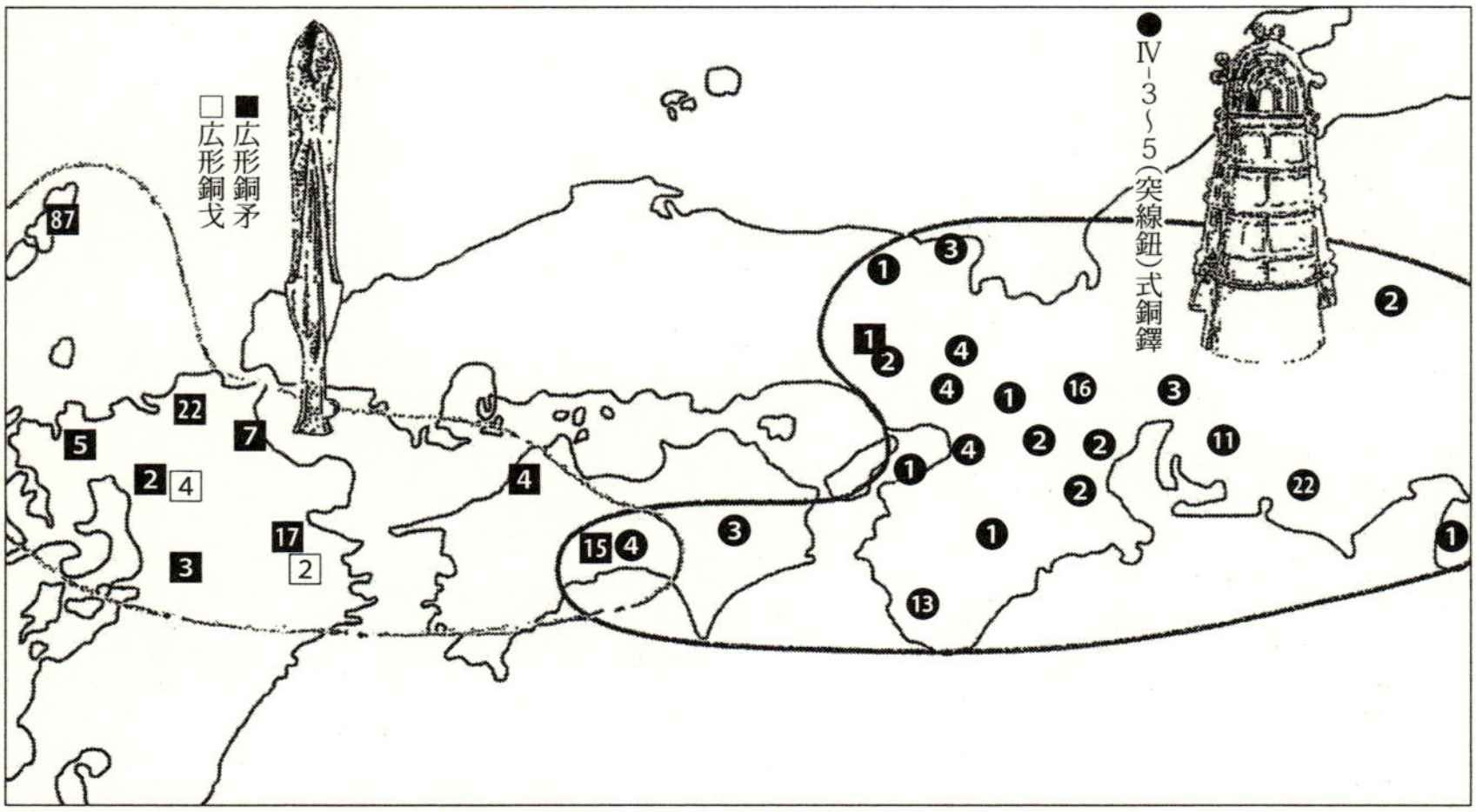

図4-3　最末期の銅利器と銅鐸の分布（出典：島根県教育委員会『図録 古代出雲文化展』朝日新聞社）

・遺跡分布地に荒尾や多良木など、カヤ系の地名（アラ、タラ）を含むこと

・中期後半に北九州に「丹塗磨研土器」を帯同して渡来した部族があること（カヤ族か？）伊都国の三雲・井原遺跡の「王墓」が築かれる時期と対応

・後期の「免田式土器」の影響は、九州島だけでなく、壱岐から沖縄まで及ぶ（ウガヤ連合形成の活躍の反映か）

これらの事実から、半島からの渡来民の侵入後、弥生時代後期には、土器や鏡の均一化から、北部九州と中九州は均質化し、「ウガヤ連合」を形成した可能性を指摘できる。その後、後期前半の「大乱」では、熊本地方にも戦乱は及び、環濠の掘削・埋立や集落の拡散が発生していることも指摘できる。武器形青銅器は、中期後半には祭祀用具に変化しており、鉄器がこれに変わって主体となったものと推察される。

熊本を中心とする地域は、渡来民時代以前には有明海沿岸との文化の共通性もあるが、半島からの渡来最盛期には、北九州とも密接に関連している。

また、「大乱」期には、高地性集落と鉄鏃が豊後から熊本を結ぶ地域に、帯状に出土・分布していることが確認されていて、ヤマト勢力の侵攻も指摘でき、宮地遺跡の状況は納得できるデータとなっている。

(5)「ウガヤ連合」形成のもう一つの根拠

「ウガヤ連合」形成のもう一つの根拠を、図4-4に示す。豊後水道周辺の海流の分布図である。図示されてみると、この図は面白い。

この図では、豊後水道周辺の海流は、干満によりその流れを変え、ほとんど逆流していることがわかる。この流れから推定すると、南北に流れる海流を横切って東西に進むことは、かなり難しいのが素直に理解できる。芸予諸島の閉鎖は存在するが、瀬戸内海を簡単に東には進みにくいのである。

この流れから考えると、「ウガヤ交易圏」の方はすんなり理解できる。青銅祭器の分布の、関門海峡から宇和島を経由した南四国への繋がりが、南北の海流の存在に起因する可能性が、素直に納得できるのである。

図4-5は、その海流を念頭にした、「上代の航路」を示すが、関門海峡を抜けると、国東半島（姫島）を経由して、東進する航路が通常用いられていたようである。したがって、流れの詳細を知らないと、目的地への到着には、時間を要したようである。

潮に乗れば、関門海峡から豊後水道への航海は、意外と容易であり、「ウガヤ連合」の南北への勢力圏の形成も、この自然の摂理が重要なポイントを占めていると推察するのである。

四、戦闘の推定と終結

(1) 全体的推移（考古学データによる検討）

図4-6は、祭祀用具とされる「青銅器」の分布状況を示した図である。図では、「青銅祭器分布図の対峙」と「対峙」が強調されている。

（上図）は、弥生時代中期後葉の「出雲」と「吉備・讃岐」の対峙が

（中図）は、弥生時代中期後葉の「北九州」と「ヤマト」の対峙が強調され

（下図）は、弥生時代後期の「ヤマト・尾張」と「北部九州・対馬」の対峙に変化している。これは何を示すのであろうか。私論からすれば、概要にも示したように、基本的に「倭国

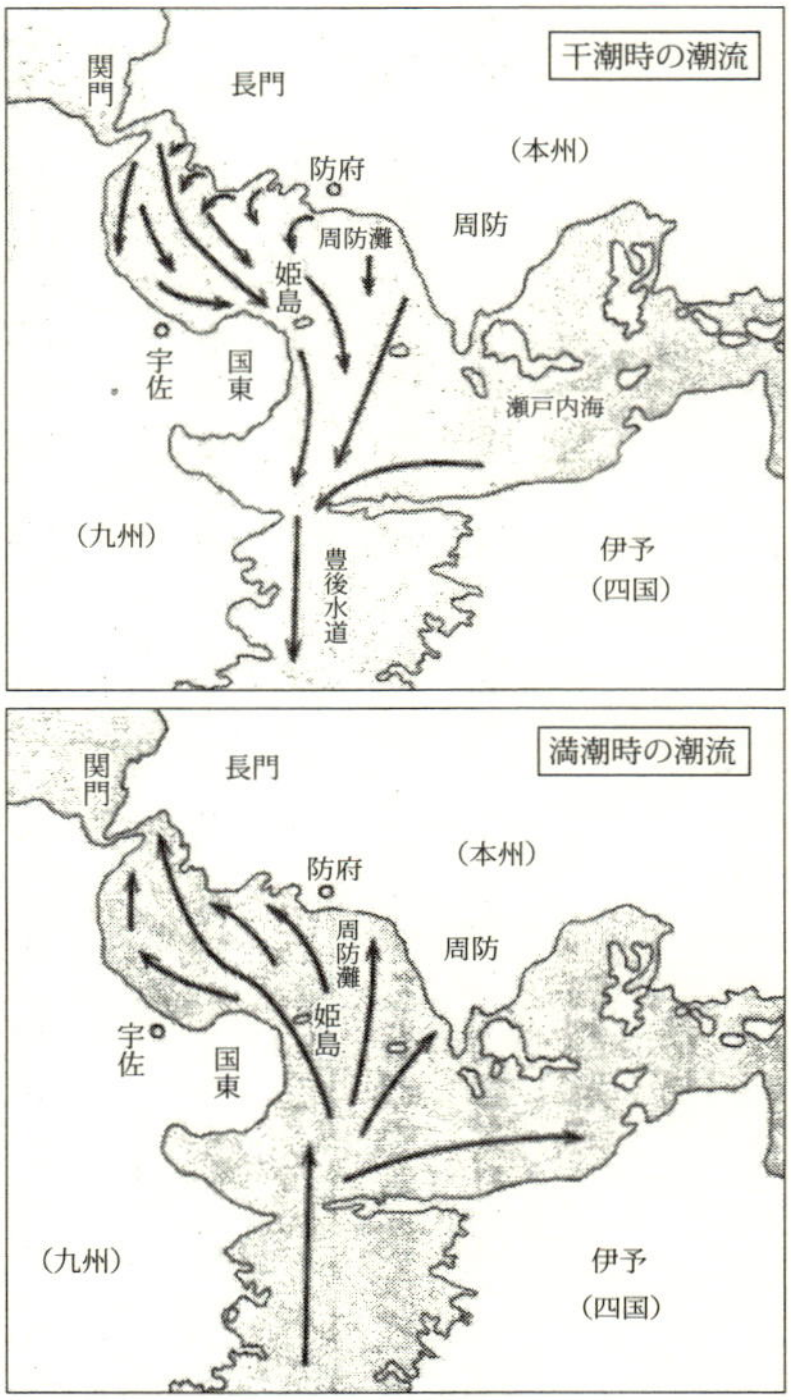

図4–4　海流

（出典：鷲崎弘明『邪馬台国の位置と日本国家の起源』新人物往来社）

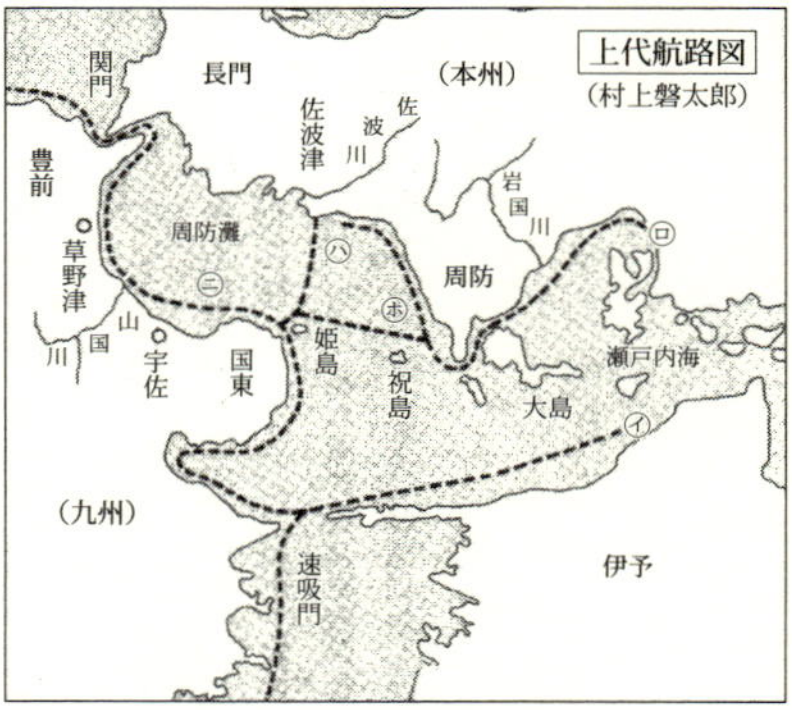

図4–5　航海図

（出典：鷲崎弘明『邪馬台国の位置と日本国家の起源』新人物往来社）

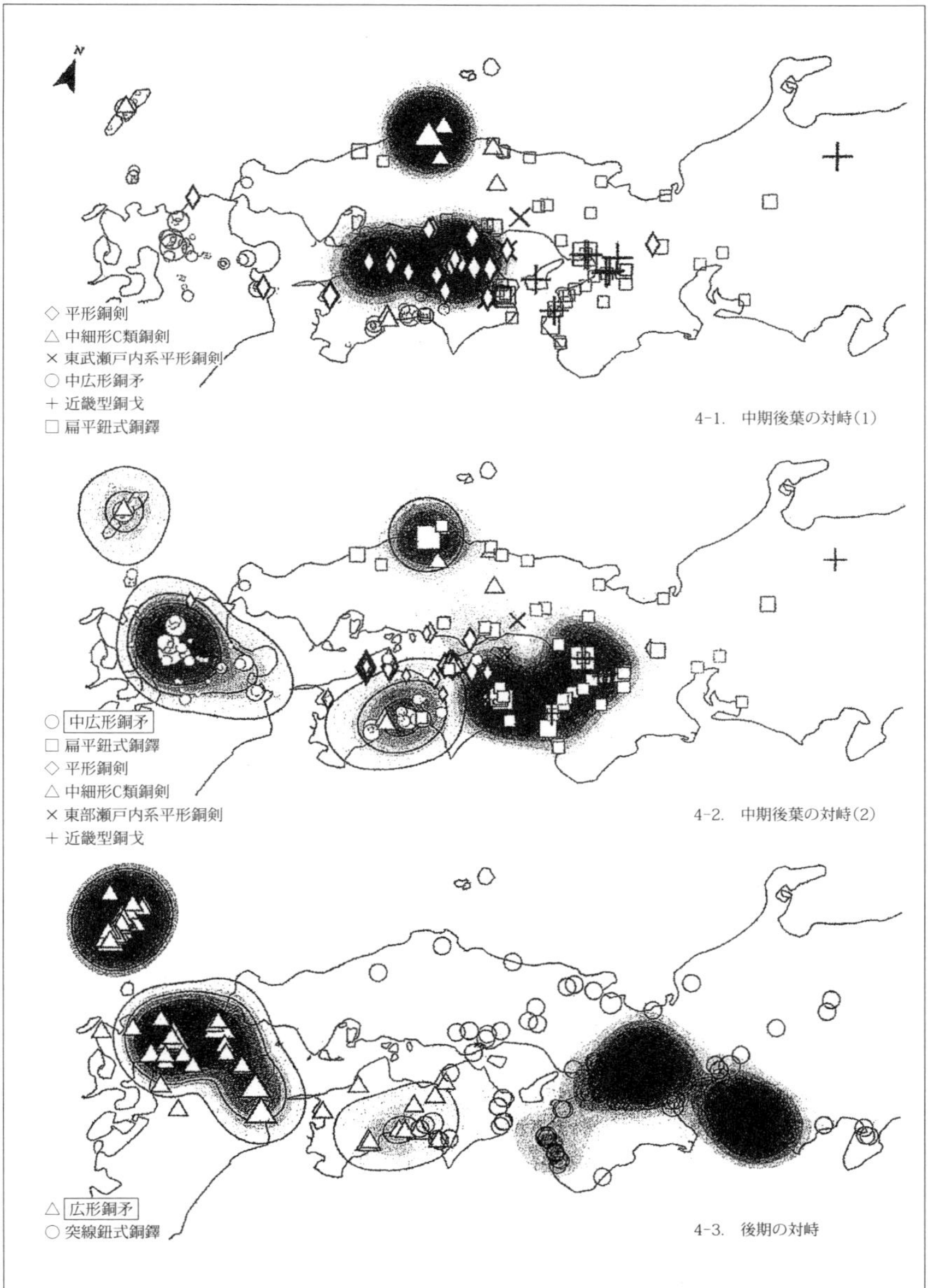

図4–6 青銅器分布圏の対峙

大乱」に至る「ウガヤ連合」と「ヤマト連合」の衝突の過程と直前の状況ではなかろうか。これから当時の情勢を読むと、祭祀用具を共有させて共闘関係を確認した結果と判断する。

① 初期は「出雲」と「吉備・讃岐」が対峙する。「キ」族が瀬戸内海に入り、備讃海峡を制圧したので、ヤマト系の出雲が勢力を集中して、警戒した。

② 出雲の勢力が、吉備・讃岐勢力を越えて、土佐や阿波に進出している。この結果、ヤマトは、吉備・讃岐勢力とともに、阿波から紀伊に至る地域の防衛を強化した。北九州では、対馬・豊前勢力を取り込んで、海峡封鎖の勢いを示した。

③ ヤマトは尾張と協同して、九州勢力と対峙する事となるが、九州では、「ウガヤ連合」が成立し、土佐勢力の取り込み・進入を図る。関門海峡は、「ウガヤ連合」が制する事となり、大乱の惹起した原因の一つを提供することとなる。新宮付近の分布は、水軍も作戦に参加したことを示している。まさに、「倭国大乱」直前の状況を示していると推定できる。

図4-7は、弥生時代の「高地性集落の分布」を示している。瀬戸内海区域は、芸予諸島、備讃諸島の島々に分布が集中している。この分布からは、渡来民の進入の状況を把握するという防御的集落ではなく、侵入者への攻撃的基地であることを示している。瀬戸内海の閉鎖を意図しているようにみえるのは、筆者だけであろうか。図4-7は、この目的の達成のための対応と解釈できないこともない。散発的に東進してくる渡来民ではなく、大挙して到来する渡来民勢力へのヤマトの対応策ではあるまいか。

「御笠の玖珂耳」、「ミマキイリヒコ」、「神功・応神族」、「邪馬台国勢力」のいずれもが通過したヤマトへ

図4–7　高地性集落の分布（出典：井上光貞『日本の歴史〈1〉神話から歴史へ』中央公論新社）

の進入ルートであるが、その道を幾重にも防衛・確保し、渡来民の多量の進入を防いだのである。

また、大乱中の時代（「中平」一八四〜一八九年間）を明記した「刀」が大和で出土したとされており、大陸からの品の可能性が指摘されているが、東のヤマトでは、大乱は発生しておらず、現在、その存在に特別な意味合いがあるとは考えられない。

（2）タラシナカツヒコの「ウガヤ」攻撃

図4‐8および図4‐9に九州の「鉄鏃」と「高地性集落」分布の考古学データを示す（山本廣一氏資料より）。これらによれば、

（1）「鉄鏃」は、北部九州に散在しているほか、大分〜熊本を結ぶ地域に大量の分布が記載されている。山本氏は、邪馬台国と狗奴国の戦場と推定しているが、図4‐9に示す「高地性集落」（下大隅・西新式土器期）の分布とよく対応していることから、時代は「倭国大乱」時期であり、私論の「原ヤマト」対「ウガヤ（狗奴）国」の戦闘を示す可能性が高い。

（2）図4‐9の「高地性集落」の分布は、上述の九州の大分〜熊本地域のほかに、周防、安芸、伊予地域も描かれているが、ここにも多くの集落の分布が示されている。これは、「原ヤマト」の前線基地を示して

いる。後代ではあるが、この地域の「国造」は、ヤマト系の「天」氏などの後裔が任命されているからである。

（3）したがって、上記の推定が正しいとすると、原ヤマト勢力は、「ウガヤ連合」の本拠地を直接攻略したこととなる。この時期の熊本の「宮地遺跡」では、半分ほど掘削された環濠がすぐ埋め戻されて

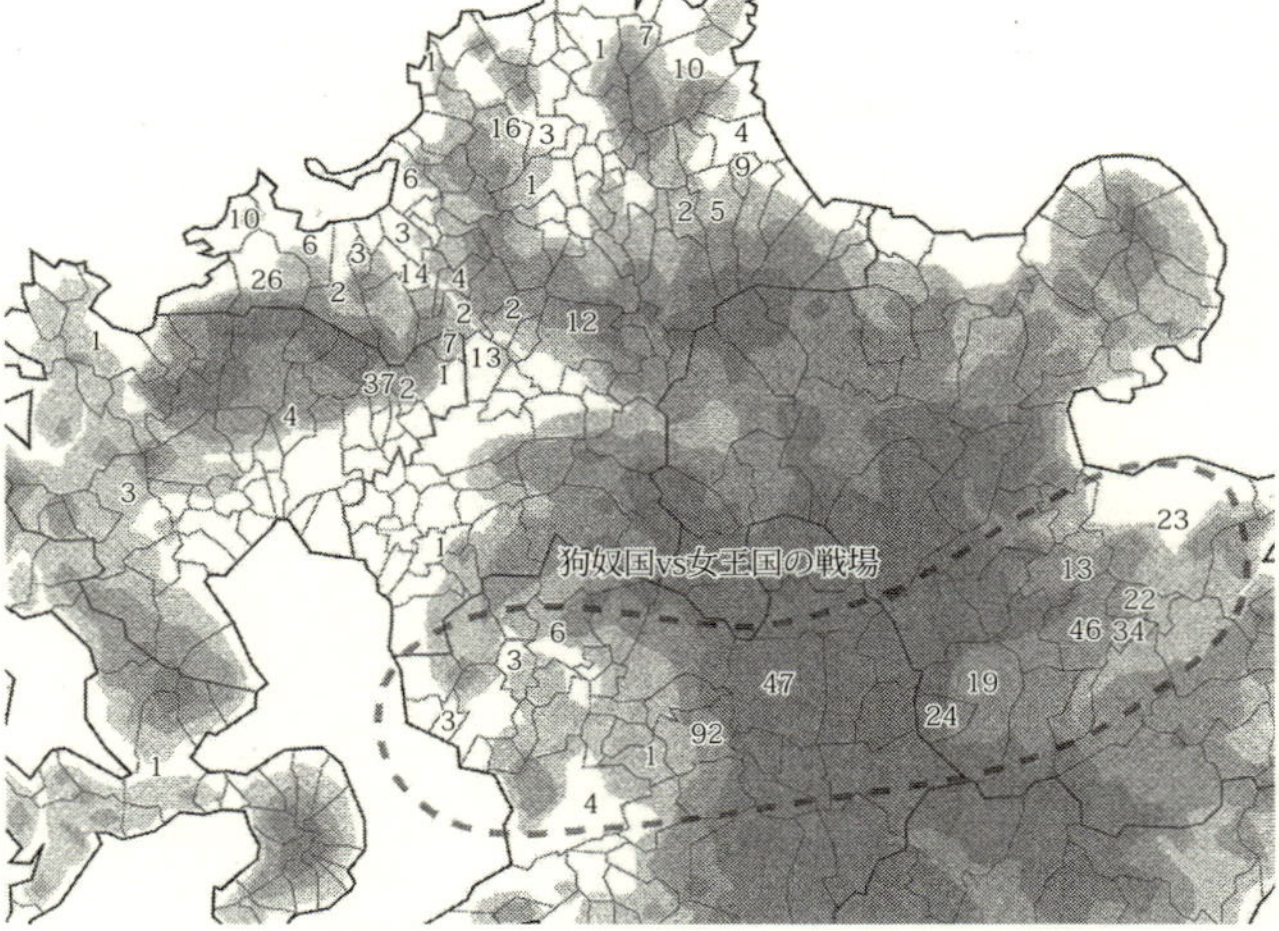

図4–8　九州の鉄鏃（出典：奥野正男『鉄の古代史』白水社）

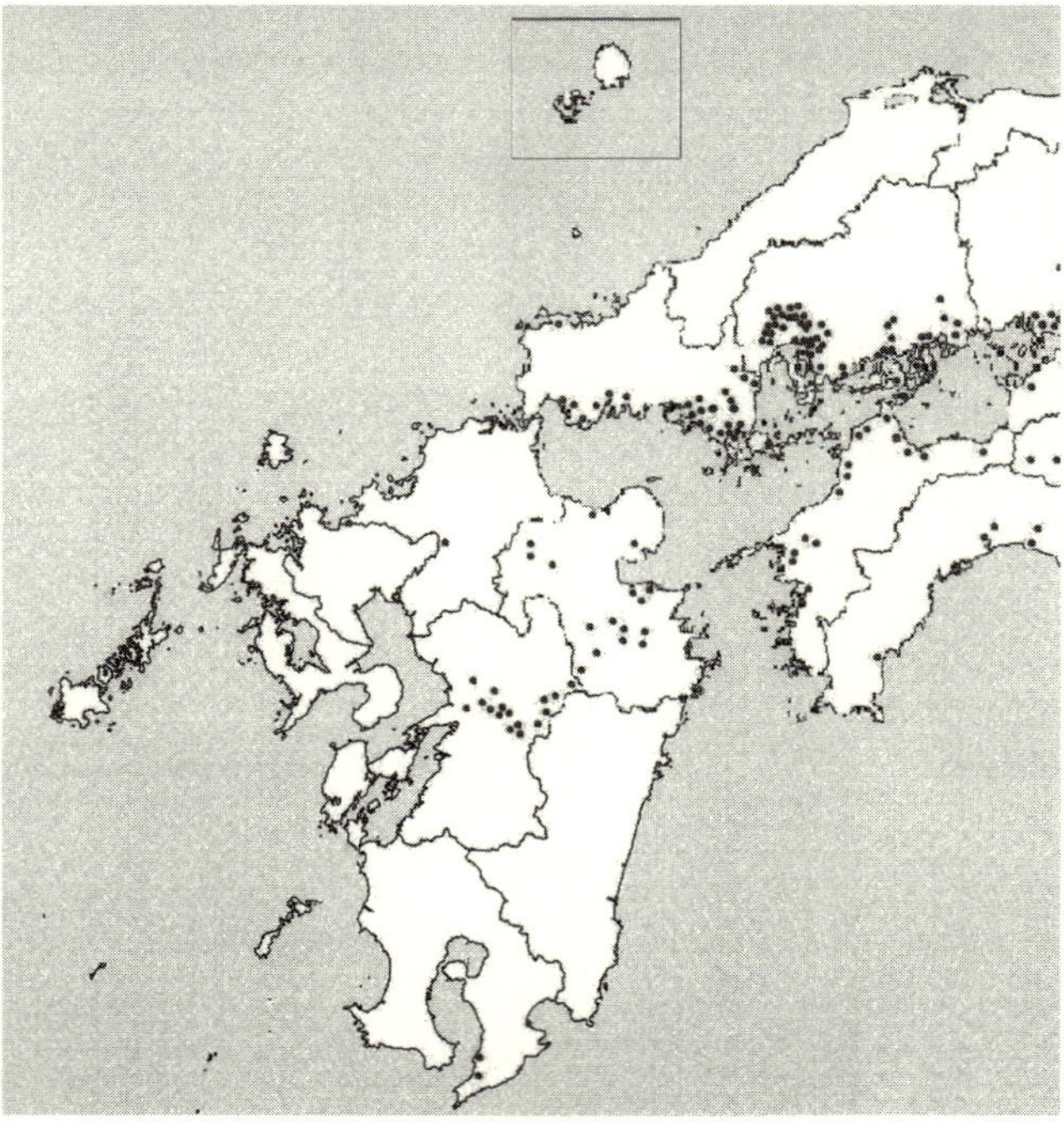

図4–9　高地性集落」の分布

いることが指摘されており、さらにこの時期の集落が広く拡散していることも確認されている（既述）ので、原ヤマトの「ウ族」（熊本）征服が完了したことを示しているのではなかろうか。

（4）「鉄鏃」の分布は、北部九州では、糸島、佐賀、春日、遠賀川ほか、企救平野地も及んでいる。伽耶勢力の征討も同時に実施されたと推定されるが、鮮明ではない。「奴国」が金印を置き忘れるほどのヤマト勢力の急襲だとすれば、納得できる状況かもしれない。

この戦闘の主役は誰であろうか。十四代タラシナカツヒコと推定される。山岳地帯の進軍は、防御側が有利であることから、ナカツヒコは苦戦し、戦中で逝去している。皇后のタラシヒメは、作戦を変更し、まず半島南部の伽耶族の本拠地を攻略し、南北の連携を絶った後で、筑紫から南下して、ウガヤの熊本の本拠地も攻略している。

この豊後―熊本ルートを進入した部族としては、二〇〇〇年前頃に侵入した扶余族の陝父の一族が居る。関門海峡を南下して豊後より阿蘇に至り、やがて「多婆那国」を建国したとされている。タバナを玉名と解せれば、クマソ城を維持しているとされるのも認知できる。

また、大乱後の二八五年に渡来した同じ扶余族の「依羅」がいる。上陸地が不明であったが、陝父の後を追って渡来してきた可能性がある。

(3) 北九州勢力の奴国攻撃と滅亡

奴国の状況については、安本美典氏が青銅器の動きの分析から、「奴国は滅亡した」と主張されている。

誰が攻めたのかは、記載がない。

「漢」から授与された「金印」が、思いもかけぬ場所から発見されていること、春日周辺に集中していた「広形の銅剣・銅矛・銅戈」勢力が、その後、対馬・豊後・瀬戸内海に分散していることなどを根拠にしている。以下、その詳細を記載する。

その前に、青銅器の時代を確認しておこう。

杉原荘介氏は、『日本史総覧　考古・古代Ⅰ』の中で、九州などの弥生時代の青銅器の時代を、その種類により、次の三区分に区分している。

これは、武器から祭祀用具への変化の過程でもある。

ＢＣ一〇〇〜ＡＤ一〇〇　細形、中細形青銅器

ＡＤ一〇〇〜一五〇　中広形青銅器

ＡＤ一五〇〜二〇〇　広形青銅器

① 奴国の滅亡の経過

安本美典氏は、これらの青銅器の分布を分析し、「奴国」は、「邪馬台国」に滅ぼされたと主張している。

以下に、その根拠を記載する。

(1) 奴国は、『後漢書』の記事や「漢倭奴国王」の金印に示されるように、北九州を支配した国であり、「細・中細形の銅剣、銅矛、銅戈」を使用する国であり、ＢＣ一〇〇〜ＡＤ一〇〇に存在した国であ

ることが、上記の時代区分から判明している。

（2）図4-10（1）は「細形・中細形の銅剣、銅矛、銅戈」の分布図であり、その範囲は、佐賀・松浦平野から福岡平野、筑後平野に及んで多少広く分布している。

（3）図4-10（2）は、「中広形の銅剣、銅矛、銅戈」の分布図であり、その範囲は、松浦平野や博多湾岸が空白地となり、春日市の須久岡本遺跡付近（「奴国」）に集中している。「山門」や「宇佐」など、東南方向にも分布が移っているようにみえる。AD一〇〇～一五〇頃の状況と推定されている。（他型の分布とは明白な差異がある）

（4）一方、図4-10（3）の「広形の銅剣、銅矛、銅戈」の分布図では、その出土数は減少し、須久岡本遺跡付近では、激減している。AD一五〇～二〇〇頃の状況である。

（1）細形・中細形の銅剣・銅矛・銅戈の九州本島での分布

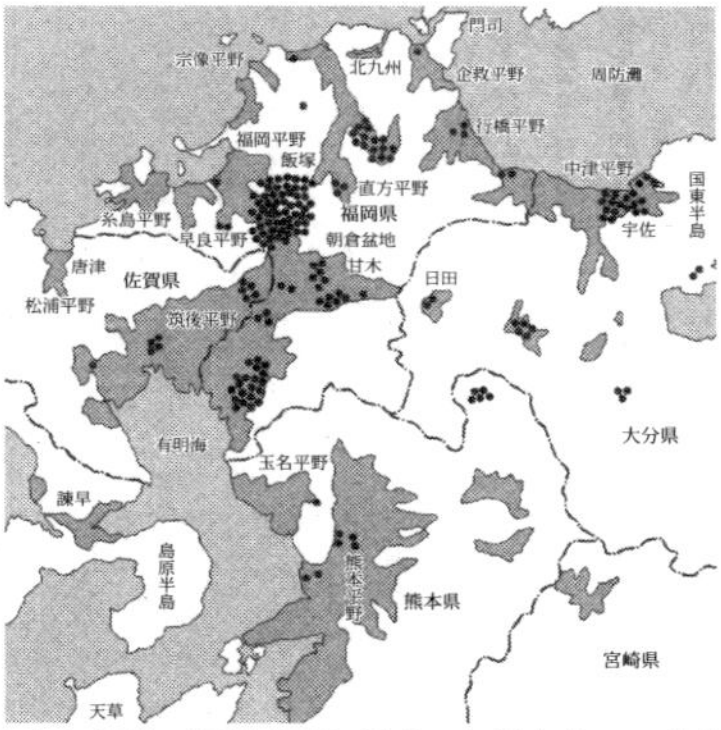

（2）中広形の銅剣・銅矛・銅戈の九州本島での分布

（3）広形の銅剣・銅矛・銅戈の九州本島での分布

図4–10　銅剣などの分布

（出典：安本美典『奴国の滅亡』毎日新聞社）

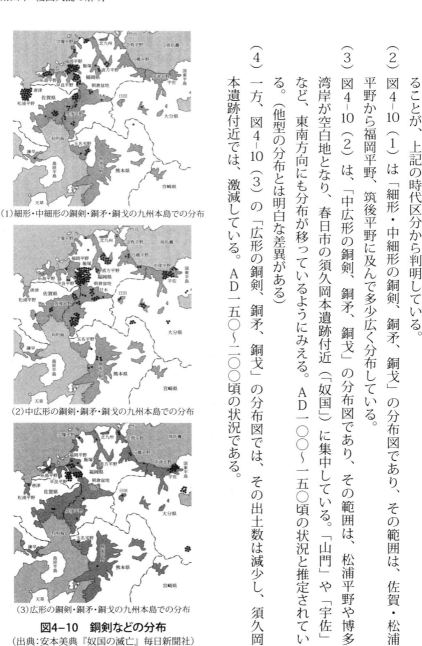

（５）これらを争乱後の「広形の銅剣、銅矛、銅戈」の詳細な分布図（図４－11）では、「広形の銅矛、銅戈」（図４－11⑴）は、対馬、国東、伊予に集中部があり、「広形の銅剣」（図４－11⑵）は、北四国（東予～讃岐）に集中分布していて、種類ごとに異なっていて、分散している。

これらから、「広形の銅剣、銅矛、銅戈」を主な武器・祭祀とする「奴国」が北九州から移動したと推定されるとしている。この時期は、ＡＤ一五〇～二〇〇頃である。

一方、中国文献『魏史』倭人伝によれば、ＡＤ一八〇年頃は、「倭国大乱」の時期であり、この時期と奴国の移動時期がほぼ一致するので、邪馬台国が奴国を攻め滅ぼしたというのである。

対馬の広形銅矛（図４－11⑶）の多数は、神社にあり、他の地域と出土状況が異なること、広形銅矛の鋳型が北九州では出土しているが、対馬にはないこと、九州では墓から出土した例はないが、対馬では箱式石棺から出土していること、九州では広形銅矛は二世紀頃滅びたが、対馬では三世紀のものとみられる小型仿製鏡と共伴出土していること、これを航海安全を祈る祭礼具と判断すると、対馬に七〇本以上出土するのに、壱岐には出土しないことを説明できないこと、対馬と壱岐には海神社があり、信仰は連続していること、などなどから、奴国の王族が対馬に渡海したのは、否定できないとしている。

邪馬台国の武器は、鉄器であり、これらと明確に区分されるとしている。かくて、奴国は邪馬台国に滅ぼされたとするのである。この戦闘が「倭国争乱」とされている。

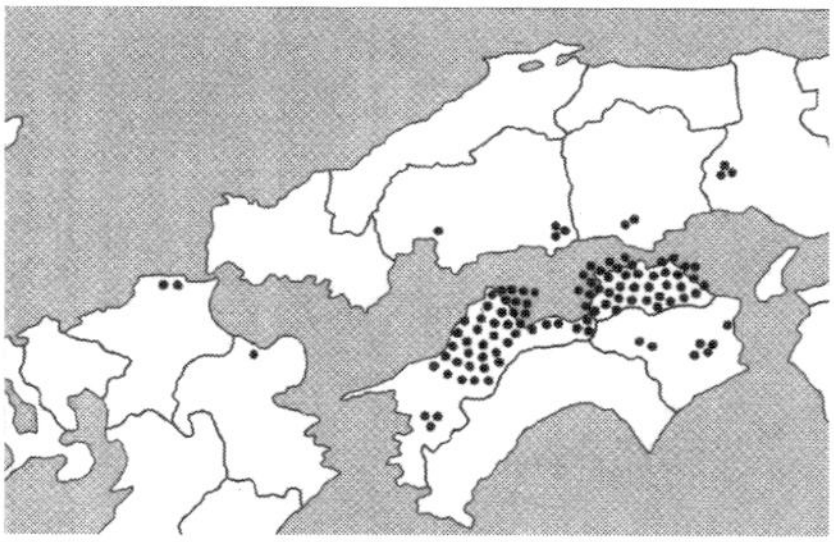

(2)広形(平形)銅剣の出土地点の分布

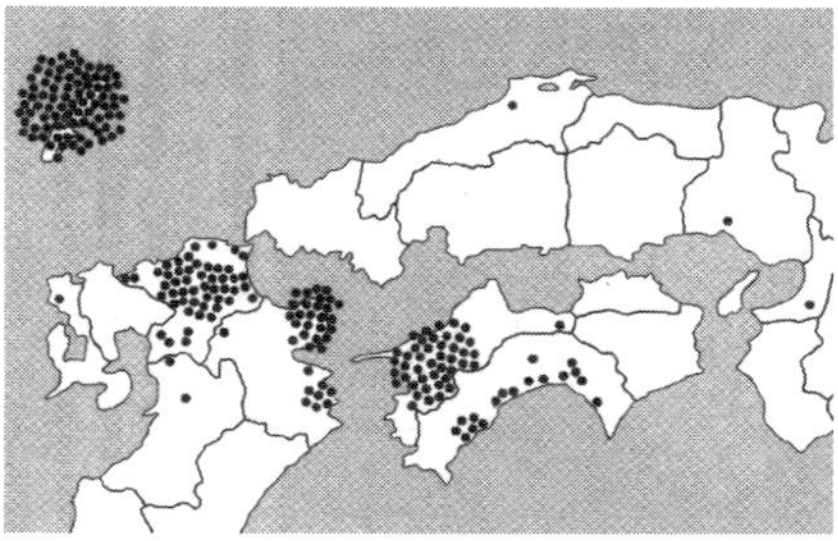

(1)広形銅予・銅戈の分布

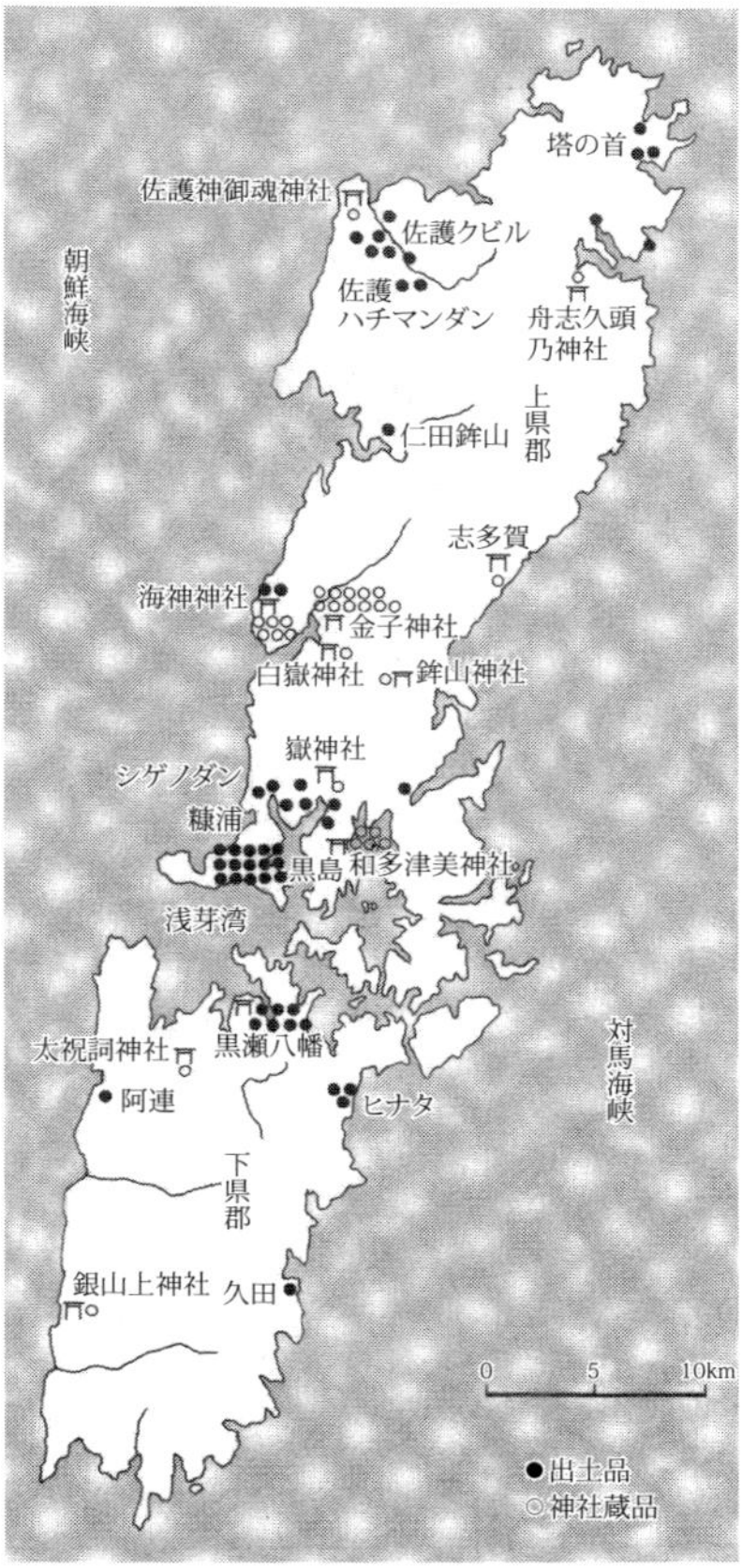

(3)広形銅予・銅戈の分布

図4−11　拡散後の分布（出典：安本美典『奴国の滅亡』毎日新聞社）

② **安本説の追加検討**

前段でも述べたように、この解釈では、青銅器の使用が渡来民で、革新的鉄器の使用が「邪馬台国」とされて逆転していて、使用者に時代的な錯誤があり、また、瀬戸内海の広形銅剣の解釈に誤りがあると考える。以下、さらに検討すると（拡散前の青銅器の分布図（図4－10）、拡散後の青銅器の分布図（図4－11）参照）、「奴国の滅亡」の安本説を、前段に追加して、次のように変更すべきであると考える。

（1）「奴国」成立以前に、ニギハヤヒ族の西進があり、北九州にはすでにクニグニが成立していたので、これらの事実を念頭に置く必要がある。

（2）攻撃したのは、ニギハヤヒ時代に建国されたクニグニで、金印の出土状態から、急襲による攻撃が想定され、それが可能なのは、隣接国の「伊都国」と「不弥国」あるいは、「早良国」などのヤマト系部族の相互プレーの結果であろうと推定される。なぜなら、「伊都国」と「不弥国」両国は、後代、九州に行幸したタラシナカツヒコとタラシヒメを迎えていることから、その健在性が示されているからである。

（3）奴国の滅亡に伴う逃亡先として、前述したように対馬のほかに、「広形銅剣」部族が北四国（今治・讃岐）に、「広形の銅矛、銅戈」が、宇佐・伊予にそれぞれ分散している。広形銅矛と銅戈の分布は、南四国にも散在している。また、北四国には、広形銅剣の分布が密集し、一部、瀬戸内海の対岸にも点在していて、利器の種類と分布が明瞭に分かれている。

いかにも両青銅器を有する統合部族が、敗戦により分散移動したようにみえる。

この分裂移動の原因は、人集団の違いで説明することもできる。ナ国・イト国集団は、倭人のみならず、もともと呉族集団と徐福集団を含んでおり、これらの後裔集団が分かれて移動したと考えれば、一応は説明可能である。

しかし、北四国は、前述したように瀬戸内海を封鎖しているヤマト系の部族の居住地であり、剣（細形・中細形銅剣）を信奉している地域なのである。したがって、ここでは、青銅器の種類の区別をする必要があり、「広形の銅剣」は、今治・讃岐のヤマト系部族の「戦利品」と考えるのが妥当と判断されるのである。「広形の銅剣」が、瀬戸内海の安芸や讃岐に「戦利品」として分散していることなどから、安芸勢力や讃岐勢力も参戦していたと推定する。

（4）「奴国」勢力は、北方の海方面は、閉じておらず、海に逃亡し、「広形の銅矛・銅戈」の集中分布から、対馬に至ったものと推定される。対馬に至った勢力は、一部は半島へ帰還、一部は沖縄に「ナ」地名が現れることから、南西諸島に移動したと推定する。さらに一部は、「青地上寺地遺跡」の存在から、北陸方面に移動し、鳥取では戦闘となっている。

また、その他の「奴国」勢力は、豊後や伊予のほか、九州内に分散し、後代、タラシ族が主導権を握る「狗奴族」に合流したと推定する。

（5）奴国勢力に組する「中広形の銅剣、銅矛、銅戈」を有する部族が、詳細を見ると、福岡の「田河」、豊前の「宇佐」や筑後の「山門」付近にも集中している。これらの地域から判断すると、そう、これらの地域は、オオタラシヒコの九州征討の討伐地域と合致しているのである。したがって、「奴国」の滅亡は、オオタラシヒコの九州征伐の前後の年代なのである。

いずれにしても、「奴国」を形成していた倭人と合流した部族が、戦闘に伴って逃亡・離反しているので、「ウガヤ連合」の分裂とともに、「奴国滅亡」は真実であったと判断できる。

(4)タラシヒメの半島南部の攻撃と九州平定

図4-2(前出)によると、北九州のクニグニは、鉄等を求めて、弥生時代前期(二三〇〇~二〇〇〇年前)から、朝鮮半島南部に進出し、交易や技術取得を行っていたと、弥生土器などの半島南部の出土から推定している。半島南部は伽耶諸国の本来の居住地であり、「ウガヤ連合」の一方の旗頭であったと推察される「渡来民の出発地」ともいえる。

タラシナカツヒコの九州平定の停滞を解消すべく、タラシヒメは、半島南部の攻略を、「神意」として実行に移し、攻略に成功している。

〔十四代タラシナカツヒコの九州平定〕

前項で記載した戦闘は、十四代タラシナカツヒコの九州平定時の状況であり、「記紀」では、戦闘に勝てずに、戦中で没している。このため、皇后タラシヒメは、作戦を変更し、先に「ウガヤ連合」の伽耶族の半島の南部の根拠地を攻略した。

下記の『書紀』の記載はその後の状況である。

〔タラシヒメの九州平定の状況〕

(周防のサバから岡ノ津に上陸し、儺ノ県に至る)

① 小山田ノ邑の斎ノ宮をつくらせた
② 鴨ノ別（吉備ノ臣ノ祖先）を遣わして熊襲ノ国を討たせた
③ 御笠を通る
④ 松峡ノ宮（朝倉郡三輪町？）に移った
⑤ 層増岐野（ソソキノ）で、荷持田（ノトリタ）の村の羽白熊鷲を討つ
⑥ 夜須を通る
⑦ 山門ノ県で土蜘蛛の田油津媛（タブラツヒメ）を討ち、その兄の夏羽は逃す
⑧ 肥前の末羅ノ県に着く
⑨ 玉島ノ里で食事をする

「ウガヤ連合」の南北の連携を絶った後で、筑紫から南下して、ウガヤの熊本の本拠地を攻めたので、比較的簡単に熊本の「ウ」国を攻略できたと推定される。のんびりと周辺のチェックを実施している。その昔、オオタラシヒコが、熊本周辺の大部分をすでに掃討しているからと推察する。

なお、九州平定などに随伴している諸将は、武内宿祢大臣ほか、物部胆咋連、中臣鳥賊津連、大伴武以連、大三輪大友主君、吉備臣鴨別などヤマト勢力主力の蒼々たるメンバーである。

(5) 敗走部族からの検討

大乱に破れた「ウガヤ連合」を構成した部族は、それぞれどのような状況になったのか考察してみる。

① 主流を形成した「伽耶族」は、安本美典氏によれば、対馬に後退したと、祭祀道具である青銅器の移

動分布から推定している。２章で述べたように、半島からの渡来民の中で主体を形成していたはずの「伽耶族」の居住地（地名）が、岡山・広島・鹿児島など西日本にばらばらに分布していることを指摘したが、大乱による各地への敗走・移動の結果とすれば理解できない事ではない。

また、移動した族名は不明だが、沖縄には「名（ナ）」を語尾にもつ地名が多く存在している。キナ（喜名）ほか、（辺土名）、（伊是名）、屋慶名、平安名、波名、喜友名、オンナ（恩納）、安慶名、大謝名、宜間名、満名、カンナ（漢那）、知名、瀬名などである。これらは、「奴国」を形成した「ナ族」（仮称）が沖縄に移動したことを示しているのではなかろうか。最後に移動してきたので、既存地名の語尾に「名」をつけたとも解釈できる（コラム参照）。

②鳥取市の「青谷上寺地遺跡」では、弥生時代後期の人骨が百体以上、五千に及ぶ人骨片（そのうち百十個が殺傷痕を確認）が出土している。人骨は、形質学的には「半島南部の古代人」に属し、歯のDNAから「渡来系弥生人」とされている。殺傷痕は、性別・年令に関係なく無差別で、頭から足まで全身に及んでいる。治癒痕跡がないことから、ほとんど即死状態であったと推定されている。腰に銅鏃のある人骨もあり、弓矢攻撃のあと、鉄刀により殺傷されたとされている。その時期及び「渡来系弥生人」との判定から、「ウガヤ連合」への攻撃から逃れた一部の「奴国」人が鳥取に逃れたが、進入地で戦いになり、命を落としたものと推察する。故郷にも帰れず、移動先には受け入れられなかった部族も存在していたと推定する。

③阿蘇の南にあると半島の古伝で示されていた「安羅」は、熊本北部に「荒尾」地名は残るもののその痕跡はなく、近江などに「安良」「安耶」の地名があり、ここに移動したと推定するが、大乱後か否か確証はない。地名的には、筑前、宗像、熊本などで「加羅」地名とともにあったが、「加羅」地名

同様、近江へ移動している（既述）。

④「多羅族」は、半島の古伝では阿蘇周辺に国を作ったとされているが、島原半島の多良岳周辺に「多良」地名を残していて、何時の頃か移動したようである。阿蘇より狭小なので、敗走先の可能性が高い。多羅族は「ウガヤ連合」に初期段階で王統に合流しており、遠距離移動はしていないと推定する。

⑤三章で示したが、百済復興会議には、半島に居住していた諸族が参加しているが、その中に地名さえも残していない部族（卒麻、斬二岐、子也、久嗟など）が参加している。小族の故か、各地を転々と移動した故か不明だが、大乱後に近畿に移動していた可能性も否定できない。何らかの存在根拠が発掘される可能性もある。

⑥『新撰姓氏録』には、「伽耶諸国」からの渡来民は、項目として記載されておらず、わずかに高句麗などとともに記載されている。渡来が小人数のためか、あるいは、大乱時の分散によるものか、何らかの理由が存在するのか不明である。ヤマト政権に反抗しているので、その系統は記録から消された可能性が高い。

また、「ナ」族が遠い南西諸島へ移動している可能性があるので、列島内では、多人数になっていないこともその原因の一つとも考えられる。

⑦在地系の「ウ」族は、「カヤ」族や「ツ」族と分離され、本国の熊本の狭い領域に限定され、「ツ」族領域は、南四国を分離されて宮崎平野に限定され、南四国は、ヤマト系が入って宇和・宇和島に国を造ったとも推定される。また、「ウヂ族あるいはウツ族」として東進した可能性もある（前述）。

(6) 大乱の終結と邪馬台国成立からの考察

図4-12に弥生時代の「鉄器出土の分布」(奥野正男氏資料) を示す。これらから、大乱前後で鉄器の分布が大きく変化していないことがわかる。「奴国」だけは支配層が変更した可能性はあるが、既存のクニグニは鉄器が集中し、安泰であった。

邪馬台国成立後の状況から推察すると、私論では、皇統に近い (天火明命系) の尾張族が、同族の「日女命」を盟主として、国を造って大乱を収拾したので、東からオワリ勢力が到来して、九州の混乱を鎮静化したものと推定する。

「日女命」が盟主となったのは、鬼道に通じていたわけではなく、皇統に関連するニギハヤヒの後裔のためであると推定する。

北九州には、伊都国、不弥国など、ニギハヤヒ時代の国が存在し、その後合流した早良国 (平群族・早良族) などと、半島からの渡来民に対応していたと推定され、乱収拾のためには、それらの諸族の了解が必要だったからと推察する。

それでも、九州の古族の「クマ国」だけは、納得せず、後に邪馬台国との争乱を継続することとなるのである。クマ族は、九州先住の古族であり、ニギハヤヒ時代は協同したが、交易権を伊都国が主管することに反発したのかもしれない。大陸との通商は、クマ族の方が、その通商の歴史は古いのであるから。

あるいは、クマ族は、スサノオ以来の「東勢力」への対抗心が旺盛だったかもしれない。「日女命」の死去後に再び争乱が起こるのも、不満のクマ族と残留した渡来民 (多羅族など) の反発の存在だけでは説明しきれない部分があるのではあるまいか。

邪馬台国の存立については、前後二回の争乱が伝えられている。何故その度に、争乱が起こったのであろうか。その原因は何であろうか。

推察するに、九州支庁としての邪馬台国の権限が、親王統治のため王権的で強く、独立性に強い要求がある、渡来民が国々に受け入れにくかったのではなかろうか。

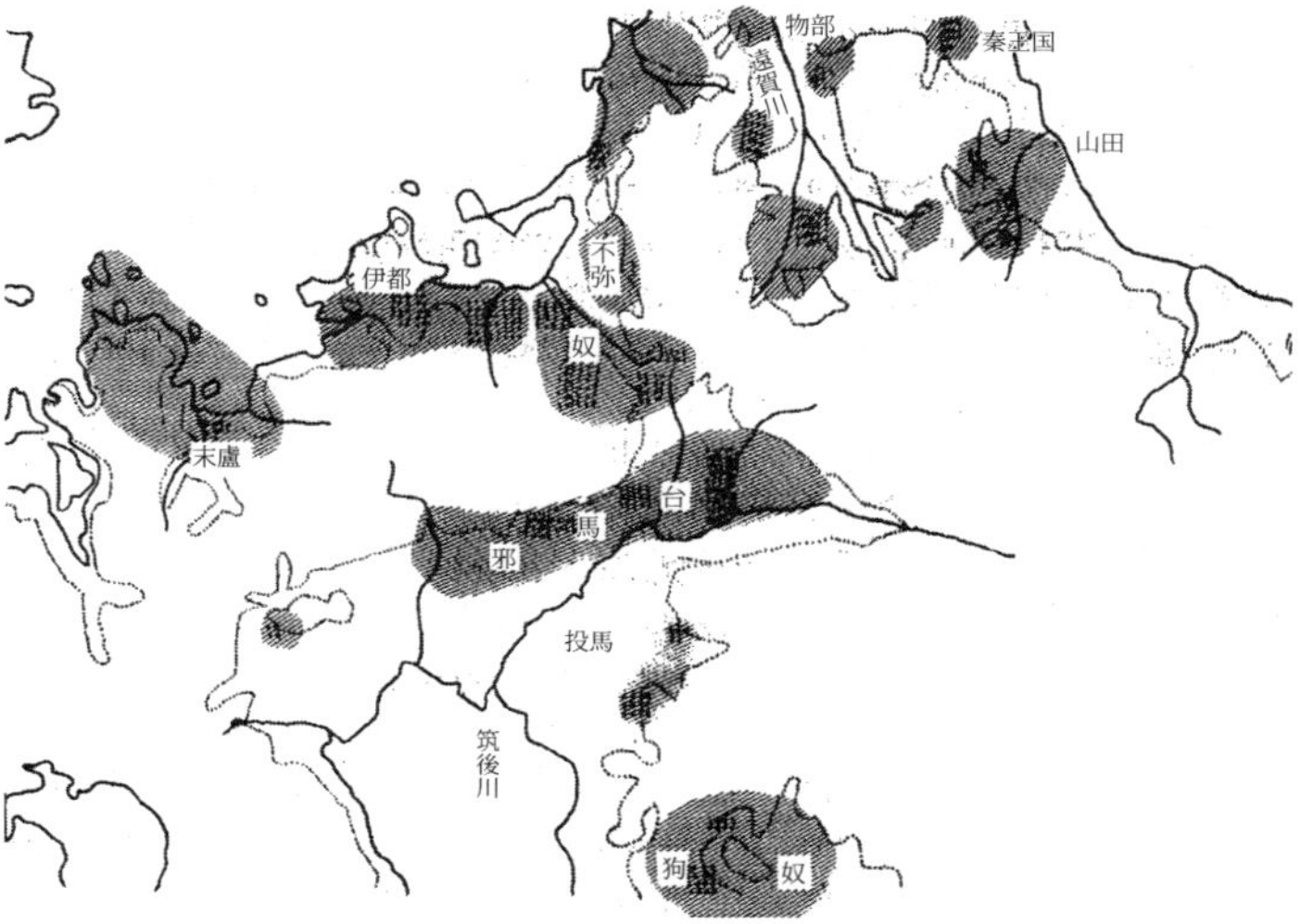

弥生時代鉄器分布（•弥生中期以前•弥生後期）

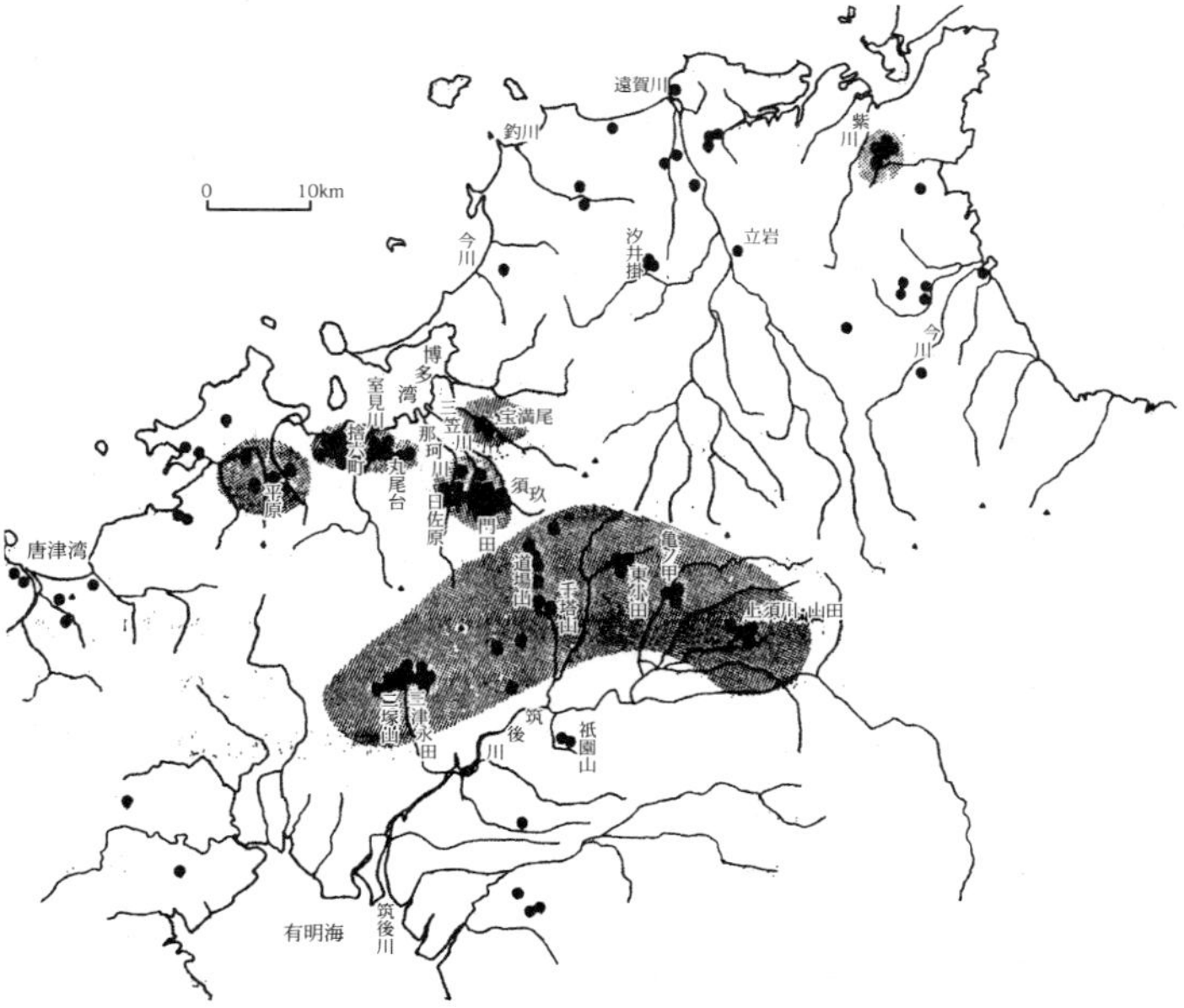

九州北部の弥生後期の鉄器出土地

図4−12　弥生時代鉄器分布図（奥野正男『鉄の古代史』白水社）

最終的には、中央のヤマトが強権的に抑制し、その結果、邪馬台国はその存在価値が薄れ、大和に帰還する形で消滅したのではなかろうか。また、大宰府に変質し存続したのであろうか。
あるいはまた、後に合流したと推定される「依羅」族には、大陸を追われた扶余族のプライドも含まれており、半島への反抗の帰還を目指したのかもしれないのである。

クマ国は、その後、渡来民や「奴国」などの残留勢力を多く含み、「狗奴国」として、侵しがたい領域を形成したと推定され、後代、「九州王朝」といわれる国に連なるものと推定もできる。初期には、反ヤマトであったが、その後、天津系も合流し、半島や列島からは、百済勢力や新羅勢力も合流して、九州の一勢力を形成していたものと考えている。

五、大乱の真実

以上のように解析してきたが、大乱の真実を捉えた実感は湧かない。何故かと考えると、

（イ）大乱の様子が、武器の大量出土とか、殺傷性人骨の大量出土とか、種々の戦乱を示す明確な考古学データがあまり出土していないこと。

（ロ）「記紀」によれば、九州への征討は、オオタラシヒコ代から本格的に実施されているが、長年かかっている割に戦闘が局部的で、成果が上がっていないこと。

（ハ）九州では、その後も反抗の歴史が継続していること。すなわち、

①大乱後、ヒミコ以前に統治者を主張した男王に反対した勢力があり

②　ヒミコには、対抗する「クマソ」勢力が存在し

③　ヒミコの死去後、トヨの継承に至る間に反対勢力が介入し

④　最終的に白村江に突入して、滅亡した九州勢力が存在している

九州に在住の勢力の争乱は収まらず、それら部族も解明されていない。

などなどが原因と考えられる。そこで、視点を変えてみよう。

（1）新たな視点からの検討

図4―13は、縄文時代と弥生時代の人口分布パターンを示している（小山修三氏原図）。また、当時の列島の人口の実数として、縄文時代約二十六万人、弥生時代約七十万人が示されている。この図は、両時代を大局的に理解するのに有効である。縄文時代に東日本に集中した列島人が弥生時代には、西日本に移動しているように示されている。しかし、実数を考えると、縄文時代人は弥生時代人の飲みこまれているはずであるし、この図からは、さらに、渡来人が太平洋沿岸を東に移動していることも判断できる。

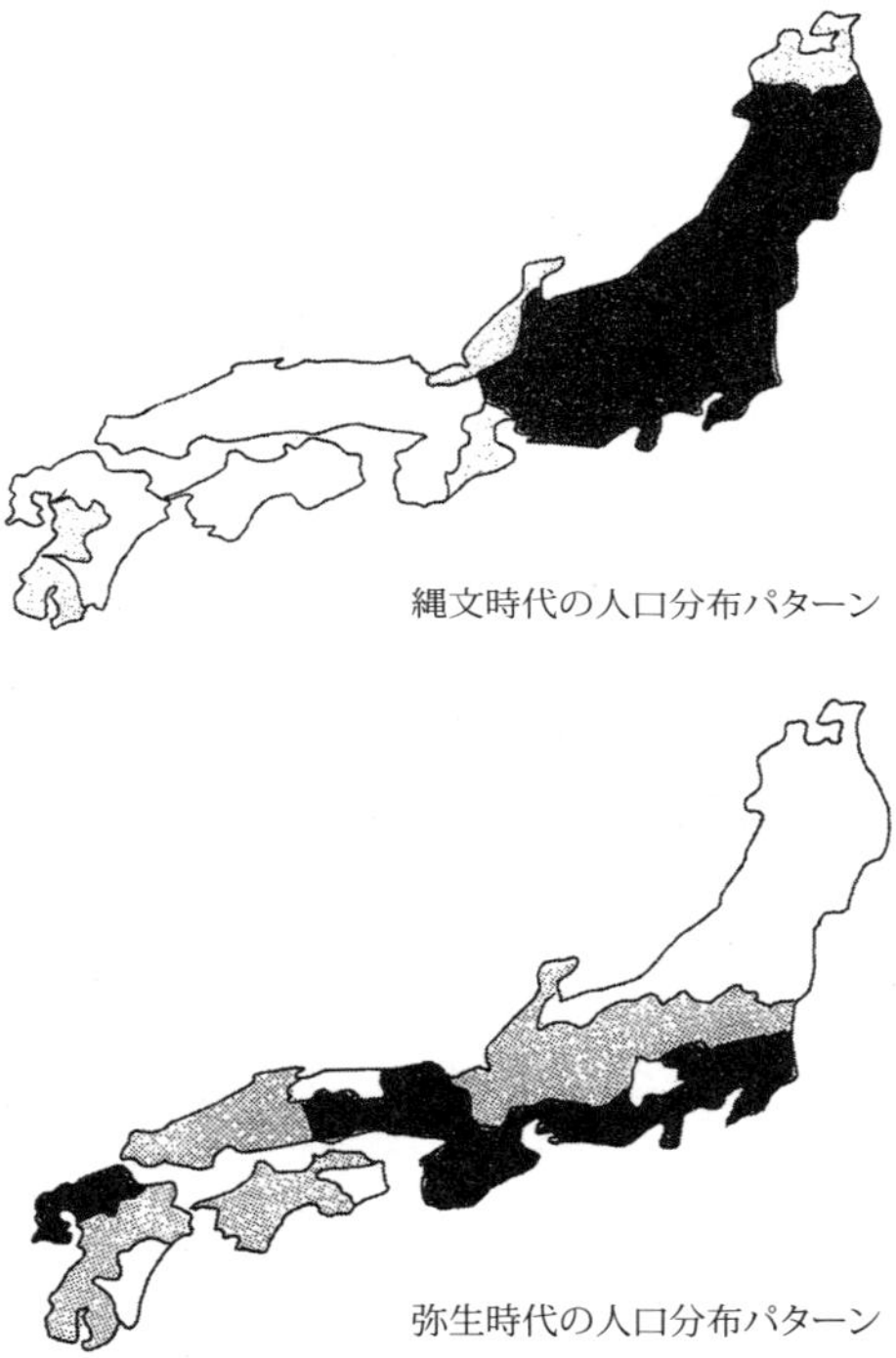

図4−13　人口分布パターン

図4-14は、埋葬データから得られた「遺体の頭の方向」（北枕、東西枕）を示しており、「住民の基本的習性」を反映している。この図は、ヤマト系が「北枕」、九州系が「東西枕」と明確に分かれており、面白いデータである。このデータは、図4-15の「弥生時代後期の祭器を共有する地域」とほぼ一致していて妥当性があるようである。

これらから、九州から南四国への住民の流れが存在していることが推定できる。この流れは、また、関門海峡～豊後水道を通過する「ウガヤ連合」の交易の流れとも一致している。

以上の事実から勘案すると、半島からの渡来民は、瀬戸内海は閉鎖されているので、ある時期に関門海峡～豊後水道～南四国～東海に至る、太平洋移動ルートで移動していたことを示唆している。その時代は「連合」が成立した時代二〇〇〇年前以降ではあるまいか。「大乱」を契機に、その移動が加速・活性化した可能性がある。

そこでまたハタと思い当った。前項で敗戦による逃亡民について記載したが、渡来民は本来移動してきた（逃亡してきた）部族なので、危険を感じたり、負けそうになったら、滅亡をする必要はなく移動（逃亡）すればよいのである。この視点を入れると別の大乱の姿が浮かび上がってくる。すなわち、大乱期の「ウガヤ勢力」は、交易主体の連合なので、ばらばらとなりやすく、また、戦闘を避けた渡来民が多いので、最後まで戦わないと推定する。したがって、大勢力で移動する体制も整っていない可能性もある。それゆえに、

① 多羅族は、熊本・玉名から島原半島へ逃亡・移動した

② 「奴国」は対馬や南西諸島へ逃亡・移動した

③ 「奴国」「伽耶族」の一部は、鳥取に移動したが、青谷上寺地付近で戦闘となり、多くを失って逃亡（百体の殺傷人骨出土）している。また、京丹後市（峰山町）の扇谷遺跡に長大な環濠を造って籠った部族

図4−14 東西枕と北枕

（出典：松本清張他『銅剣・銅鐸、銅矛と出雲王国の時代』日本放送協会）

※弥生時代後期の祭器の分布にも、西日本を四分する勢力の存在がうかがえる。原図・近藤喬一「東アジアと青銅器—農耕儀礼としての武器と鐸」

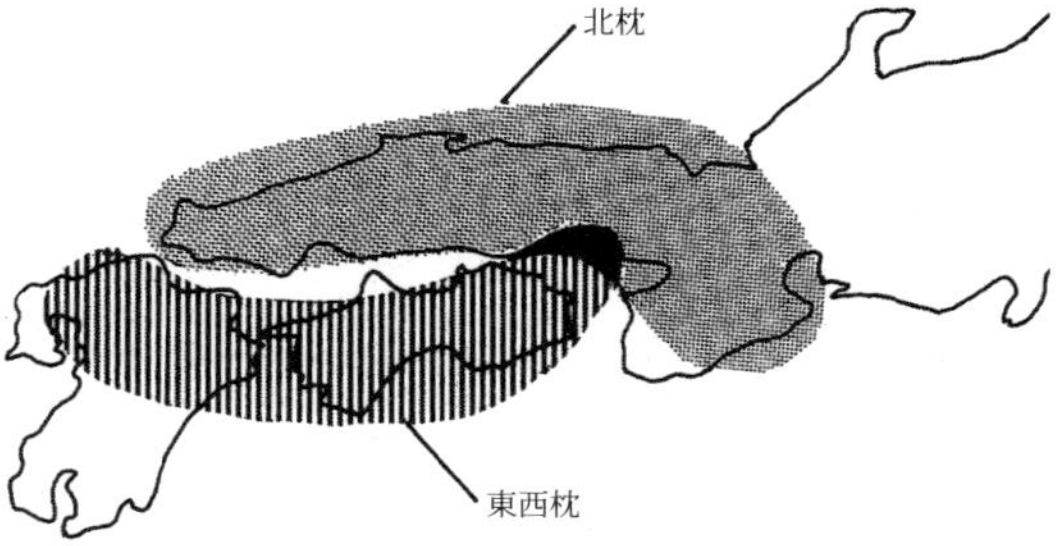

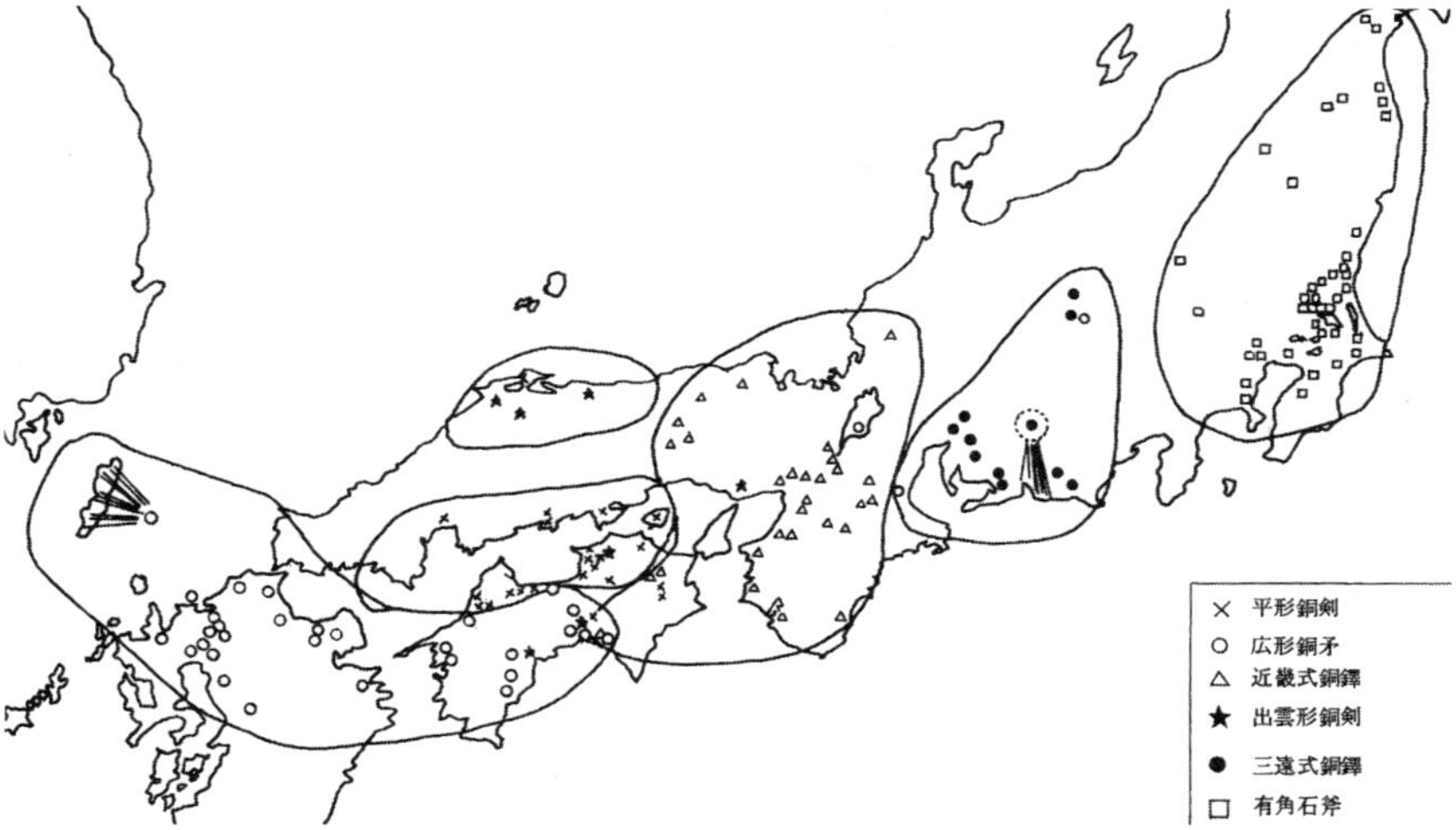

図4−15 弥生後期の祭器を各々共有する6地域

（出典：松本清張他『古代出雲王権は存在したか 弥生銅剣三百五十八本の謎に迫る』山陰中央新報社）

もいる

④東・東南九州の部族は、まず、太平洋を東に移動、西部四国の渡来民も東へ進み、紀伊水道に遮られて停止したが、高地性集落の密集した紀伊半島は迂回して東へ進み、その一部は、名古屋湾の清州・朝日遺跡付近の上陸し、これまた、長大な環濠と「逆茂木」を設置して完全防御に徹している

などなどと推定・解釈することもでき、大乱で各部族が雲散していることがわかる。

東海や北陸の高地性集落は、在地性の住民のものではなく、渡来民のものが混在している可能性が高いものと解釈できる。

大陸や半島から渡来して来た人々の中には、その時々の「王族」（例えば、扶余族の陝父とか、依羅とか、伽耶諸国の王族とか、周、秦、呉、越などの王子）も存在していることが判明している。これらの部族が、列島で滅亡することを拒んで、ただ離合集散しているだけではあるまいか。

「倭国大乱」は、列島では、戦闘をあまり伴わない「追いかけっこ」で、「倭国大争乱」が真相なのではなかろうか。先住の各地域も、生存権さえ侵さなければ（丘陵には在地民が、平野には稲作民が住み分ける）、渡来民の生活の場を提供したのではなかろうか。

土地が広い東日本では、渡来民の居住はすんなり納まったが、土地が限定された九州では、プライドを有する部族も多く、後代まで小競り合いを継続せざるを得なかったとも解釈可能である。

（2）倭国大乱は、「倭国大争乱」である

以上の各項目の結論を総合すると、「倭国大乱」は、大規模な殺戮を伴わない、「倭国大争乱」といえるのではなかろうか。その根拠を以下に列挙する。

〔**大争乱の推移と根拠**〕

① 弥生時代は、渡来民の時代であり、大陸や半島から、想像を絶する（先住していた縄文人の倍以上の）渡来民が移動して来た時代であった（小山修三氏による）

② 当初は、先住民を代表する「ヤマト系部族」が、まばらに到来する部族に対応していた。また、それらの部族（主として呉系・越系集団）は、大陸で「東夷」として同系であったため、また、少数で

あったため、すんなり列島の支配層に組入れられ、「原ヤマト勢力」を増強・形成していた（水田稲作集団の渡来）

③ 二二一九、二二一〇年前に到来した「徐福族（秦族）」は、一時期ヤマトに抗して隆盛していたが、やがてヤマト勢力に合流したと推定する

④ 二一〇〇年前頃、大陸の「前漢」が衰退し、朝鮮半島への支配がゆるむと、扶余、高句麗、新羅などが漢の支配を離れて独立し、それぞれ建国した。この過程で半島に発生した大量の避難民が、列島に押し掛けることとなった（大陸・半島の情勢）

⑤ ヤマト勢力は、南西諸島に遠征していた、ニニギ後裔勢力が帰還し、ミマキイリヒコが、渡来民への対応を開始した。「原ヤマト」時代にニギハヤヒが形成した、伊都国、不弥国など北九州の部族を強化して、豊前や筑紫平野に国造を新任し、芸予諸島・備讃諸島に兵力を集めて瀬戸内海を封鎖した（高地性集落の設置）

オオタラシヒコは、九州の不穏勢力（伽耶族、多羅族、クマ族など）を征討したが、成果が上がらず、武内宿祢やヤマトタケルを東国の「故国」（日高見国）に派遣して、加勢を要請した（「記紀」記載の解明）

⑥ 安芸、紀州、阿波、讃岐などに、エミシ（東国の日高見国・アラハバキ族勢力）が加勢し、タラシナカツヒコは、半島勢力が形成した「ウガヤ連合」を攻撃し、タラシヒメは、伽耶本国の半島南部を攻撃した（「記紀」の分析）

⑦ しかし、「ウガヤ連合」は分散・移動して対抗し、「ナ国」は対馬や南西諸島に移動し、一部は鳥取で戦闘した。多羅族は、島原半島に逃亡し、伽耶諸国勢力は、ウガヤ連合の航海ルート（関門海峡〜豊

後水道~太平洋沿岸へ）で南四国から東海に移動した。渡来勢力は、対抗措置として戦闘を採用せず、主として逃亡・移動し、再結集する戦略を採用した（部族名移動、高地性集落の形成時期の解析、各地の遺跡の位置付け、人口移動、集落分布など）

⑧かくして九州では離合集散する相手に「邪馬台国」は苦戦し、半島の建国が完了し、渡来民の流れが停止するまで、混乱は続いていると推定する（中国の古史が争乱の年代を限定していないのは、渡来民への対応が長期に渡っていて、その開始や終了が不鮮明だったからと推定する）

さらに極端な解釈をすれば、半島からの渡来民の流れは大きな流れとなり、奴国や多羅族のように途中で渦を巻いて逆らわなければ、「ヤマト」は流れに棹ささず垂れ流しした可能性もある。その後、渡来民の動きに対し、大きな国を形成しないよう、集結の核を砕く対応を採用したと考えられる。

大乱後、ウガヤ連合を滅亡させた結果、渡来民の大きな流れは二分し、東海と北陸に分流して、影響の少ない小さな流れになって、半島の建国の終了とともに次第に安定・終了したと考えることもできる。

コラム6

【検証2】渡来民の拡散と移動は、何で確認できるのか

「ナラ」「ナ」「ラ」地名の移動

北九州地名	南四国地名	東海地名	沖　縄
「ナカ」 那珂川	那賀川、 名鹿、中浜、中崎 中筋、中村、中角		仲泊、仲嶺、仲宗根 仲間、仲西
「ナ」 奴国　ナ族 那ノ津	山奈、芳奈、奈路 双名島、奈半利	桑名、浜名、名護屋	満名、親名、堅名 恩納、安慶名、大謝名 喜友名、嘉手納、喜名
「ラ」 カラ　早良	吉良川	吉良	平良川、屋良、高良 金良

「大争乱」期前後の渡来民の列島各地への「拡散」については、「地名移動」や「考古学的出土物」の存在により証明することができる。

本論で既述したように、「ウガヤ連合」の成立による、東北九州～豊後～東南九州～南四国～東海への渡来民の移動は、奴国や周辺の関連地名、「ナカ」「ナ」「ラ」などの「地名移動」により証明することができる（上表参照）。また、九州から沖縄への移動も同様である。

沖縄の地名分布は、上記の移動地名が、本部町、具志川市、宜野湾市の三地点へ集中しており、他の地域では見られないことから、これらの地点への進入が想定できる。

弥生遺跡の「具志堅遺跡」などのある伊江島・本部町では、「満名」川に上陸し、「親名」「堅名」が東に、北に「底名原」、南に「辺名地」があり、「ナ族」は、一定の領域を占めていたようにみえる。

具志川市の「宇堅遺跡」には、「仲泊」に上陸した部族が北の「恩納」や東の「安慶名」「仲嶺」「平良川」方面から進行したようにみえる。

宜野湾市グループは、「宇治泊」から上陸し、「大謝名」「喜友名」から北上し、「嘉手納」方面に進んでいるようで、箱式石棺が出土した「木綿原遺跡」も近くなっている。

「沖縄の文化財（Ⅴ）」埋蔵文化財編（県教委帰委員会　一九九七）によれば、二〇〇〇〜一〇〇〇年前（弥生時代中期〜平安に相当）の沖縄の弥生期の文化期の特徴として、

（1）居住地が以前の崖下や低丘陵地から、海岸に近い砂丘地へ変化していること（沖積地への住み分け進入？）

（2）遺跡の規模が広範囲になっていること（多人数の移住？）

（3）漁業活動が頻繁化していること（貝製品の交易を反映）

（4）九州の土器が増加していること（九州からの移動）

などを指摘し、「具志原貝塚」（伊江島）、「備瀬貝塚」（本部町）、「宇堅貝塚」「北原貝塚」「清水遺跡」（具志川市）などの遺跡を挙げている。

「具志堅貝塚」では、四百点以上の九州の弥生土器の破片が出土し、「宇堅貝塚」では、須久式、入来式土器に加え、板状の鉄斧や三翼青銅鏃などの注目すべき遺物の出土を伝えている。「北原貝塚」では中国銭の多量出土を伝えている。

これらの事実を勘案すると、弥生時代後期（二〇〇〇〜一八〇〇年前）頃に、九州から沖縄への移住民が存在した可能性も否定できない状況である。これらの流れが「大争乱」期のみに限定される根拠はやや弱いが、九州との貝交易の流れが下地にあり、争乱期に集中して渡来してきた可能性もまた否定できないものと考えられる。

渡来民の拡散については、地名移動のほか、考古学的な面白い事実を指摘できる。

「宇堅遺跡」から楽浪郡で製作されたといわれる弥生時代後期の青銅製の「漢式三角形鏃」（三翼鏃）が出土しているが、なんとこの青銅製の同じ鏃が、奴国の本拠地、春日市の「須玖坂本B遺跡」のほか、鹿屋市串良町の「立小野堀遺跡」、愛知県豊川中流の新城市の「石座神社遺跡」からも出土しているのである。いずれも地名移動で推定した渡来民の移動ルート上で出土しているのである。「漢式三角形鏃」は、国内でも十例、そのうち弥生時代のものは五例とされ、上記の他に芦屋市の「会下山遺跡」でも出土している。

これらの出土地周辺は、上記の「ナカ」「ナ」「ラ」などの北九州からの移動地名の箇所と一致しているのであり、鹿屋市串良町は、オオタラシヒコの伽耶族の征討地なのである。こんな偶然はあるのだろうか。素直に「移動した渡来民の所持したもの」と理解すべきである。

「漢式三角形鏃」は、沖縄の博物館の一角に、他所の出土物とは関係ないとされて、さびしく展示されていたが、実は列島の各地と結びつく、重要な出土物だったのである。

あとがき

大争乱後の最終章はいよいよ弥生時代最後の「邪馬台国時代」である。こう記載してきたので、読者の皆さんは、この後の歴史を正しく接続して描くことができるだろう。各分野の研究者は自らの立場から新たな正解を得ることができるはずである。

大争乱の中から誕生したのが、ヤマトが造った「邪馬台国」であり、諸勢力に共立されたのが「卑弥呼」なのである。「ヒミコ」はニギハヤヒ系の娘と、すでに答えを出しているので、素直に繋いでいただければよいのであるが。

これらの答えは誰が出すのであろうか。視点を変えるしかないのである。

その後、列島の歴史はどうなったのか。諸族はどうなったのか。ヤマトはどうなっていたのか。それらのキーポイントは、「言向け和（やは）す」であり、縄文時代人の「和」の心の継続で理解するしかないのではなかろうか。

遡れば、三母音（「ア」「イ」「ウ」）から始まった列島のクニグニは、三つの勢力がそれぞれ渡来民を迎え、何時の時代であろうか「大和の豪族分布」（図2-5）に示されるように、列島出自の「大王家」を中心に、三輪山を背景として、左右に物部氏、大伴氏を、正面に葛城氏を、周囲に渡来部族（ワニ、ソガ、ハタ、コセ、ヘグリ諸氏）を従えて奈良盆地に治まっている。渡来民の主力を盆地内に取り込んで治めた形でである。ここには、日高族もアラハバキ族もオワリ族も毛野族も、また、後代活躍するキビ氏も中臣氏も入っていない。東にはオワリ族が、北には親王や天津族が、西には物部族・吉備族が、南には紀族などが盆地周辺に展開し、列島の主要地点には、親王を戴いた縄文時代系部族が広く展開していると理解すると、見事で、最高の治め方ではなかろうか。中央は大王が治め、地方は親政部族が治めているのである。

かくして、列島の大争乱は治まり、渡来民の流れは停止し、混成で活力のある充実した次の時代、列島人の時代からようやく「日本民族」形成の時代を迎えるのである。

ヤマトも「倭」をやめて、「大和」にしたのは、「養老令」の施行後の天平宝字元年（七五七年五月）のこととされている（上田正昭氏）。また、ストーンサークル、ウッドサークルは、「御柱」とともに「祈りの空間」とか（梅原猛氏）。縄文時代の「和」の想いが、渡来民時代を経て、後代、再び復活したのは、うれしいことである。

自然との一体化を示す「和」の精神が満ち溢れる社会の到来も信じましょう。

このように事実をまとめてみると、渡来民の一部は滅せられた部族が存在したものの、多くの渡来民は後代まで生存し、やがて「日本民族」の構成員となっているのである。それは、故郷を失った各部族を「和の精神」で受け入れ続けた広大な縄文時代人の精神文化が浸透したからであろう。争いは何も生まず、和することが生存を保障するという思想の発生であろう。戦国時代においてさえも、大陸と異なり、反乱の一族の全員を滅亡させることはなく、大将の命一つで残りの一族を存命させた伝統を見れば明らかである。共存という意思さえあれば、列島内は天国となりうるのであり、「ヤマト」は渡来民への強力なアピールを続けていたのである。それはまた、生存を許してきた列島の自然への感謝の心なのである。

一つの「仮設」を立てると、「記紀」の事象や「考古学的データ」が面白いように自然に繋がってくるのである。面白くて止められず、ついついここまで来てしまった。何か見えない力に導かれるようで、穏やかな研究作業を過ごせた気がする。

皆様の研究の成果をいただきながらまとめると、自然に第二巻が完成した。それぞれの人が、それぞれの視点で書かれているが、やはり歴史学会の「しばり」は強く、その外へ一歩踏み出せないで結論がぼけてしまう研究も多かった。その枠を私のように無頓着にはずしてまとめると、このようになるのである。研究者のレベルはかなり優秀といえる。

私は、皆様の詳細な歴史についての解釈には対応できていないし、ついては行けない。弥生時代の文化は西から東へとか、「記紀」や「古文書」は偽書であるとか、こだわらなくてよい事柄にこだわっているからである。私は「事実」にこだわり、何処が「事実」なのか判断して、その事実のみを連結すればよいのではないかと思っている。

考古学も石器~金属器~鉄器に変化・発展しているとの、弥生時代は水田稲作から始まるとの「定説」に縛られており、渡来民の位置付けもできていない。極端に言えば、金属器時代になりかけていた列島に、突然、鉄器時代が入ってきているのである。私どころか、弥生時代人もびっくりなのである。青銅器を、その「輝き」や「音」に用途を変えた青銅器の祭祀道具への転用や変化は、そんな背景もあるのではなかろうか。

山本廣一氏には、貴重な「丸」地名の資料を数多くお借りした。時代を変えて使用したが、極めて有効な資料となった。また、安本美典氏には詳細に分析された資料を引用させていただいた。既存の視点をこえた資料で非常に参考となった。ここで、記して深謝いたしたい。

皆様よりいただいた宝石を繋いで、大きなネックレスを作ろうとしたが、相乗効果が発揮・発現されて、さらに輝きを増したであろうか。あるいはまた、趣味が悪いと捨てられるのであろうか。前者だと信じて筆を置くことにしよう。

「点」を結んで、「線」にしようとした方法論は間違っていないと確信していますので、後に続く研究者がいずれ現われ、さらに一段と輝くネックレスを作ってくれることでしょうが、見届けられないのは残念です。

これまで、データを提供していただいた、皆様のご協力に深く深く感謝いたします。

わたしもようやく任務を果たして、安らかに暮らしていけると思います。

二〇一九年三月

沖縄・名護にて

内舘　彬

巻末資料

(1)『先代旧事本紀』(「国造本紀」) 歴史読本 (二〇〇八年十二月号) より抽出

各地の部族の状況が国造の任命により判明する。任命代と誰の後裔か示されているので、地方在住の部族が判明する。また、先祖の年代もわかる。在地部族の長が当初は任命されていたと考えている。

9	10	11	12	13	14	15	16	17	18	19	20	21	22
オオヒヒ	イニエ	イクメイリヒコ	オシロワケ	ワカタラシ		イザサワケ							
	崇神		景行	成務	仲哀・神功	応神	仁徳	反正	允恭		雄略		
1	12	0	8	65	2	20	5		1	1	20	3	
命(美濃)								葛城ソツヒコ	→	→ 4世	ウナカミ足尼(三河・穂)		
	彦狭嶋(上毛野)						(三尾君)	石撞別	→	→ 4世	大兄彦(加我)		
	建五百建(科野)								(三尾君)	石撞別	石城別王(羽咋)		
	御戈命(越後頸城)						(膳部)	佐日米	アラト命(若狭)				
	豊玉根(周防・吉敷)				(蘇我)	武内宿祢	→ →	4世 志波勝足尼(加賀・江沼)					
	天韓襲(土佐・幡多)												
多奈彦	遅男江(火国)												
	速瓶玉(阿蘇)	→	→	→	→ 8世	伊都許利(印旛)							
奈朝	大屋古(石見)												
10世	知知父彦(秩父)												
11世	宇迦都久怒(出雲)												
10世	明石彦(吉備中央)												
(道君)	美都乃奈美留(高志深江)												
	→	→ 10世	味波波命(阿部)										
彦王	→	→	臣知津彦	塩海足尼(甲斐)									
	建沼河命	→	大臣命(那須)										
		(ワニ臣)	八千足尼(吉備穴国)										
ツミ命	→	→	遠都鳥(長門阿武)										
		吉備津彦	三井根子(肥後草分)										
			(　　)(大隅)										
			(　　)(薩摩)										
	→	→	→ 10世	小止与命									
色大臣	→	→	→ 5世	知波夜(参河)									
		(物部連)	伊香色雄	印岐美(遠近江)									
		(物部連)	大新川命	片堅石(珠流河)									
	→	→	→ 8世	若建彦(伊豆)									
				曽能張(山城)									
	(皇子)	意知別	→ 3世	伊賀津別(伊賀)									
	(出雲臣)	佐比祢足尼	→	出雲笠夜(志摩)									
		(坂井君)	吉備武彦	思加部彦(庵原)									
	(武刺)	神伊勢津彦	→ 3世	弟武彦(相武)									
		(茨城)	建許呂	オオクシオミ(相模師長)									
	→	→	→ 10世	兄見多毛比(无刺志)									
			兄多毛比	伊狭知古(胸刺)									
		(茨城)	建許呂	オウフヒオミ(上総須恵)									
		(茨城)	建許呂	フカカワオミ(上総馬来田)									
	→	→	→ 8世	忍立化多比(上総海上)									
	(安房)	伊許保止	→	伊己侶止直(上総伊甚)									
	(ワニ臣)	彦オケツ	→	彦忍人(上総武射)									
		(ムサシ)	兄多毛比	大鹿国直(上総菊麻)									
	→ 8世	弥都侶岐	→	大伴直大滝(安房)									
			美都呂岐	ヒナラフ(新治)									
		忍コリミ	→	阿閉色命(筑波)									
		(伊予)	シキタナハ	都借馬(那珂)									
	(物部連)	伊香色雄	→ 3世	船瀬足尼(久慈)									
		美都呂岐	→	ミサヒ(常陸多珂)									
		彦座王	→ 3世	オオタムヤ別(近江)									
	(ワニ臣)	彦訓服	→	オオタグロウ(額田)									
	(物部連)	出雲大臣	→	臣賀夫良(三野後)									
		(尾張)	息津世襲	大八橋(飛騨)									
	→	→	→ 10世	ヒトネ(アタカ)									
	→	→	→ 10世	シクマ彦(思)									
	→	→	→ 10世	豊島彦(岩城伊具)									
	→	→	→ 10世	足彦命(陸奥染羽)									

「国造本紀」

					1	2	3	4	5	6	7	8
任命者		ニニギ	ホホデミ	フキアエズ	イワレヒコ	ヌナカワミミ	タマテミ	スキトモ	カネシエ	クニオシヒト	ヒコフトミ	ヒコクニ
		ニギハヤヒ	ウマシマチ		神武		安寧		孝昭	孝安	孝霊	孝元
任命者数					9	0	0	0	0	0	0	0
					椎根津彦(大倭)							彦座王
					剣　根(葛城)							豊城入彦
					彦己曽保理(凡河内)							神八井耳
					阿多振(山城)							
			天牟久怒	→	天日鷲(伊勢)						(阿波国)	金波佐彦
					美志印(遠江)							
	神皇産霊	→	→	→	5世 天道根(紀伊)							(大分国
			高魂尊	→	宇佐津彦(宇佐)						(火国)	神八井耳
	高魂尊	→	→	→	5世 建祢己己(津島)							(紀伊国
					八意思金	→	→	→	→	→	→	→
				天穂日命	→	→	→	→	→	→	→	→
					神魂命	→	→	→	→	→	→	→
							神魂命	→	→	→	→	→
国造名												
任地												(桜井田
世孫												
祖先												
								天火明命	→	→	→	→
												(物
									(物部連)	天ヌボミ命	→	→
							(出雲臣)	二井宇加諸押神狭	→	→	→	→
										天穂日命	→	→
								天穂日命	→	→	→	→
							(阿岐)	天湯津彦	→	→	→	→
							(阿岐)	天湯津彦	→	→	→	→
							(阿岐)	天湯津彦	→	→	→	→
							(阿岐)	天湯津彦	→	→	→	→

9	10	11	12	13	14	15	16	17	18	19	20	21	22
オオヒヒ	イニエ	イクメイリヒコ	オシロワケ	ワカタラシ		イザサワケ							
	崇神		景行	成務	仲哀・神功	応神	仁徳	反正	允恭		雄略		
1	12	0	8	65	2	20	5		1	1	20	3	
神	→	→	→	5世 賀我別王(陸奥浮田)									
	→	久志伊麻	→	10世 久麻直(陸奥信夫)									
	→	→	→	11世 塩伊乃己自直(陸奥白河)									
			建許呂	建ミヨリメ(陸奥石背)									
				建許呂(陸奥石城)									
	(阿閉)	屋主田心	→	3世 市入命(高志)									
(宗我臣)	彦太忍信	→	→	4世 若長足尼(越前三国)									
	(吉備臣)	若武彦	→	建功狭日(角鹿)									
	(活目皇子)	大入来	→	彦狭島(能等)									
	(宗我)	建内足尼	→	大河音足尼(越中射水)									
(阿岐)	久志伊麻	→	→	4世 大荒木直(佐渡)									
(尾張)	張稲種	→	→	4世 大倉岐(丹波)									
坐王	→	→	→	5世 船穂足尼(但馬)									
		(出雲)	宇都志古麻	美尼布(但馬二方)									
			彦坐王	彦多都彦(稲庭)									
		(ムサシ)	兄多毛比	大八木足尼(波伯)									
		稲背入彦	→	伊許自別(針間)									
		(上毛野)	御穂別	市入別(針間鴨田)									
	(多遅麻君)	若角城	→	3世 大船足尼(吉備品治)									
津彦	→	→	→	5世 阿岐速玉(広島阿岐)									
		(ムサシ)	兄多毛比	穴委古(周防吉敷)									
ハヤヒ	→	→	→	5世 大阿斗足尼(熊野)									
	→	→	→	9世 韓背足尼(阿波那賀)									
		(印旛)	シキタナハ	速後上(伊予)									
	→	→	→	9世 小立足尼(土佐)									
彦	→	→	→	5世 日道命(筑志)									
	→	→	→	(夷隅) 宇邦足尼(豊国)									
	→	→	→	6世 午佐自(国東)									
				(葛城) 止波足尼(日田)									
	(穂積)	大水口足尼	→	矢田稲吉(末羅)									
	→	→	→	13世 建島松(天草)									
	→	→	→	→	→	8世 伊都許利(下総印旛)							
				(上海上)	→	久都岐直(上総海上)							
				天津彦根	→	筑紫止祢(茨城)							
					建許呂	宇佐比乃祢(岐閉)							
						(能登) ソツノナルミ(加宣)							
		ミマツヒコロト	→	→	→	5世 十一牟彦(隠岐)							
				(大伴直)	八代足尼	ツミジ足尼(明石)							
命	→	→	→	→	→	7世 佐紀足尼(備前邑久)							
					中彦命	多佐臣(備前上道)							
						弟彦命(備前御野)							
						兄彦命(備前下道)							
					(上道)	中彦命(備中賀陽)							
	→	→	→	→	→	8世 笠三枝臣(備中笠原)							
					(茨城)	カメノオミ(周防)							
					(紀臣)	都怒足尼　男嶋足尼(周防都児)							
	→	→	→	→	→	→ 9世 知足尼(淡路)							
	→	→	→	→	→	9世 千波足尼(阿波)							
			(景行)	神櫛王	→	3世 須売保礼(讃岐)							
	→	→	→	→	→	13世 伊予主(伊予久米)							
			(物部連)	大新川命	→	子別命(伊予越智)							
		(物部連)	伊香色雄	→	→	4世 阿佐利(伊予風早)							
				豊国別皇子	→	3世 老男(日向)							

任命者	ニニギ ニギハヤヒ	ホホデミ ウマシマチ	フキアエズ	1 イワレヒコ 神武	2 ヌナカワミミ	3 タマテミ 安寧	4 スキトモ	5 カネシエ 孝昭	6 クニオシヒト 孝安	7 ヒコフトミ 孝霊	8 ヒコクニ 孝元
任命者数				9	0	0	0	0	0	0	0
						（阿岐）	天湯津彦	→	→	→	→
				天降る	（阿岐）	天湯津彦	→	→	→	→	→
											（竹野
								ミマツヒコイ	→	→	→
								三島溝咋	→	→	→
											（安
							天穂日	→	→	→	→ 吉備津彦
				神魂命	→	→	→	→	→	→	→ 神八井耳
											鴨別命
											神皇産霊
										神皇産霊尊	→
						神魂命	→	→	→	→	→

(2)『新撰姓氏録』研究論文「新撰姓氏録の証言」(三宅利喜男)より部分抽出

表1では「ヤマト」以前の部族は「天神」「地神」とされ、以後の皇統系は「天孫」となっている。各族の古さが判明する。「系図1」では、渡来民とその渡来順序、その後の展開(部族名)が示されている。渡来系が系図を乗っ取ったと主張されている。

種類		祖先神	代表的後裔氏族 ○は重出	氏族数
神別	天神	ツハヤムスビ	中臣連(藤原)・中臣酒人連	43
		カムニギハヤヒ	物部連・穂積臣・巫部連・若湯巫連・○弓削連	106
		タカミムスビ	大伴連・佐伯連・忌部連・○弓削連・玉祖連	32
		カミムスビ	県犬養連・○倭文連・爪工連・多米連・間人連・紀直	50
		ツノコリムスビ	額田部連・○倭文連	14
		フルムスビ	掃守連	7
		ムスビ	門部連	3
		アメノミナカヌシ	服部連	3
	天孫	アメノホビ	土師連・出雲臣	22
		ホアカリ	尾張連・倉連・伊福部連・津守連・稚犬養連・○境部連	54
		アマツヒコネ	額田部湯巫連	19
		ホノスソリ	○境部連	7
	地祇	オオクニヌシ(スサノオ)	大三輪君・鴨君・胸方君	13
		ワタツミトヨタマビコ	阿雲連・凡海連・海犬養連	7
		シヒネツヒコ	倭直	6

表1

(氏族数)

神別 404 (455)

天神 273 (299)　天孫 103 (119)　地祇 28 (35)

溝口睦子『王権神話の二元構造』吉川弘文館より

(　)内は田中卓著者集(未定雑数含む)

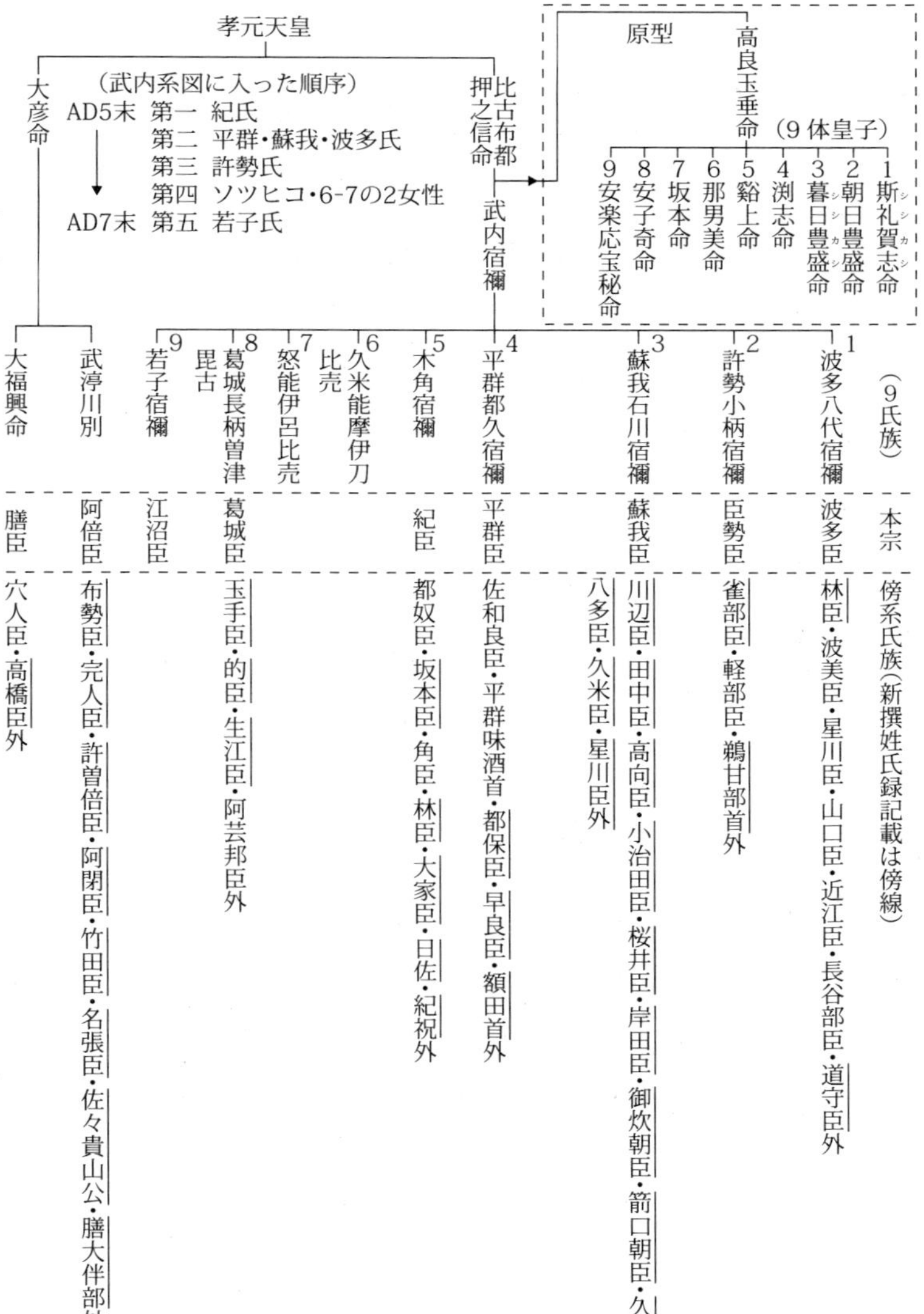

系図 1

※注　孝元天皇…武内宿禰→九氏族は（高良玉垂命→九体皇子）の書き換え、高良大社の大祝である紀氏（丹波氏）による（母系…紀氏）。

（3）「ウガヤ王統譜」各種資料より抽出

王統は「女系継承」であり、ムコの系譜は、スクナヒコ（十九代）オオクニヌシ（二十代）ニニギ系（二十一～二十四代）となっていて、やがてタラシ系（足）と天神系（天）が混在することとなる。

〔ウガヤ朝の王統譜について〕

『竹内文書』『ウエツフミ』の王統譜七十一代によると、次のような特徴を抽出できる。『富士宮下文書』とともに、王名、王統名や、読み方、王統代の数などに差異があり、「偽書」とされているが、その中からも真実を探し出していかなければならない。

① 初代フキアエズ、二代日高日子となっていて、後代の記述と著しく異なっているので、また、七十二代五瀬命、七十三代イワレヒコ、七十四代カムヌナカワミミとなっているので、これらを省いて分析することとする。

② 三代～四十四代は、「天日身光天皇」、四十五～七十一代は、「天日嗣天皇」となっていて、王統の名称が大きく異なっている。これを境に王統を二つに区分できる。

③ 三代～四十四代の王統（前王統）は、出自部族が不明な王統譜が、七代～十三代、十五代～十九代、二十五代～二十七代、三十代～三十七代、四十二代～四十四代と、四十一代中二十六代があり、地元系の王統と推定される。部族名を示す「天」「天津」「ホ」系の数は九代、「神」系は四代、「玉」系は二代が存在し、合流、合体、進入などのイベントが想起される。

④ 前王統の内、十九代に「少名形男」、二十代に「少名大汝彦」がいて、「スクナヒコ」や「オオナムチ」

を連想させる。このことから、三代～四十四代の前王統は、「ウツシ王統」と解される。

⑤四十五代～七十一代の王統（後王統）は四十七代～五十一代が「足（タラシ）」系、五十二代～五十七代が「火」「天津」系、五十八代が「玉」系、五十九代～六十代が「天津」系、六十代～六十六代が「豊」系、六十七代が地元系、六十八代～七十一代が「日高日子」「天照国照日子」と「原ヤマト」系となっている。「タラシ」系が半島から進入した多羅族の侵入合流（二千年前頃）、「豊」系からウガヤ時代（一九〇〇～一八〇〇年前）に相当している可能性がある。これらのことから、後王統は「ウガヤ朝」と推定できる。

⑥以上の分析結果から、熊本（宇土）を中心に存在した部族は、「ウ」↓「ウツシ」↓「ウガヤ」と連続している可能性に矛盾は存在しない。前王統が「玉」系から始まり、後王統が「ウ」ではなく「烏（カラス）」から始まっているのも、いろいろ因縁を想像させて面白い。

⑦本文に述べたが、女性天皇は十九人（前王統十四人、後王統五人）で、前王統は、地元系の王統に十一人と多い。後王統は「タラシ」系、「豊」系がそれぞれ二人となっていて、「天津」系は少ない。基本的に「女系継承」と考えられる。

ウガヤ王統譜

『竹内文書』・『ウエツフミ』		「記紀」	『先代旧事本紀』		『古事記』
(九州)	(系列)	(出雲)	共立天神	独立天神(天)系	
1 フキアエズ	媛 除外代				
2 日高日子					
3	(玉系)				
4 天津日嗣	天津系(玉系)				
5 天系					
6	地元系				
7 櫛豊媛	〃				
8 笑勢媛	〃 1				
9 千種媛	〃 2				
10 千足媛	〃 3				
11	〃 4		天譲日天狭霧国譲日国狭霧尊		
12	〃 5		可美葦牙彦舅尊	天御中主尊	国常立尊
13	〃 6		国常立尊 — 豊国主尊	天八下尊	豊雲野神
14 ホ系媛	11		角杙尊 — 活杙尊	天三降尊	宇比地邇神
15	地元系 12		泥土煮尊 — 沙土煮尊	天合尊	角杙尊
16	〃 13	神産巣日	大苫彦尊 — 大苫邊尊	天八百日尊	大苫彦尊
17 明媛	〃 15	アシナヅチ	青橿城根尊 — 吾屋城根尊	天八十萬魂尊	於母陀流神
18 里媛	〃 16	イザナミ尊 ＝＝＝＝	イザナギ尊 ＝＝＝＝	天系ヒメ	イザナギ神
19 少名形男彦	(スクナヒコ)	スサノオ	天照大神 ＝＝ セオリツヒメ	天思兼・天太玉	
20 天津少名大汝彦	(オオナムチ)	スセリヒメ 天穂日	オシオミミ	天湯湯彦	
21 天饒	天津系ニニギ系(?)		ニニギ ニギハヤヒ		
22 天押開	〃		ホホデミ ウマシマチ		
23 天饒国饒	〃		1 イワレヒコ イスケヨリヒメ		
24 天饒国饒	〃		タギシミミ		
25	地元系		2 ヌナカワミミ		
26	〃		3 タマテミ		
27	〃		4 スキトモ		
28 天	天津系		5 カエシネ		
29 豊実媛	地元系 30		6 オシヒト		
30	〃 34	(徐福族渡来)	7 フトニ		
31 橘媛	〃 36		8 クニクル		
32 花撰媛	〃 37		9 オオヒヒ		
33 清之宮媛	〃 38		10 イニエ ミマキヒメ		
34	〃 39		11 イサチ		
35 花媛	〃 41		12 景行		
36	〃 43		13 成務		
37	〃 44	(倭国大乱)	14 仲哀 神功		
38 天津	45		15 応神		
39	カム系		16		
40 神楯媛	〃		17		
41	〃		18		
42 鶴舞媛	地元系		19		
43	〃 ↑		20		
44	天日身光天皇	(前王統) 尊称変更	21		
45	天日嗣天皇	(後王統)	22		
	↓				
46 ～51	タラシ系				
52 ～57	天津系				
59 ～60	天津系				
61 62・64	タラシ系				
68 71	天津系				

「記紀」の系譜を関連させて表示してみた。
右2欄目は、女性王統をカットしてみたが、それでも「記紀」より世代が古い。

参考文献一覧

糸島市立伊都国歴史博物館『狗奴国浪漫～熊本・阿蘇の弥生文化』二〇一四
糸島市立伊都国歴史博物館『倭国創生』二〇一三
日本第四紀学会『図解・日本の人類遺跡』東京大学出版会　一九九二
いき一郎『徐福集団渡来と古代日本』三一書房　一九九六
正林　護『日本の古代遺跡　42長崎』森浩一企画　保育社　一九八九
森　浩一『図説　日本の古代〈第1巻〉――海を渡った人びと』中央公論社　一九八九
越境の会『越境としての古代　2』同時代社　二〇〇四
福永晋三「やまとの源流」（越境の会『越境としての古代2』）同時代社　二〇〇四
澤田洋太郎『日本古代史の謎を解く――『記・紀』秘められた真実』新泉社　二〇〇四
平野邦雄『帰化人と古代国家』吉川弘文館　一九九三
埴原和郎『日本人の起源――周辺民族との関係をめぐって』小学館　一九八六
加藤晋平「日本とシベリアの文化」（『日本人の起源』三編）小学館　一九八六
甲元眞之「日本の古代文化と朝鮮半島」（『日本人の起源』四編）小学館　一九八六
野村　崇・宇田川洋『新北海道の古代2　続縄文・オホーツク文化』北海道新聞社　二〇〇三
井上幸治『図説　日本の歴史〈2〉神話の世界』集英社　一九七四年
鳥越憲三郎『弥生の王国――北九州古代国家と奴国の王都』中央公論社　一九九四
鈴木武樹『消された「帰化人」たち』講談社　一九七六
山本廣一『新説　倭国史――古代日本の謎を解く』ブイツーソリューション　二〇一一
山田宗睦『日本書紀』（上）教育社　一九九二
大塚初重他『日本古代遺跡事典』吉川弘文館　一九九五
坪井清足監修　ＮＨＫ取材班編『邪馬台国が見える――吉野ヶ里と卑弥呼の時代』日本放送出版協会　一九八九

岸　俊男『日本古代政治史研究』塙書房　一九六六
高倉洋彰『歴史文化ライブラリー123　交流する弥生人——金印国家群の時代の生活誌』吉川弘文館　二〇〇一
藤尾慎一郎『弥生時代の歴史』講談社　二〇一五
大塚初重他『倭国大乱と吉野ヶ里』山川出版社　一九九〇
奥野正男『鉄の古代史1　弥生時代』白水社　一九九一
寺沢　薫『日本の歴史02「王権誕生」』講談社　二〇〇八
『歴史読本——歴史検証「先代旧事本紀」神代から天孫へ（二〇〇八年十一月号）』新人物往来社　二〇〇八
アーバンクボタ編集室『アーバンクボタ　No16』クボタ広告宣伝部　一九七八
小田富士雄『別冊太陽「古代九州」』平凡社　二〇〇五
島根県教育委員会『図録　古代出雲文化展』朝日新聞社　一九九七
島根県立古代出雲歴史博物館『古代出雲歴史博物館展示ガイド』ハーベスト出版　二〇〇七
国立歴史民族博物館『倭国乱る——卑弥呼の登場まで』朝日新聞社　一九九六
国立歴史民族博物館『邪馬台国時代の東日本』（歴博フォーラム）六興出版　一九九一
古代学研究所『東アジアの古代文化　No111』大和書房　二〇〇二
小野忠熙『高地性集落跡の研究〈資料編〉』学生社　一九七九
安本美典『奴国の滅亡——邪馬台国に滅ぼされた金印国家』毎日新聞社　一九九〇
小山修三『縄文時代　コンピュータ考古学による復元』中央公論社　一九八四
松本清張他『銅剣・銅鐸・銅矛と出雲王国の時代』日本放送出版協会　一九八六
松中祐二「安本美典『古代天皇在位十年説』を批判する」（『「倭国」とはなにか』）同時代社　二〇〇六
長崎県教育委員会『発掘「倭人伝」海の王都、壱岐・原の辻遺跡展』六一書房　二〇〇二
鷲崎弘明『邪馬台国の位置と日本国家の起源』新人物往来社　一九九六
井上光貞『日本の歴史〈1〉神話から歴史へ』中央公論新社　二〇〇五
農政局「日本の地下水」「土地分類図」（奈良県資料）

〔著者紹介〕
内舘 彬（うちだて あきら）
1944年岩手県宮古市生まれ。 山田町で育ち盛岡市立上田中学、盛岡一高を経て、北海道大学理学部地質学鉱物学科卒業。
建設コンサルタントに入社し、ダムなどの地質調査・解析を担当し全国を回る。
在職中は、建設コンサルタント協会技術委員会ダム発電専門委員会、土質専門委員会委員、日本応用地質学会理事を歴任。 技術士（応用理学）で個人事業主。
埼玉県所沢市上山口在住。
現在、名護市の㈱アスティークプランニングに勤務。
〈著作〉
『「ヤマト」は縄文時代勢力が造った』（ミヤオビパブリッシング　2017）
『土木地質の秘伝99』（共著）
『フィールドの達人』（〃）

『ヤマト』は渡来民勢力といかに対峙したのか
――棄てられた歴史を発掘する――

2019年3月20日　第1刷発行

著　者　内舘　彬
発行者　宮下玄覇
発行所　MPミヤオビパブリッシング
〒160-0004
東京都新宿区四谷3-13-4
電話(03)3355-5555
発売元　株式会社宮帯出版社
〒602-8157
京都市上京区小山町908-27 千丸宮帯ビル2階
電話(075)366-6600
http://www.miyaobi.com/publishing/
振替口座 00960-7-279886
印刷所　モリモト印刷株式会社

定価はカバーに表示してあります。落丁・乱丁本はお取替えいたします。

ISBN978-4-8016-0200-7 C0021